Les missions essentielles de la juridiction administrative suprême en droit comparé français, belge, béninois et congolais

Léon ODIMULA LOFUNGUSO KOS'ONGENYI

Les missions essentielles de la juridiction administrative suprême en droit comparé français, belge, béninois et congolais

Préface de Zacharie-Richard NTUMBA MUSUKA

L'Harmattan
RDCongo

5-7, rue de l'École-Polytechnique 75005 Paris

http://www.librairieharmattan.com

ISBN : 978-2-343-24605-5
EAN : 9782343246055

Abréviations

Al. : Alliés

ANEP : Association Nationale des entreprises du portefeuille

Art. : Article

ASBL : Association Sans But lucratif

Ass. Gen. : Assemblée Générale du Conseil d'Etat

C.A.C.S .B. : Chambre Administrative de la Cour Suprême Béninoise

C.E : Conseil d'Etat français

C.S.J. : Cour Suprême de Justice

C.S.J. RA : Cour Suprême Registre d'Appel

CENI : Commission Electorale National Indépendante

CERE : Centre d'Etude pour la Réforme de l'État

CHRU : Centre Hospitalier Régional Universitaire de Nancy

CJA : Code de Justice Administrative

CNSA : Conseil National du Suivie de l'Accord et du Processus Electoral

DGDA : Direction générale des douanes et Accises

DGDP : Direction Générale de la dette publique

E.I.C. : Etat Indépendant du Congo

ENA : l'Ecole Nationale d'Administration

GAJA : Grands Arrêts de la Jurisprudence Administrative

OCC : Office Congolais de Contrôle

OGEDEP : l'Officier de la Gestion de la Dette Publique

S.A. C.S.B. : Section Administrative de la Cour Suprême Béninoise

Dédicace

A Félix Vunduawe te Pemako
Président du Conseil d'État
pour avoir fait aboutir son combat en faveur
de la création de deux ordres de juridictions :
l'ordre judiciaire coiffé par la Cour de Cassation
et l'ordre administratif coiffé par le Conseil d'État
en République Démocratique du Congo.

In memoriam

Gabriel Otemakumi Ekanga,
mon père que le destin a arraché à mon affection
pendant que j'avais encore besoin de lui.

Remerciements

Toute ma gratitude se tourne vers tous ceux qui, de loin ou de près, d'une manière ou d'autre, ont soutenu mon effort dans la réalisation de ce livre et me témoignent d'une affection particulière. Je pense à Christophe Mboso N'kodia Pwanga, Modeste Bahati Lukwebo, Jean Michel Sama Lukonde, Jean-Marc Kabund-A-Kabund, Vital Banywesize Mukuzamuhini, Joseph Lembi Libula, Collette Tchomba Ntundu, Angèle Tabu Makusi, Jean-Pïerre Kanetu Munjiwa, Mossai Sanguma, Michel Kanyimbu Shindany, Nathalie Bulans'Sung Sanata, Carole Agito Amela, Kadima Ida, Daniel Aselo Okito, Christophe Lutundula Apala Pen'Apala, Chérubin Okende, Jean-Lucien Bussa Tongba, Célestin Dimandja, Berthold Ulungu, Dominique Khonde, Marceline Safala, Evariste Boshab Mabudj, Jean-Louis Esambo Kangashe, Véron On'Okundji.

Je suis également redevable à l'égard de Dieudonné Kaluba Dibwa, Félix Vunduawe, Clément Kabange, André Mbata Mangu, Jacques Djoli, Ambroise Kamukuny Mukinay, Zacharie Ntumba Musuka, Barthélémy Omeonga, Louis Yuma, Jean-Marie Mboko, Noël Botakile, Paul-Gaspard Ngondankoy, Georges Nsumbu Kabamba, Willy Makiashi, Fimpa Twison, Félicien Kalala, Léopold Kondaloko, Patrick Mende, Martin Mulumba, Charles Odiko, Jean Onaotsho, Jean-Pierre Lopaka Lodi, Lambert Eloko, Marie-Thérèse Kenge Ngomba Tshilombayi, Nyabirungu Mwene-Songa, Auguste Mampuya Kanuk'A Tshiabu, Emmanuel Janvier Luzolo Bambi Lessa, Gaston Kalambay Lumpungu, Grégoire Bakandeja wa Mpungu, Dieudonné Kalindye, Léon Matangila, Benoît Lwamba, Léon Kengo wa Dondo, Joseph Loko, Jean Michel Kumbu, Néhémie Mwilanya, Jean Pierre Mavungu, Joseph Mvioki, Richard Lukunda, Ivon Mingashang, Marcel Mulenda, Amedée Ibula, Gerry Sakata, Eddy Mwanzo, Prince Lutumba Joseph Ngwabika, Samy Samutondi, Taylor Lubanga, Gaston Tete Kabwa Kabwe, Henry Gerendawele, Joseph Tsimba Khonde, Marthe Odio Nonde, Germaine Diakiese, Bijou Tsanga, Binaki Brondy, Amando Ongenyi, Madeleine Etanda, Niclette Odimula, Robert Odimba, Christian Yenyi Odimula, Jean Ekanga Odimula, Exaucée Diakiese Odimula, Madel Etanda Odimula, Gabel Ekanga Odimula, Benjamin Lomemba Odimula, Hélène Nzuzi, Benjamin Makamba, Robert Ndombi, Guillaume Kanyimbue, Laurent Onyemba, Inspecteur Okonyi, Roger Okonyi, Junior Ekanga, Nas Owanda Ongenyi, Boni Okonyi Ongenyi, Benjamin Ongenyi, Nadine Ongenyi, Nsimba Nzundu, Dieudonné Kkuma, Florence Bavuidi, Renia Binaki, Sylvain Lumu, Jeancy Dihohiya, Nicolas Mboso, Pascal Iyemopo Mpeti, Saturnin Tanga Ndandu, Samuel Mbemba,

Jérémie Maswama, Aubin Minaku, Eberande Kolongele Cashmir, Emilienne Akonga, Pierre Lokendandjala Yoha, Jeef Weloli, Pierre Okendembo, Espérance Mputu, Auguy Biselele, Samuel Lokolo, Edison Mutela, Clément Shamashanga, Salomon Omelungi, Fontaine Mitundukidi, Vinny Lundi, Boni Mpala, Childeric Ndosa, Pascal Mbambula, Aimé Fundji, Armand Lohecko, Martin Nkoy Akodi, Jean-Paul Owanga, Léon Mukanga, Claver Karenzi, Marcel Okundji, Nixon Mambuku, Landry Pongo, Calvin Dase Telo, Jean-Paul Muya, Coco Kayudi, Jean-Luc Djamba, Samuel Ewala, Carlos Kalombo, Anicet Mushale, Michel Etina, Stella Nima, Roger Songambele, Henri Kibonge, Moïse Amadi, Willy Shimba, José Liongo, Antoine Liongo, Guylain Mwehu, Gerry Ngienda, Mamie Enongo, Jules Tukombe, Jean Obulu, Alexis Mbokola, Casmir Mpetshi, Mathieu Mateso, Théodore Ngoy, Albert Osepe, Albert Penadowo, Antoine Kalanda, Lambert Ohoto et Joël Muzungu Kalemwa pour leurs conseils et encouragements.

Que soient remerciés tous les autres amis dont les souvenirs restent gravés dans ma mémoire et que ces pages ne peuvent contenir !

Préface

Un sentiment de joie m'a profondément animé lorsque le Professeur Léon ODIMULA LOFUNGUSO s'est adressé à ma modeste personne pour formuler sa demande de préfacer cet ouvrage intitulé « *Les missions essentielles de la juridiction administrative suprême en droit comparé français, belge, béninois et congolais* ».

S'interroger sur les missions de la juridiction administrative suprême dans un Etat sous-tend le décryptage de la dialectique qui vivifie la justice administrative et l'Etat de droit.

A cet effet, l'Etat de droit implique que la suprématie du droit soit garantie par un pouvoir respectueux du droit ; autrement dit, le droit confère l'autorité au pouvoir mais le pouvoir est l'instrument du droit[1].

Le juge (et particulièrement le juge administratif) s'avère une pièce maîtresse de l'Etat de droit parce qu'il se voit assigner un rôle qui dépasse celui de la simple application de la loi. C'est à lui qu'il incombe de défendre la cohérence de l'ordre juridique, de le développer par la jurisprudence constructive[2].

Le Professeur Léon ODIMULA a analysé la casuistique de missions essentielles des juridictions administratives suprêmes dans des termes clairs et non équivoques.

Dans une logique équilibriste, la thématique est abordée en deux parties aux intitulés évocateurs. En effet, si les missions essentielles de la juridiction administrative suprême dans l'espace européen : cas du droit français et du droit belge constitue la quintessence de la première partie, il va sans dire que l'épicentre de la seconde partie s'articule sur la juridiction administrative suprême en Afrique à l'exemple de la République Démocratique du Congo et du Bénin.

En remontant à la genèse de la juridiction administrative, le Professeur Léon ODIMULA entend démontrer les vicissitudes qui l'ont écorchée dans son parcours et dégager les orientations dont elle a été imprégnée avant d'en

---

[1] CONAC G., (dir.), « Etat de droit et démocratie », in *L'Afrique en transition vers le pluralisme politique*, Paris, Economica, 1993, p.487

[2] REDOR M.-J. cité par Zacharie NTUMBA MUSUKA, *le rôle du juge administratif congolais dans l'émergence de l'Etat de droit,* Paris, l'Harmattan, 2014, p.101

présenter les différentes caractéristiques qui s'avèrent être la résultante des missions qu'elle est appelée à accomplir dans l'optique de l'émergence d'un Etat de droit.

Au départ, conseil du gouvernement dans la prise des décisions dont l'incidence dans la société n'est plus à démontrer, les avis formulés par la juridiction administrative contribuaient de manière significative à favoriser l'harmonie de l'ordonnancement juridique, notamment dans le domaine de l'administration. C'est l'optimum de sa fonction consultative dont elle est dotée aux travers le temps.

En sus, la juridiction administrative a été dotée de la mission de juge de l'administration pour annuler les actes de l'administration qui sont attentatoires aux droits et libertés fondamentaux des citoyens. C'est une conséquence logique de la subordination de l'administration à un corps spécial des règles et c'est en cela que s'amoncelle sa fonction juridictionnelle.

A cet égard, il appert de noter qu'il s'agisse du droit français ou belge, la juridiction administrative suprême qui est le Conseil d'Etat remplit des missions qui sont quasiment les mêmes et qui s'articulent essentiellement en conseil juridique de certaines autorités publiques, coordonnateur des normes juridiques, juge de l'administration, garant des droits et libertés des citoyens. L'objectif poursuivi dans l'accomplissement de ses missions, c'est d'être artisan de l'Etat de droit ainsi que de la bonne gouvernance.

Dans la seconde partie de son œuvre, l'auteur analyse la juridiction administrative suprême en Afrique en invoquant le cas du Bénin et de la République Démocratique du Congo.

Dans son approche comparative, le Professeur Léon ODIMULA jette les faisceaux lumineux sur les missions qu'accomplit le juge administratif suprême dénommé, Chambre administrative de la Cour Suprême au Bénin et Conseil d'Etat en République Démocratique du Congo.

La Chambre administrative de la Cour Suprême du Bénin beigne dans un monisme juridictionnel qui est le fruit des grandes options politiques en vue du développement de cet Etat inspiré par la Conférence des Forces Vives de la Nation, tenue en février 1990 et qui avait fait de l'indépendance de la justice, le socle de la bonne gouvernance et de l'Etat de droit.

Aussi, il importe de mentionner que la Chambre administrative de la Cour Suprême du Bénin s'est vue être associée par le Constituant, au processus de l'élaboration des normes juridiques, avec un particularisme de ceux pris à l'initiative du gouvernement. Elle a également pour tâche d'être le conseiller juridique du gouvernement lorsque ce dernier le consulte pour donner des avis motivés sur tout projet des lois avant leur délibération au Conseil des Ministres ; ce qui contribue efficacement à l'amélioration de la qualité de droit au Bénin.

De plus, la Chambre administrative de la Cour Suprême du Bénin assure le contrôle de la légalité en vue de la conformité des décisions administratives et juridictionnelles aux normes juridiques et est juge du contentieux de l'annulation des actes des autorités administratives qui sont attentatoires aux droits et libertés des citoyens.

Par ailleurs, en République Démocratique du Congo, le Conseil d'Etat dont la forme est empruntée aux droits français et belge, dispose des particularismes dans son fonctionnement en vue de l'émergence de l'Etat de droit. Ses origines remontent en 1885, à l'époque de l'Etat Indépendant du Cogo ; mais sa configuration actuelle est celle circonscrite par la Constitution du 18 février 2006 modifiée par la loi 11/002 du 20 janvier 2011 portant révision de certains articles de la Constitution de la République Démocratique du Congo du 18 février 2006. Et c'est la loi n° 16/027 du 15 octobre 2016 portant organisation, compétence et fonctionnement des juridictions de l'ordre administratif qui en constitue le texte de chevet.

Le Conseil d'Etat congolais est une juridiction administrative suprême à côté de la Cour de cassation ainsi que de la Cour constitutionnelle. Ses attributions sont consultatives et contentieuses, en ce qu'il comporte deux Sections dont la Section consultative et la Section du contentieux. La première a pour mission de donner des avis motivés soit en matière d'interprétation des textes en vigueur soit pour le cas de projet d'actes des autorités administratives centrales.

En clair, le Conseil d'Etat donne des conseils aux autorités du pouvoir central et des organismes décentralisés placés sous leur tutelle, éclaire les autorités juridictionnelles lorsqu'elles sont confrontées à des difficultés dans l'application des textes, veille au bon fonctionnement des juridictions inférieures et améliore la qualité de droit.

Dans sa Section du contentieux, le Conseil d'Etat exerce des compétences corsetées dans la loi organique sus-évoquée. En substance, le Conseil d'Etat est juge d'annulation des actes et décisions des autorités publiques, il exerce le contrôle normatif et disciplinaire sur les décisions rendues par les juridictions administratives inférieures, il connait en appel, des contentieux électoraux des sénateurs et des gouverneurs de Provinces et s'enkyste dans sa mission traditionnelle de protecteur des droits et libertés des personnes par le moyen de plein contentieux.

Une particularité du juge administratif congolais est qu'il est doté de la compétence de faciliter et encourager la résolution des différends entre les parties par le moyen de la conciliation et de la médiation ; c'est une résurgence, en quelque sorte, de la palabre africaine.

Au demeurant, les juridictions administratives suprêmes française, belge, béninoise et congolaise rencontrent des difficultés dans l'exercice des missions leur sont confiées. Toutefois, des actions sont entreprises en vue de leur résorption.

En péroraison, le Professeur Léon ODIMULA a pris à bras le corps la question de la co relation entre la justice administrative et l'Etat de droit dans l'espace européen et africain par le prélèvement des échantillons français, belge, béninois et congolais et a démontré, dans un style savamment conçu et partant non équivoque, que les missions essentielles des juridictions administratives suprêmes s'avèrent convergentes. Et c'est principalement par recours à l'approche comparative que cette démonstration est rendue possible.

La conclusion qu'il tire de cette analyse est que la juridiction administrative est à la fois la bouche de la loi, le miroir de l'administration et le thermomètre de l'Etat de droit.

Cette contribution est d'autant significative dans ce domaine et il importe que les lecteurs de cet ouvrage s'en inspirent amplement pour en extraire la quintessence.

Professeur Zacharie-Richard NTUMBA MUSUKA
Vice-doyen chargé de la Recherche à la Faculté de Droit/UNIKIN
Juge au Conseil d'Etat

Introduction générale

Traditionnellement conçu comme une instance supérieure, dotée d'une puissance inconditionnée et irrésistible, l'Etat est, de nos jours, soumis au droit et engagé aux services des citoyens. Ce changement des paradigmes a eu comme corolaire que désormais l'Etat cesse d'être une instance de contrainte et de domination, pour devenir un commis social appelé à exercer la fonction de servir[3]. Cette mutation du rôle de l'Etat se concrétise à la faveur de la célèbre théorie de la séparation des pouvoirs jadis défendue par Montesquieu ; théorie qui postule la répartition des tâches entre le pouvoir exécutif, le pouvoir législatif et le pouvoir judiciaire[4].

S'inspirant de la théorie de la séparation des pouvoirs, la France réussit à aménager une séparation des pouvoirs à l'intérieur du pouvoir judiciaire entrainant comme conséquence la répartition nominale des tâches, dont une partie fut confiée au juge judiciaire et une autre au juge administratif[5].

Cette séparation fonctionnelle entre les deux ordres des juridictions est loin d'être absolue, car le juge judiciaire peut exercer, dans certains cas, le contrôle de l'Administration ou du service public[6]. Mais l'Administration peut aussi recourir au droit privé, qui peut lui être appliqué lorsqu'elle agit comme un simple particulier, ainsi les contrats de l'Administration comme l'engagement de sa responsabilité relèvent du droit privé[7].

De ce fait, il est unanimement admis à la doctrine, que le juge administratif, en général, et particulièrement le juge administratif suprême, a reçu des missions essentielles, dans la consolidation de la démocratie ainsi que

---

3 F. VUNDUAWE te PEMAKO, *Traité de droit administratif*, Bruxelles, Larcier-Afrique Editions, 2007, p. 553.

4 *Ibidem*.

5 Loi frucdictor l'An III et l'arrêt Cadot rendu par le tribunal de conflit en CE, 13 Déc. 1889, p.1148 ; D.1891, 341, cité par G. PEISER, *in Contentieux administratif*, op cit.

6 J. M MBOKO DJ'ANDIMA, *Droit congolais des services publics,* Academia-L'Harmattan, Paris 2015, p.319.

7 P-L. FRIER et J. PETIT, *Droit administratif,* 12è éd. DOMAT, 2018-2019, Paris p.40.

l'Etat de droit, considérés comme corollaire de la bonne gouvernance et du développement économique, culturel et social[8].

Depuis très longtemps, la juridiction administrative suprême dispose de deux fonctions traditionnelles qui la distinguent des autres juridictions, elle est à la fois un juge et un conseil juridique[9]. Ce dédoublement fonctionnel[10] reconnu à cette institution fait de celle-ci un baromètre pour apprécier l'effectivité de l'Etat de droit[11].

I. La portée et l'étendue des missions essentielles de la juridiction administrative suprême

Il convient d'éclairer la portée(A) avant de préciser l'étendue (B) des missions essentielles confiées au juge administratif suprême.

A. La portée des missions essentielles de la juridiction Administrative Suprême

L'histoire nous enseigne que la juridiction administrative suprême (le Conseil d'Etat) fut son aspiration en France et, est essentiellement une création napoléonienne, qui trouve ses origines dans le Conseil d'Etat de l'ancien régime[12] .

Cependant, il importe de relever que cette haute institution n'a plus les mêmes missions aujourd'hui en France, qu'à l'ancien régime. Il en est également pour le droit administratif et les missions du Conseil d'Etat qui sont en perpétuelle évolution.

En effet, si à la veille de la révolution, sous le nom du Conseil du Roi avec ses trois subdivisions[13], le Conseil d'Etat français remplissait les

---

[8] Voir, Les Constitutions de la quasi-totalité des Etat du monde font la répartition des fonctions entre la juridiction administrative et judiciaire.

[9] En France, par exemple la fonction consultative semble être plus ancienne que la fonction juridictionnelle, mais toutes les deux sont plus importantes dans la construction de l'Etat de droit.

[10] P-L. FRIER et J. PETIT, *Droit administratif,* op.cit. p.40.

[11] T. ENON Eboh, *Le délai dans le contentieux de l'excès de pouvoir au Bénin*, 2004, www.memoireoneline.com (consulté le 25/04/2020).

[12] G. PEISER, *Contentieux administratif*, 14è éd. Dalloz, Paris p.6.

[13] Le Conseil d'Etat du Roi comportait trois conseils du Gouvernement, il s'agit de : Conseil d'Etat ou de cabinet (subdivisant lui-même en conseil de secret, Conseil d'En-haut et Conseil de Guerre), Conseil de Dépêches, le Conseil Royal de Finances

fonctions juridictionnelles cumulées : le tribunal des conflits, le Conseil d'Etat, et la Cour de cassation actuelle au-delà des fonctions consultatives[14], actuellement il n'en conserve que des fonctions juridictionnelle et consultative.

Cette évolution concerne également dans une certaine mesure les juridictions administratives suprêmes : belge, béninoise et congolaise qui sont aussi au centre de nos préoccupations dans la présente réflexion.

A ce jour, la portée des missions essentielles de la juridiction administrative dans les pays concernés par l'étude découle de deux fonctions traditionnelles (fonctions administrative et juridictionnelle) confiées par le législateur à cette Haute Institution. En substance, la juridiction Administrative suprême devient au regard de ces fonctions, un juge suprême de la justice administrative et un conseiller juridique des pouvoirs publics[15].

Si le la fonction consultative protège la légalité en amont, la fonction juridictionnelle vise le rétablissement de celle-ci ou de l'ordre public lorsqu'ils sont perturbés par le comportement des autorités administratives et juridictionnelles. Le bloc de légalité que le juge administratif suprême est appelé à protéger est plus large que le bloc de constitutionnalité[16], car il comprend en son sein non seulement la loi au sens strict du terme, mais aussi au sens large (qui comprend la Constitution, les instruments juridiques internationaux dument ratifiés, les actes législatifs, les principes généraux de

---

et du Commerce ainsi qu'un Conseil de justice appelé Conseil des Parties (G. PEISER, Contentieux administratif, précité, P.6.

[14] G. PEISER, *Contentieux administratif*, op.cit. p.7.

[15] BOTAKILE BATANGA, Précis du *Contentieux administratif congolais, T. I., Ed. Academia, Louvain-La-Neuve 2014, p.53.*

[16] Le bloc de constitutionnalité a une portée limitée par rapport à la législation utilisée par l'Etat, en France par exemple, Selon L. FAVOREU et alliés, « *Cinq séries de normes composent aujourd'hui la Constitution française : « Deux d'entre elles sont prépondérantes dans la mesure où elles fondent la quasi-totalité des annulations prononcées par le Conseil constitutionnel et où elles sont les plus fréquemment invoquées par les requérants : il s'agit des articles mêmes de la Constitution de 1958 et de la Déclaration des droits de l'Homme de 1789. Trois autres séries de normes ne jouent qu'un rôle marginal dans le contentieux constitutionnel : il s'agit des principes politiques, économiques et sociaux énoncés dans le Préambule de la Constitution de 1946, des principes fondamentaux reconnus par les lois de la République mentionnés dans ce même Préambule et, enfin de la Charte de l'environnement qui a été constitutionnalisée en 2005 »* (Voir L. FAVOREU et al., *Droit constitutionnel*, 21è éd. Dalloz, Paris, 2019 p.137.

droit les règlements, la Coutume, etc…)[17]. Elle est fondée sur la conception moderne de l'Etat de droit qui voudrait qu'aucun acte juridique inconstitutionnel ou illégal ne puisse échapper au contrôle du juge.

Il en résulte que les missions essentielles exercées par la juridiction administrative suprême concourent à l'établissement et à la consolidation de l'Etat de droit, dans la mesure où elles visent à améliorer la qualité de droit et à assurer la soumission de l'administration et les particuliers aux normes juridiques selon leur hiérarchie pyramidale.

B. *L'étendue des missions essentielles de la juridiction administrative suprême*

Dans le rapport entre l'Administration et les particuliers ou entre ces derniers et les autorités juridictionnelles, il existe un lien d'inégalité, car les autorités administratives et juridictionnelles disposent d'une exorbitance reconnue à l'Etat puissance publique[18]. De façon générale, les missions essentielles de la juridiction administrative suprême peuvent se circonscrire à trois catégories : juger les contentieux administratifs (1), Conseiller les pouvoirs publics (2), gérer et améliorer le fonctionnement de la justice administrative (3).

1. Juge administratif suprême, juge du contentieux administratif

Le contentieux administratif comprend le contentieux d'annulation(a), le contentieux de pleine juridiction et d'indemnité (b) et le contentieux administratif des décisions juridictionnelles (c).

---

[17] Le professeur YUMA explique à ce sujet qu'« *En résumé, le principe de la légalité comprend trois impératifs pour l'administration ; celle-ci doit, dans l'exercice de sa fonction administrative : Fonder sa décision sur une source formelle dans la hiérarchie que nous avons examinée ; Sa décision doit se conformer à toute source formelle qui lui soit supérieure ; Sa décision doit viser l'application de la loi (L.*YUMA BIABU, *Manuel de droit administratif,* CEDI, Kinshasa p.178.

[18]A propos de cet exorbitance, E. SAILLANT titra même son ouvrage : *L'exorbitance en droit public (*E. SAILLANT, *L'exorbitance en droit public, Dalloz, 2011, cité par P-L. FRIER et J. PETIT in Droit administratif,* op.cit. p.*50.*

a. *Le contentieux d'annulation*

Par cette mission, la juridiction administrative agit comme juge de droit commun des contentieux administratifs, dans la limite des compétences lui confiées par la loi.

La juridiction administrative suprême intervient comme juge administratif de droit commun pour des matières limitativement lui confiées par la loi, soit en premier ou dernier ressort, soit pour corriger en dernier ressort les erreurs de fond et de forme des jugements rendus en premier ressort par les juges administratifs inférieurs, au moyen des appels interjetés par les parties.

Dans ces conditions, elle juge le Contentieux d'annulation qui s'inscrit dans le cadre du contentieux d'excès de pouvoir, qualifié de *Contentieux d'utilité publique* par R. Chapus[19]. Le Cas échéant, le Contentieux de pleine juridiction qui vise non seulement à annuler un acte ou une décision entachée d'illégalité, mais aussi la suspendre, la reformer ou la substituer de la nouvelle décision[20]. Il comprend aussi, selon le type respectif de législation de l'Etat, le contentieux d'indemnité qui vise à protéger des droits subjectifs, par le moyen de dommage-intérêt qu'il faut allouer à la victime[21].

La juridiction administrative suprême vérifie certains préalables pour exercer cette mission, ceux-ci concernent l'acte attaquable devant lui, quand et de quelle manière, il faut la saisir et comment doit-elle procéder (la procédure) ? En effet, le Contrôle de légalité ne porte que sur un acte administratif unilatéral, c'est-à-dire un acte administratif susceptible de

---

[19] R. CHAPUS, *Droit administratif général*, T.1, 15è éd. Montchrestien, Paris, 2001, p.93.

[20] *Ibidem.*

[21] Par exemple en Belgique c'est le juge privé qui est chargé de l'action en indemnité, le Conseil d'Etat n'intervient que par la compétence résiduaire pour la réparation des préjudices exceptionnels moral et matériel contre l'Etat. Au bénin, par contre, cette mission est confiée aux tribunaux administratifs, en R.CD.C., et en France le conseil d'Etat peut réparer un préjudice affectant un droit subjectif, soit au moment de l'action principale introduite de manière concomitante avec recours d'annulation, soit pour des préjudices moral et matériel, par une action contre la puissance publique.

modifier l'ordonnancement juridique : faisant grief et créant des droits en faveur ou à la charge des administrés sans le consentement de ces deniers[22].

L'exclusion en est faite aux actes législatifs[23], à certains actes administratifs teintés de mobiles politiques[24]attaquables uniquement devant le juge Constitutionnel pour autant qu'ils ne violent pas les règles de procédure.

Enfin, l'acte attaquable doit provenir non seulement de l'autorité administrative, mais aussi, des personnes privées dès lors qu'elles sont liées à l'exécution d'un service public nécessitant l'usage de prérogatives de puissance publique[25].

b. Le plein contentieux et le contentieux d'indemnité

Lorsque l'annulation d'une décision administrative ne suffit pas pour réparer le dommage causé à la victime, le juge peut se substituer à celle-ci en prenant d'autres mesures supplémentaires en vue de la réparation du préjudice subi.

Le plein contentieux et le contentieux d'indemnité comprennent trois situations : l'intervention du juge en cas de mesure d'urgence ou d'extrême urgence, la contrainte de l'Administration en vue de l'exécution des décisions de justice et la réparation des préjudices au moyen de dommage-intérêt.

Concernant l'urgence et l'extrême urgence, la juridiction administrative saisie, (voire dans certains cas comme en Belgique avant même d'être même saisie) peut intervenir pour sauvegarder un droit lorsqu'il est

---

[22] T. ENONE EBOH, *Le délai dans le contentieux de l'excès de pouvoir au Bénin,* op.cit.

[23] Les actes législatifs comprennent (la loi, les actes ayant force de loi, les actes d'assemblée, les règlements intérieurs de l'Assemblée nationale, de la Haute Autorité de l'Audiovisuel et de la Communication, ainsi que ceux du Conseil économique et Social au Bénin, Les motions de censure ou de défiance en R.D.C., ces derniers interviennent dans le cadre de la mission parlementaire et échappent comme les lois au contrôle du juge administratif).

[24] Il s'agit des actes de gouvernement et des actes individuels qui violent les droits fondamentaux des citoyens, qui sont attaquables devant le juge constitutionnel. Cependant, il faut signaler que, si le juge de l'excès de pouvoir est incompétent pour connaitre le fond de ces actes inférieurs à la loi, cela n'est pas le cas lorsque ceux-ci violent la procédure légale, car ils peuvent être annulés par lui.

[25]C.E., 31 juillet, Monpeurt, GAJA, 12è 2d. Dalloz Paris 1999, Cité par T. ENONE EBOH, in *Le délai dans le contentieux de l'excès de pouvoir au Bénin,* op.cit.

évoqué que l'urgence est incompatible à la procédure normale d'annulation qui risque d'entrainer un dommage irritable. Dans ce cas, le juge intervient par voie de référé. Notons qu'il existe plusieurs types du référé selon la législation en vigueur propre à chaque Etats au monde.

En matière de l'exécution des décisions, il faut relever que, lorsque l'annulation de la décision attaquée ne suffit pas pour réparer le préjudice subi par la victime, l'on remarque que l'Administration peut refuser de modifier sa décision, de prendre une décision ou de payer les dommages-intérêts tels que prononcés par le juge, ou peut s'exécuter tardivement. A ce niveau, le juge administratif intervient soit sous forme du juge administratif pénal pour prononcer la condamnation (généralement l'astreinte), soit, par injonctions, pour contraindre l'Administration à se conformer à sa décision.

Au demeurant, le plein contentieux permet à la victime d'obtenir, non seulement l'annulation de l'acte illégal, mais aussi la réparation sur les atteintes subies à ses droits subjectifs, au moyen des dommages-intérêts alloués par le juge. Il existe plusieurs situations qui peuvent donner lieu à la réclamation des dommages-intérêts devant le juge administratif suprême (soit par un autre juge prévu par la loi), elles varient selon les types des législations des Etats. Il s'agit notamment : en cas des demandes reconventionnelles, en ce qui concerne des préjudices exceptionnels moral ou matériel contre la puissance publique, mais aussi en cas de la demande principale concomitante à la demande d'annulation et en cas de préjudice causé pour la durée excessive de la procédure etc.

c. Le contentieux contre les décisions juridictionnelles exécutoires

Par les voies de recours extraordinaires, la juridiction administrative suprême est saisie pour connaitre des pourvois en cassation, de demande de la révision, des procédures de prise à partie, ainsi que les demandes de rectification d'erreurs matérielles.

La cassation est à la fois une voie de recours et un Contentieux administratif qui consiste à censurer les décisions juridictionnelles définitives rendues par les juridictions administratives inférieures.

Selon M. MANDIN : *Le pouvoir de casser ou briser un arrêt présente une certaine ambivalence, car cette prérogative permet de procéder à l'annulation d'un acte, ce qui implique qu'il est entaché de nullité. Mais elle est aussi une technique visant à mettre en œuvre un contrôle de légalité: il ne s'agit plus de voir si l'acte est affecté d'un vice intrinsèque (une cause de nullité), mais s'il est conforme au bloc de la légalité (s'il est en contravention avec une norme extrinsèque)*[26].

En ce qui concerne *la révision,* une décision rendue le 16 mai 2012, par la section du contentieux du Conseil d'Etat français est revenue sur une jurisprudence ancienne et constamment confirmée depuis la décision de l'Assemblée Générale du 6 février 1931, Société des automobiles Berliet, selon laquelle le recours en révision ne peut être exercé que si un texte l'a expressément prévu et selon les modalités fixées par ce texte. Le recours en révision est une voie de rétractation aboutissant à la ré-instruction ou au ré-jugement d'une affaire pourtant définitivement jugée. Il a toujours été conçu comme une voie d'exception. Deux motifs justifient une telle sévérité : le premier tient à la nécessité d'encadrer les atteintes susceptibles d'être portées à la chose jugée et; le second tient à l'habitude du pouvoir réglementaire, lorsqu'il ouvrait une telle voie de recours, de l'adapter au plus près des particularismes de la juridiction concernée[27].

La *procédure de prise à partie* consiste à sanctionner le comportement injuste et immoral d'un magistrat. Il peut s'agir du dol qui affecte la décision judiciaire ou de la concussion commis par un magistrat. Enfin, *la rectification d'erreurs matérielles* résulte du principe selon lequel, « l'erreur est humaine ». Cette erreur peut porter sur le défaut d'orthographe sur l'identité de la personne, ou lorsqu'il s'agit de l'erreur de droit, le même juge peut revenir pour corriger ladite erreur.

Le recours juridictionnel ne porte que sur les jugements et les arrêts, qualifiée de décisions juridictionnelles, l'exclusion en est faite aux décisions prises par les autorités juridictionnelles dans le cadre de l'exercice de leurs fonctions administratives, lesquelles sont attaquables devant le juge administratif pour l'excès de pouvoir. On peut également évoquer le cas de règlements des juges qui consiste à résoudre les conflits des compétences entre les juridictions administratives inférieures.

---

[26] M. MANDIN, *Le recours en cassation devant le conseil d'Eta*t, Thèse de doctorat en droit, Université de Lorraine, 2004, p.4.

[27] Rapport annuel du Conseil d'Etat de 2013, www.viepubic.com, PDF, p.111 (Consulté le 25/05/2020).

2. *Juge administratif suprême, conseil des pouvoirs publics*

Jadis, la mission consultative du Conseil d'Etat ne se limitait qu'au Conseil de l'exécutif(a), quelques décennies après, cette mission s'est étendue au pouvoir législatif(b), voire au pouvoir judiciaire(c).

a. *La juridiction administrative suprême, Conseiller Juridique du pouvoir exécutif*

La forme du pouvoir exécutif dépend du type de régime politique applicable dans les quatre Etats sur lesquels porte l'étude, si l'exécutif est bicéphale en France, en Belgique et en République Démocratique du Congo, il est pourtant monosépale en République du Bénin.

En effet, le juge administratif suprême intervient comme Conseiller juridique du pouvoir exécutif dans deux volets. Premièrement, il intervient pour vérifier la conformité des projets des normes législatives ainsi que des règlements pris à l'initiative de l'exécutif, par rapport à l'ordonnancement juridique, selon leur hiérarchie dans le strict respect de la loi.

Dans le cadre de cette mission, la consultation du juge administratif suprême dépend de la législation du pays, elle peut être soit, obligatoire pour certains projets des normes juridiques et facultative pour d'autres, tout en excluant d'autres[28], soit encore, obligatoire pour tous les projets des normes juridiques[29]et facultative pour tous ces projets des normes juridiques pris par l'exécutif[30]. Si la Consultation peut être obligatoire ou facultative, l'exécution de ses avis par le gouvernement est toujours facultative.

Deuxièmement, la loi peut prévoir des cas où le juge administratif suprême serait associé au processus d'élaboration ou de modification des projets des normes législatives ainsi que des règlements, en rédigeant l'entièreté du texte ou en le modifiant[31]. La consultation du juge administratif suprême intervenant dans cette mission est toujours facultative.

La consultation est dite facultative lorsque l'autorité qui prend l'acte dispose de son libre arbitre pour consulter ou pas le juge administratif

[28] Voir le cas de la France et de la Belgique.
[29] Ce mécanisme est utilisé au Bénin.
[30] Voir le cas de la R.D.C.
[31] Le Cas de la France et la R.D.C.

suprême, par contre, elle est dite obligatoire, lorsque l'auteur de l'acte est tenu de consulter le juge administratif suprême sous peine de vice de forme. Cette mission permet aux autorités de l'exécutif de prendre des décisions conformément à l'ordonnancement juridique, et en conséquence, il protège en amont la légalité ou la constitutionnalité.

b. La juridiction administrative suprême, Conseiller juridique du pouvoir législatif

La loi peut reconnaitre au parlement, la possibilité de requérir des avis auprès de la Juridiction administrative suprême pour des propositions de lois déposées au bureau de l'Assemblée Nationale ou du Sénat avant le débat en assemblée plénière.

Cette consultation est souvent facultative, sauf, lorsque certaines conditions légales l'exigent. Dans ce cas, la consultation devient obligatoire. C'est le cas en Belgique.

c. La juridiction administrative suprême, Conseiller Juridique du pouvoir judiciaire

La juridiction administrative suprême est un juge de la légalité, cela infère qu'elle est mieux placée pour déceler la portée de la loi quand bien même que la mission de contrôler la loi s'étend à tout juge censé rétablir l'ordre public perturbé, en cas de violation de celui-ci.

Par ailleurs, lorsqu'une question de droit présente des difficultés d'interprétation au cours d'un procès judiciaire, qu'il soit dans l'ordre judiciaire, administratif ou d'une juridiction spécialisée, la juridiction concernée sursoit le déroulement d'instance et saisit la juridiction administrative suprême pour obtenir l'avis conforme en interprétation.

3. Les deux facettes du juge administratif suprême : la gestion de la justice administrative et la confection de la législation

La mission de gérer la justice est une mission traditionnelle de tout juge suprême qui relève de la gestion interne en vue d'assurer le bon fonctionnement de l'ordre qu'il chapeaute. La juridiction administrative suprême exerce cette mission, par le moyen du service de l'inspection permanente qui vise à obtenir des informations sur les différentes difficultés auxquelles sont confrontées les juridictions de l'ordre administratif.

La gestion de la justice administrative découle également des pouvoirs disciplinaires dont dispose le juge administratif suprême vis-à-vis du personnel de l'ordre des juridictions administratives placé sous sa surveillance et son autorité. Par sa mission de confectionner le système légal, la juridiction administrative intervient non seulement pour l'élaboration et la modification des projets des normes juridiques, mais également à travers des études pour la simplification, la coordination et l'amélioration de la qualité des lois et du droit en général. La Juridiction administrative suprême peut, par le moyen des ateliers, des conférences, des formations, requérir des avis de la population sur les difficultés liées au fonctionnement de la justice, voire ceux liés aux complexités des lois etc.

Somme toute, les missions essentielles du juge administratif suprême consistent à assurer la moralité et l'éthique des pouvoirs publics, la soumission de la puissance publique et des particuliers au droit, à protéger l'intérêt général ainsi que les droits et libertés de la population. Elles ont également vocation à améliorer la qualité des normes juridiques susceptibles de contribuer à la construction d'un Etat de droit et partant, à la réalisation de la bonne gouvernance sans laquelle aucune amélioration qualitative des conditions de vie de la population n'est possible.

II. L'importance de l'étude

L'activité administrative ou la fonction administrative selon le Professeur Vunduawe désigne « *l'activité qui a pour objet la réalisation des tâches étatiques dans la mesure où elles exigent l'exécution pratique au moyen des actes juridiques et des opérations matérielles* »[32]. Au cours de cet édifice du fonctionnement de l'appareil directeur de l'Etat, le juge administratif suprême trouve sans doute sa part des tâches. L'étude qui a pour thème « des missions essentielles de la juridiction suprême en droit comparé, français, belge, béninois, et congolais » présente un intérêt tant dans la théorie(A) que dans la pratique(B).

A. L'intérêt théorique

De ce point de vue, l'étude tente de mettre en lumière le contexte d'apparition de la juridiction administrative suprême et les missions

[32] F. VUNDUAWE te PEMAKO, Traité de droit administratif, op.cit. p.64.

essentielles assignées à celle-ci par les constituants et les législateurs des pays concernés par l'étude.

B. L'intérêt pratique

Etudier les missions essentielles du juge administratif suprême présente aujourd'hui un intérêt, à l'égard du législateur, des magistrats et de la population.

Vis-à-vis du législateur, l'étude lui permet d'adapter les règles administratives aux exigences de l'intérêt général et de la conception moderne de l'Etat de droit à la lumière du droit comparé. Les magistrats de l'ordre administratif de chacun de ces Etats ne pourront efficacement rendre une bonne justice que quand la qualité de la loi est améliorée. Le législateur fera œuvre utile en ne se passant pas du caractère évolutif de la complexité des règles relatives à la procédure administrative. Le législateur doit donc tenir compte de la législation des autres Etats dans la confection des normes juridiques. Les magistrats de l'ordre administratif et spécialement les membres de la juridiction administrative suprême sont appelés à prendre conscience de la lourde responsabilité qui leur incombe dans la consolidation de la démocratie et l'établissent de l'Etat de droit qui sont à la mode, à travers les quatre coins du monde.

L'étude permet aux membres du Conseil d'Etat d'exercer les missions qui leur sont confiées par le législateur avec impartialité, dignité et éthique pour contribuer à la réalisation de la bonne gouvernance administrative. A l'égard de la population, l'étude est importante dans la mesure où elle permet aux administrés, et à la population nationale de renouer leur confiance à la juridiction administrative suprême dont la mission principale est d'assurer la moralisation de l'action administrative. Elle permet surtout à la population africaine de briser la peur en face des instances judiciaires, car la saisine du juge administratif présente un double intérêt.

Il s'agit, d'une part, de sanctionner les comportements illégaux et immoraux des autorités administratives bénéficiaires de l'exorbitance de l'Etat, et, d'autre part, de protéger et de réparer leurs droits subjectifs lorsqu'ils sont atteints par les décisions de la puissance publique. L'étude se veut une contribution à la publicité et l'accessibilité de la justice administrative sans lesquelles des nombreux actes illégaux risquent de demeurer impunis.

III. Méthodes d'approche et techniques de recherches utilisées

Toute œuvre scientifique demande une marche rationnelle de l'esprit pour arriver à la connaissance ou à la démonstration d'une vérité[33]. C'est ainsi qu'il convient d'indiquer les méthodes d'approches (A) et les techniques utilisées (B) dans la construction de la présente étude.

A. Méthodes d'approche

Dans l'univers juridique, *« Il n'existe pas une méthode, ni une méthodologie mais des méthodes et des méthodologies concurrentes et compossibles qui varient non seulement d'un champ de savoir à l'autre mais également au sein même d'un même champ de savoir et de ses sous-champs »*[34]. Le professeur J-L *ESSAMBO considère « qu'il n'y pas de « de prêt à porter » ni de «copier-coller » en matière des méthodes des recherches en droit public, car, l'essentiel réside dans la pertinence des idées que l'on veut développer à travers une approche murement réfléchie et adaptée à l'objet de son étude »*[35].

A ce jour, la rédaction d'un travail en droit n'est plus sclérosée par les méthodes juridiques qui ont, « comme préoccupation cardinale la référence constante au droit posé ou droit en vigueur[36]. Jacques Djoli affirme que « *le recours à d'autres méthodes permet de briser les carcans scientifiques auxquels on est habitué pour embrasser la totalité du réel et éviter ainsi de se cloisonner ou de succomber au jeu des « compartimentages », auxquelles des « facultés » ou des « boites » disciplinaires distinct »*[37].

---

[33] J.M. MBOKO DJANIMA, Principes et usages en matière de rédaction d'un travail universitaire, Ed. CADICEC, Kinshasa 2004 p.21.

[34] V. CHAMPEEIL- DESPLATS, *Méthodologie du droit et des sciences du droit*, Paris, Dalloz, 1996, coll. « Méthode de droit », 2014 n°16 p.9. Cité par J. M MBOKO DJ'ANDIMA, *in Droit congolais des services publics, Academia L' Harmattan, Kinshasa 2016 p.21.*

[35] J.L. ESAMBO KANGASHE, *La République démocratique du Congo à l'épreuve de l'alternance au pouvoir, Mémoire d'Etudes Supérieures en droit public Université de Kinshasa 2005. P.18.*

[36] L. ODIMULA LUFUNGUSO, *Manuel de sciences politiques : un outil au service de la gouvernance démocratique dans l'espace politique africain*, l'Harmattan, Paris 2016, p.29.

[37] J. DJOLI ESENG'EKELI, *le constitutionnalisme africain entre la gestion des héritages et l'invention du futur. L'exemple congolais Thèse de doctorat d'Etat en droit publique, Université de Paris I Sorbonne, 2003, pp.53-54.*

C'est ainsi que dans le cadre de la présente étude, au lieu des méthodes, nous préférons parler des approches qui désignent « une démarche intellectuelle, surtout une attitude comportant souplesse, prudence et caractérisée par un état à la fois de grande vigilance et de grand respect pour l'objet étudié ; l'approche c'est la méthode et la technique en pointillé »[38].

Nous avions fait recours à l'approche juridique qui est essentiellement exégétique et contentieuse[39]. En outre, l'étude porte sur le droit administratif. Ce dernier, selon J-M. Mboko, « *étant plus existentiel que conceptuel, il est particulièrement utile de recourir à l'induction, à l'emploi de catégories juridiques, à l'usage des fictions et présomptions et, de manière générale aux types d'interprétation juridique ainsi qu'à la méthode diachronique et à la méthode comparative*[40]. Cette dernière présente une utilité particulière, car il s'agit de déterminer les contenus de différentes législations, les différents mécanismes et techniques appliqués par le juge, pour tirer des leçons d'un Etat au profit d'un autre.

L'apport de l'approche historique a été déterminant. Elle permet « d'éclairer la situation des institutions existantes et de prévoir leur évolution future, et même, de connaitre des institutions disparues pour comprendre, par contraste, les institutions actuelles, c'est-à-dire que l'histoire permet d'éclairer le présent et de baliser l'avenir »[41]. La juridiction administrative suprême a connu beaucoup de réformes depuis sa création jusqu'à ce jour, l'histoire nous donne une vision panoramique sur l'origine et l'évolution de celle-ci pour nous permettre d'apprécier sa portée réelle voire son importance dans chacun des Etats concernés par l'étude.

L'utilisation de l'approche sociologique s'est imposée. « L'intérêt de l'approche sociologique réside surtout dans le fait que l'Etat, dans son fonctionnement, prend en compte la réalité de la société telle qu'elle est »[42]. L'on ne saurait aucunement dissocier la mission du juge de la société, car les

---

[38] M. CRAWITZ, Méthodes des sciences sociales, 10è éd. Paris, Dalloz 1996, n°227, p.319. Cité par J.M. MBOKO DJ'ANDIMA, *Droit congolais des services publics,* op.cit. p.*21.*

[39] MBOKO DJANIMA, Principes et usages en matière de rédaction d'un travail universitaire, op.cit. p.22.

[40] J. M MBOKO DJ'ANDIMA, *in Droit congolais des services publics,* op.cit. p.*22.*

[41] L. ODIMULA LUFUNGUSO, *Manuel de sciences politique : un outil au service de la gouvernance démocratique dans l'espace politique africain*, op.cit. p.31.

[42] F. VUNDUAWE te PEMAKO, *Traité de droit administratif,* op.cit. p.104.

citoyens sont les premiers bénéficiaires ou victimes de l'œuvre de celle-ci surtout que la justice est rendue au nom de la Nation ou du peuple.

B. Techniques des recherches

La technique documentaire et la technique expérimentale ont été d'une utilité certaine dans la collecte des données en rapport avec l'étude. La technique documentaire nous a permis de faire recours à des textes juridiques, la doctrine, les émissions télévisées, des rapports d'études, des jurisprudences, des conférences et toute sorte des publications des scientifiques ayant des liens avec l'étude. La technique expérimentale découle, en réalité, de la méthode empirique. Elle a été utilisée dans la recherche, dans la mesure où le raisonnement d'un juriste tient également compte du vécu quotidien et des différentes théories juridiques étudiées.

IV. Délimitation de l'étude

Du point de vue spatial, l'étude concerne la France, la Belgique, la République du Benin ainsi que la République Démocratique du Congo. Elle consiste en l'analyse des missions essentielles de la juridiction administrative suprême à travers les Etats sous étude. Par rapport à l'exigence temporelle, l'étude présente la juridiction administrative suprême de chacun des Etats concernés et ce, à travers le contexte socio-politique de son apparition ainsi de son évolution jusqu'à ce jour.

Plan sommaire

L'étude comprend deux parties subdivisées en chapitres. La première partie décrit les missions essentielles de la juridiction administrative suprême dans l'espace européen. La deuxième partie s'attèle à l'étude des missions essentielles de la juridiction administrative en Afrique

Première partie

La juridiction administrative suprême dans l'espace européen : cas du droit français et du droit belge

Le Conseil d'Etat a longtemps existé en Europe depuis quelques temps après la révolution au roi, en France par exemple.

Cette prestigieuse et précieuse forme d'institution dont la nécessité dévient un truisme dans la quasi-totalité des Etats du monde mérite une étude particulière en vue de rendre publics les enjeux qu'elle vise et, de déterminer ses mérites et ses failles qu'il importe de recadrer dans la consolidation de l'Etat de droit.

La motivation première de commencer cette étude par les pays Européens réside dans l'ancienneté qui caractérise cette institution dans le contexte européen. La trajectoire suivie par l'institution pourra inspirer les autres Etats notamment ceux de l'Afrique noire francophone.

La seconde motivation trouve sa raison d'être sur le fait que le droit administratif général, en général, et en République Démocratique du Congo en particulier, est le produit du mimétisme de la pratique institutionnelle européenne, notamment les droits français et belge. D'où il est important d'interroger la source pour mieux comprendre les missions de cette institution en Afrique.

L'exercice consiste à élucider la naissance de cette haute institution, sa composition et son organisation, son fonctionnement, ses missions essentielles et sa jurisprudence en droit Français (chapitre I) et en droit belge (chapitre II).

Chapitre 1

La juridiction administrative suprême en droit français : le conseil d'état

La justice française a un caractère dualiste[43], elle est composée de l'ordre judiciaire d'une part, et de l'ordre administratif d'autre part. L'ordre administratif est coiffé par une juridiction suprême appelée le Conseil d'Etat[44].

Cette institution dont la nécessité est d'une haute envergure dans l'établissement de l'Etat de droit mérite une étude particulière, dans un contexte de protection des droits et libertés des citoyens, par le moyen des arrêts qu'elle rend et des conseils qu'elle prodigue au gouvernement, le cas échéant au parlement.

Dans cette optique, il convient de préciser préalablement la naissance et l'évolution de cette institution (Section I), sa composition (Section II), son organisation et ses attributions (Section III), avant d'examiner l'exercice de ses missions principales ainsi que son rendement (Section (IV).

Section I : La naissance et l'évolution historique du Conseil d'Etat français

Nous allons d'abord parler de la naissance du conseil d'Etat (§1), en suite nous examinerons son évolution jusqu'à son évolution (§2), avant de parler du contexte socio-politique (§3).

§1. *La naissance*

L'origine du Conseil d'Etat français remonte à des formations qui, à partir de XIIIe siècle et sous des noms divers, dont notamment celui du Conseil d'Etat, ont réuni des juristes autrement appelés les légistes autour du roi. Ces juristes qui détenaient le pouvoir de justice et jugeaient en dernier

---

[43] P-L FRIER ; J. PETIT, *Droit administratif*, op.cit. p.71.

[44] Art. L. 111-1 du C.J.A., in Institution française d'information juridique, PDF p.7. www.droit.org (Consulté le 25 Février2020).

ressort ont, après le moyen-âge, laissé exercer ce pouvoir de justice par des tribunaux, les parlements. On parle de la justice déléguée (aux parlements). Cependant, si les parlements décident en dernier ressort des litiges entre les sujets du royaume comme des poursuites contre eux, les rois ont continué à décider par eux-mêmes lorsque les actes de leur administration étaient contestés. On parle alors de la justice retenue (par le souverain).

Le conseil d'Etat français est né à la suite de la loi des 16-24 Août 1790 relative à l'organisation judiciaire qui posa le principe de la soustraction du contentieux administratif au contrôle des tribunaux ordinaires dits judiciaires (titre 2, article 13).

Le décret du16 fructidor an III confirme le principe de séparation en affirmant, dans un article unique, que les « défenses itératives sont faites aux tribunaux de connaitre les actes de l'Administration, de quelque espèce qu'ils soient, avec peine de droit »[45]. Néanmoins, ce n'est que sous le consulat qu'est mise en place une véritable justice administrative, si bien que, durant toute la période révolutionnaire, on ne peut contester les actes de l'Administration que devant elle-même[46].

Le Conseil d'Etat (français) a succédé la révolution au Conseil de roi, ce dernier fut institué comme conseil du gouvernement plus comme juridiction, par la Constitution du 22 frimaire au VIII (13 Décembre 1799, art.52)[47].

§2. *Evolution historique du conseil d'Etat français et les difficultés de sa mise en œuvre*

Comme le précise René Chapus, « *le Conseil d'Etat français a subi sans doute des différentes réformes*. Il poursuit en précisant *qu'il n'a pas non plus toujours connue la même faveur de la part des pouvoirs publics : sous la restauration, son rôle comme conseiller du gouvernement a perdu l'éclat qu'il avait à son consulat et l'empire, en même temps d'ailleurs qu'était considérée avec méfiance sa fonction de juge administratif »*[48]. Cependant, toutes ses transformations n'ont pas empêché à cette haute

---

[45]Le décret du16 fructidor an III cité par J. WALINE, *in Droit administratif,* 27 ème édition, Dalloz, Paris 2018, p.24.

[46] R. CHAPUS, *Droit administratif,* op.cit., p.450.

[47] *Ibidem*.

[48] R. CHAPUS, *Droit administratif, op.cit.* p.93.

institution de se cristalliser, d'ailleurs, à ce jour, elle est plus perfectionnée qu'auparavant.

La réalité empirique démontre que le Conseil d'Etat dans le contexte français a évolué en dents-de-scie : partant des acquis au rejet des acquis pour revenir aux acquis.

Il importe d'analyser l'évolution de cette juridiction avant d'étudier sa structure actuelle. La première période est celle d'avant l'an VIII (A), la seconde période de cette étude commence de l'an VIII jusqu'à la composition du Conseil d'Etat (B).

A. Le Conseil d'Etat de la période pré- l'an VIII

Cette période se subdivise en deux phases ; il s'agit de la phase du régime d'avant la révolution française ainsi que celle pendant la révolution.

1. La phase prérévolutionnaire

Sous sa dénomination Conseil du roi selon l'ancien régime, celui-ci est une organisation très ancienne. Richelieu et Colbert lui donneront sa physionomie moderne dont s'inspirera Bonaparte. En son sein, il comprenait un certain nombre des formations distinctes et spécialisées.

Ainsi, *« A la veille de la révolution, il comprend sous le nom Conseil du roi, trois conseils de gouvernement : le conseil d'Etat ou de Cabinet, (se subdivisant lui-même en Conseil secret, Conseil d'En-Haut et Conseil de Guerre), le Conseil des Dépêches, le Conseil royal des Finances et du commerce ainsi qu'un Conseil de Justice appelé aussi Conseil des parties »*[49].

A cette époque, l'institution occupait deux fonctions traditionnelles, dont la première est consultative et la seconde juridictionnelle. En effet, les deux fonctions se confortent mutuellement et concourent à établir l'autorité morale du Conseil. Dans sa fonction consultative, le Conseil ne fait que donner des avis au roi qui prend la décision, mais notons selon ce que fait observé Gustave Peiser que cet avis est presque toujours suivi[50].

---

[49] G. PEISER, Contentieux administratif, 14è éd. DALLOZ, Paris, 2006, p.6.
[50] *Ibidem*.

Du point de vue juridictionnel, le Conseil du roi de l'ancien régime remplissait les fonctions du tribunal de conflits, du Conseil d'Etat et de l'actuelle Cour de cassation.

2. La phase révolutionnaire

C'est à la suite de la révolution que s'est affirmée l'application du principe de la séparation des autorités administratives et judiciaires par la loi de 16 et 24 Aout 1790, laquelle est à la base de la création d'un ordre des juridictions judiciaires et d'un autre ordre de juridictions administratives.

C'est au cours de la même période que furent supprimés les Conseils de gouvernement, et les attributions du Conseil des parties furent transférées au tribunal de cassation Ensuite, le nom de Conseil d'Etat est donné au Conseil des ministres qui, outre ses fonctions gouvernementales traite également les affaires contentieuses et connait également les actes irréguliers des corps administratifs. Il faut noter également que c'est sous la révolution que l'on remarque à quelque mesure près que l'Administration se contrôle elle-même, mais avec beaucoup d'inconvénients.

B. Le Conseil d'Etat à compter de l'an VIII

Cette période est la plus longue dans la construction de cette institution, elle est structurée à quatre étapes suivantes :

1. Le Consulat et l'empire ;
2. la restauration et la monarchie de Juillet ;
3. la seconde République et la second Empire et;
4. le conseil d'Etat depuis la troisième République à ce jour.

1. *Le Consulat et l'empire*

Cette période marque l'aurore de la conception actuelle du Conseil d'Etat, en effet, le Conseil d'Etat fut créé, sous sa forme moderne, par la Constitution du 22 frimaire de l'an VIII[51] et constamment perfectionné par la suite[52]. Cette Constitution crée sous la direction du consul, un Conseil d'Etat

---

[51] Art. 52 de la Constitution française de 1799.

[52] C. DEBBASCH ; F. COLIN, *Droit administratif*, 10è éd. Economica, Paris 2011, p.575.

chargé de rédiger des projets de lois et des règlements, mais aussi de résoudre les difficultés qui surgissent en matière administrative.

Aux termes du règlement du 5 nivôse de l'an VIII, le Conseil d'Etat était compétent de se prononcer sur les conflits qui peuvent s'élever entre l'Administration et les tribunaux et sur les affaires contentieuses dont la décision était précédemment remise aux ministres. Le Conseil d'Etat exerçait, en effet, un dédoublement fonctionnel, il cumulait à la fois les fonctions du Conseil du gouvernement et celles de juridiction administrative.

Il importe de signaler que, « *juridiquement, et jusqu'à 1872, il n'a qu'un rôle consultatif même en matière juridictionnelle (système de la justice retenue) mais le chef de l'Etat a toujours suivi les avis du Conseil d'Etat* »[53]. Au cours de la même période, interviendra le décret de 1806 qui apportera en termes d'innovation la création des maîtres des requêtes qui s'ajouteront aux conseillers, seuls historiquement connus comme les personnels du Conseil d'Etat.

Cette période s'achève par la création au cours de la même année d'une commission de contentieux chargée de la préparation de toutes les affaires contentieuses, nonobstant la création de cet organe, les sections administratives continuèrent à traiter elles-mêmes les affaires du contentieux. Cette Commission ne devint l'organe essentiel du contentieux que bientôt.

2. *La restauration et la monarchie de Juillet*

Sans être effacé, cet héritage Napoléonien qui n'est autre que le Conseil d'Etat sera mal vu, ses interventions juridictionnelles et surtout consultatives deviennent plus discrètes. Cependant, cette chute ne fut que temporaire, et à la suite s'affirme peu à peu une véritable juridiction administrative indépendante de l'Administration active.

Le conseil d'Etat a fait l'objet des débats sous la monarchie de Juillet que sous la restauration. Cependant, plusieurs instruments juridiques ont été pris en compte pour son amélioration. Il s'agit notamment des ordonnances de 02 Février et 12 Mars 1831 qui établirent la publicité des audiences, admirent les avocats à présenter des observations orales, créent un ministère public qui préfigure les commissaires du gouvernement,

[53] G. PEISER, *Contentieux administratif*, op.cit. p7.

exclurent les Conseillers d'Etat en service extraordinaire de formations contentieuses.

Outre ces instruments, on peut citer l'Ordonnance de 18 Septembre 1839 ainsi que la loi organique du 19 Juillet 1945 qui donna la nouvelle structure au Conseil d'Etat.

3. La seconde République et le second Empire

Cette période comprend deux phases diamétralement opposées, d'un côté, on retrouve la justice déléguée et de l'autre côté, il y avait la justice retenue.

Si la révolution de 1848 retire au Conseil d' Etat le jugement de conflit d'attribution en le confiant au tribunal des conflits, il devient maintenant un organe exerçant la justice déléguée et, statuant en dernier ressort sur le contentieux administratifs[54]. Au cours de ce temps, les affaires contentieuses relèvent de la compétence de la section du Contentieux.

La justice retenue sera succédée par le Second Empire. Le Conseil d'Etat reprit d'ailleurs les fonctions de son prédécesseur du premier Empire comme auxiliaire du gouvernement pour la préparation des lois, des décrets et les jugements des conflits. L'Empire libéral vit un essor considérable des attributions juridictionnelles du Conseil d'Etat. Particulièrement, le décret de 1864 facilite la recevabilité du recours pour excès de pouvoir.

4. Le conseil d'Etat depuis la troisième République à ce jour.

Cette période constitue le fondement du Conseil d' Etat comme véritable juridiction administrative, en confiant, de façon définitive, la justice déléguée au Conseil d'Etat qui prend des décisions exécutoires au nom du peuple français[55].

Le Conseil d'Etat devient un juge de la première et dernière instance du contentieux administratif. Et, on abandonnera l'affirmation selon laquelle, les ministres sont considérés comme des juges de droit commun en matière administrative et le Conseil d'Etat n'étant qu'un juge d'appel comme

---

[54] Voir la loi du 03 Mars 1949.

[55] G. PEISER, *Contentieux administratif*, op cit.

fut le cas pendant la restauration. Cette mesure fut prise par les arrêts ville de cannes (1842) et Cadot(1889)[56]. Ainsi, la compétence de la Haute juridiction s'est affirmée pour connaitre directement des affaires contentieuses.

A la fin de la troisième République, on remarquera l'abondance des litiges qui ont rendu surchargé le Conseil d'Etat, cela a entrainé des partielles réformes allant au sens de décharger une partie de son contentieux au profit des Conseils de préfecture, lesquelles sont avérées toujours insuffisantes.

Pendant la quatrième République, les Conseils de préfecture changent la dénomination pour devenir les tribunaux administratifs par le décret du 30 Septembre 1953 lequel répartit les compétences entre le Conseil d'Etat et les Tribunaux administratifs.

Notons que l'organisation du Conseil d'Etat reste régie par l'ordonnance du 31 Juillet 1945, mais complétée par un RAP du 31 Juillet 1945 portant règlement intérieur du Conseil d'Etat. Cependant, le Conseil d'Etat se verra être déchargé car certaines de ses attributions sont transférées aux tribunaux administratifs, en l'occurrence sa qualité du juge du droit Commun en premier ressort des contentieux administratifs. Le Conseil d'Etat devient essentiellement un juge d'appel et ne garde en première et à la fois en dernière instance, qu'une Compétence d'attribution[57].

Pendant la cinquième République, le Conseil d'Etat a connu une crise précisément en 1962, car il sera mal jugé par le gouvernement. Cette crise « *a en effet été provoquée, tant par son avis du 01 Octobre 1962, par lequel il déclarait quasi-unanimité défavorable à l'utilisation de l'article 11 de la Constitution comme moyen de la révision de celle-ci, que par son arrêt du (09) Octobre 1962 (Canal et autres) qui prononçait une annulation mettant en échec un point sensible la politique algérienne des pouvoirs publics* »[58].

Très violemment critiqué et accusé d' « usurpation de pouvoir » par le Président de la République et le gouvernement[59], ainsi les

---

[56] CE, 13 Déc. 1889, p.1148 ; D.1891, 341, cité par G. PEISER, *in Contentieux administratif*, op cit.

[57] G. PEISER, *Contentieux administratif, op cit.*

[58] R. CHAPUS, *Droit administratif, op.cit.* p.451.

[59] *Ibidem.*

transformations primitives qui furent envisagées auraient mise en cause l'indépendance du Conseil d'Etat. Mais cette crise n'avait pas assez de temps car elle sera dénouée très rapidement par les juristes qui ont vanté les mérites du Conseil d'Etat.

Entre 1987-1988 furent créées des Cours administratives d'appel. La création de ces cours, a en effet, changé la compétence du Conseil d'Etat, qui certes reste en partie juge en première et dernière instance, mais perd sa Compétence en tant que juge d'appel et dévient essentiellement un juge de cassation[60].

Mais, compte tenu de la nécessité ainsi que la pertinence de la justice administrative et du Conseil d'Etat en particulier, qu'il a été jugé bon d'élaborer un Code de justice administrative qui reprend les dispositions de l'ordonnance législative du 31 Juillet 1945 et du décret-loi du 30 Septembre 1953 ainsi que celles des décrets du 30 Juillet 1963 relatifs à l'organisation du Conseil et le statut de ses membres[61].

§3. *Contexte socio-politique de la création du Conseil d'Eta français*

Dès son essence, le Conseil d'Etat en tant que Conseil du gouvernement fut créé pour aider le roi ou le gouvernement dans la prise des décisions qui ont une incidence majeure dans la société. Ses avis pourraient inévitablement favoriser une harmonisation d'une armature juridique dans le domaine de l'Administration et autres.

C'est à ce titre que ses membres étaient appelés des légistes, car ils sont issus des classes différentes de la vie nationale, en vue d'adapter les règles juridiques aux impératifs de la vie sociale.

Notons que depuis l'apparition du principe sacro-saint qui est celui de la séparation des pouvoirs, existe une frange collaboration fonctionnelle interinstitutionnelles. En effet, un bon nombre des prérogatives du pouvoir législatif étaient dévolues à l'exécutif, en l'occurrence l'initiative des lois (projet des lois) et les compétences règlementaires considérées comme des lois au sens large. Les avis du Conseil apparaissent très nécessaires pour permettre que le règlement ne viole pas la loi, mais aussi pour que les

---

[60] G. PEISER, *Contentieux administratif, op cit.* p.9.
[61] R. CHAPUS, *Droit administratif, op.cit.* p.451.

décisions du gouvernement ou celles du Président de la République soient profitables aux usagers.

En outre, le Conseil d'Etat devrait se constituer en juge de l'Administration, car cette dernière peut poser des actes qui soient préjudiciables aux administrés et aux tiers. S'il est admissible que l'Administration soit régie par un corps spécial des règles[62], il est tout à fait logique qu'il ait un juge pour sanctionner la violation celles-ci.

Surtout que pendant la révolution française, les droits de citoyens sont inscrits en lettre d'or, et l'individu est devenu au centre de toutes les préoccupations de la vie politique, sociale et économique. Ainsi, la justice administrative permet de rétablir dans leurs droits, les usagers ainsi que les contractants de l'Administration ; lors que les actes de cette dernière leur causent préjudice.

Malgré quelques vicissitudes dans l'évolution de cette institution, transformée à une certaine époque d'un outil et d'une caisse de résonance du Président de la République, le Conseil d'Etat français s'est finalement imposé comme institution indépendante et impartiale.

De ce qui précède, on peut noter que le Conseil d'Etat joue son rôle dans un contexte de l'avancement de l'Etat de droit, non seulement par ses Conseils très profitables pour l'harmonisation du système juridique adapté, mais apparait comme garant des droits et libertés fondamentaux des citoyens, par le moyen de la justice qu'il assure.

Section II : La structure organique et fonctionnelle du Conseil d'Etat français

Cette section examine respectivement la composition organique du Conseil d'Etat (§1), le statut de ses membres (§2) ainsi que son fonctionnement (§3).

§1. *La composition*

Le Conseil d'Etat français est composé de deux catégories des membres, comprenant d'une part des membres ordinaires (A), et d'autre part des membres extraordinaires(B).

[62] P-L FRIER ; J. PETIT, *Droit administratif, op.cit.* p35.

A. *Les membres ordinaires*

Les membres ordinaires du Conseil d'Etat s'élèvent à un nombre environ 300, dont un peu plus de 200 sont en service de Conseil[63].

Ces personnels sont répartis en trois catégories, il s'agit :

- des auditeurs composés d'une part, de ceux de la deuxième classe et d'autre part, de ceux de la première classe ;

- des maitres de requêtes, et ;

- des conseillers d'Etat en service ordinaire.

1. Du recrutement des membres du Conseil d'Etat

Les membres ordinaires du Conseil d'Etat sont recrutés suivant deux modalités, d'un côté ils sont issus d'un concours de recrutement ; qui depuis 1945 est organisé par l'Ecole Nationale d'Administration (ENA), mais aussi par le recrutement au tour extérieur[64].

En ce qui concerne les auditeurs, ils sont toujours recrutés par le concours de l'ENA, ceux de la deuxième classe sont nommés parmi les anciens élèves de l'ENA, selon les règles propres au classement de ces élèves (quatre à six par an), par contre, ceux de la première classe sont choisis parmi ceux de seconde classe.

Quant aux maitres de requêtes, ils sont d'une portée limitée, le Trois quart (¾) au moins des emplois vacants sont réservés aux auditeurs de la première classe et le quart des postes vacants sont susceptibles d'appel au tour extérieur[65].

Les conseillers d'Etat en service ordinaire sont nommés par le décret en Conseil des ministres sur proposition de garde des sceaux, dont deux-tiers sont recrutés parmi les maitres des requêtes et un tiers des postes

---

[63] R. CHAPUS, *Droit administratif, op.cit.* p.451.

[64] Art. L.233-3 à L.323-6 du CJA, www. Conseil d'etat.fr. PDF p.9. (Consulté le 25 Février 2020).

[65] C. DEBBASCH ; F. COLIN, *Droit administratif, op. cit.*576.

vacants sont librement pourvus par le gouvernement en faisant recours au tour extérieur.

Il faut le préciser, comme l'a déjà fait René Chapus, que « l'intérêt du tour extérieur est de contribuer à la liaison entre le Conseil d'Etat et le monde extérieur et de prévenir par la suite le risque qu'il se referme sur lui-même et cesse d'être informé comme il le faut, les réalités, des besoins et des difficultés de l'Administration active »[66].

Cependant, quelques conditions sont prévues pour être recruté au tour extérieur, ces conditions sont diversifiées selon la catégorie des membres. En effet, pour être recruté au tour extérieur comme maitre des requêtes, il faut avoir 30 ans d'âge au moins et de 10 ans au moins de service public. Quant au conseiller en service ordinaire, l'unique condition est d'avoir 45 ans d'âge au moins.

2. *La Répartition des tâches entre les membres ordinaires*

Les tâches sont bien définies entre les membres ordinaires, en effet, les auditeurs et les maitres des requêtes ont la charge principale d'instruire les affaires et d'établir le rapport préparant le prononcé de l'avis ou de l'arrêt. Les conseillers instruisent eux aussi, et après en avoir délibéré, ils décident par un vote de la solution à consacrer.

B. Les membres extraordinaires

1. Composition

Contrairement aux membres ordinaires qui font leur carrière au Conseil d'Etat, le service extraordinaire du Conseil d'Etat est composé des Conseillers ayant un certain particularisme. Ils sont répartis selon deux catégories.

Les conseillers de la première catégorie sont choisis parmi les personnalités très qualifiées des différents domaines de l'activité nationale et sont nommés par le décret en conseil des ministres, après avis du vice-président du Conseil d'Etat, pour une durée de cinq ans non renouvelable avant l'expiration d'un délai de deux ans[67].

---

[66] R. CHAPUS, *Droit administratif*, *op.cit.* p.452.

[67]Voir l'Article L.121-4 et du Code de justice administrative, op.cit. p.10.

Les Conseillers sont répartis en deux groupes, dont le premier est composé de de douze membres chargés des fonctions consultatives[68] au sein duquel six présidents des sections sont choisis parmi les Conseillers d'Etat en service ordinaire et qui dirigent les travaux de leurs sections. Dans la même catégorie, on retrouve le Vice-Président du Conseil d'Etat qui, en réalité, est le Président permanent du Conseil d'Etat, ce dernier est nommé par le décret du Président de République en conseil des Ministres, sur proposition du garde des Sceaux[69]. Il est choisi parmi les présidents des sections du Conseil d'Etat ou des conseillers d'Etat en service ordinaire.

En outre, quand il s'agit de juger, les conseillers d'État en service extraordinaire quatre conseillers sont « choisis parmi les personnes que leur compétence et leur activité dans le domaine du droit qualifient particulièrement pour l'exercice de ces fonctions[70].

Ces quatre autres Conseillers d'Etat en service extraordinaire destinés à exercer des fonctions juridictionnelles sont nommés sur proposition d'un comité présidé par le vice-président du Conseil d'Etat et composé, en outre, d'un nombre égal de personnalités qualifiées et de membres du Conseil d'Etat, désignés par le vice-président du Conseil d'Etat. Ces conseillers d'Etat en service extraordinaire sont affectés à la section du contentieux. Ils ne peuvent être affectés dans les formations administratives. Ils sont soumis aux mêmes obligations que les conseillers d'Etat en service ordinaire[71].

La deuxième catégorie est composée de la personnalité unique, qui n'est rien d'autre que le premier ministre. Il est juridiquement le président du Conseil d'Etat[72], mais sa fonction se limite à la présidence des Assemblées solennelles, réunies pour la célébration de certains évènements laissant ainsi la présidence permanente entre les mains de son Vice-Président[73].

2. Compétences

Contrairement aux membres ordinaires qui sont régis par le dédoublement fonctionnel, les membres extraordinaires sont dépourvus de

[68] Vir le point II de l'article 121-4 et l'article R.121-16 al. 1 du CJA, op.cit.
[69] Art. L.121-4 point 1 du CJA, op.cit. p.10.
[70] J-L FIER ; J. PETIT ; *Droit administratif*, op.cit. p.620.
[71] Voir le point III de l'article L.121-4 et l'alinéa 2 de l'article R121-16 du CJA.
[72] G. PEISER, *Contentieux administratif*, op cit. p.11.
[73]R. CHAPUS, *Droit administratif, op.cit.* p.45.

toutes les Compétences juridictionnelles. Ils se limitent à faire bénéficier au conseil d'Etat, conseil du gouvernement de leurs compétences et expériences personnelles.

§2. *Le statut des membres du Conseil d'Etat*

Le statut des membres du conseil d'Etat appelle des controverses doctrinales, Gustave Peiser démontre que les membres du Conseil d'Etat ne sont pas des magistrats[74] ; par contre, tout en reconnaissant qu'aucun texte ne le dit expressément, R. Chapus affirme que ces deniers ont la qualité des magistrats[75]. Cependant, les deux auteurs convergent à la suite lorsqu'ils reconnaissent que les membres du Conseil d'Etat sont soumis à la fois au statut général de la fonction publique avec possibilité que leur statut particulier déroge au statut général.

Charles DEBBASCBH et Fréderic COLIN précisent : « *bien que ne disposant pas de l'inamovibilité garantie par le statut organique de la magistrature, les membres du Conseil d'Etat jouissent d'une indépendance dans l'exercice de leurs fonctions* »[76].

Il est nécessaire d'exposer certaines exigences liées au service(A) avant de voir la double appartenance de ses membres(B).

A. Les exigences internes

L'exercice tend à examiner les sanctions disciplinaires (1) avant d'étudier les positions statutaires de ses membres (2).

1. Les sanctions disciplinaires

Comme le cas dans chaque corps ou de toute structure hiérarchiquement organisée, qui prévoit toujours des règles de conduite dont la violation ne reste pas impunie, le Conseil d' Etat également organise des sanctions disciplinaires[77]. Elles sont prononcées après avis consultatif ou non du Conseil supérieur du Conseil d'Etat, et, sur proposition du Ministre de la Justice, par l'autorité investie du pouvoir de nomination.

---

[74]G. PEISER, *Contentieux administratif, op cit.* p.10.
[75] R. CHAPUS, *Droit administratif, op.cit.* p.453.
[76]C. DEBBASCH ; F. COLIN, *Droit administratif, op cit.* 576.
[77] Art. L136-4 à 7 du CJA, *op.cit.* p.19.

Ces sanctions disciplinaires sont dans l'ordre croissant : l'avertissement, le blâme, l'exclusion temporaire des fonctions de moins de six mois, la révocation sans suspension du droit à pension, la révocation avec suspension du droit à pension.

2. Les positions statutaires des membres

Les membres du conseil d'Etat se trouvent parfois dans une position d'indisponibilité dans l'exercice de leurs fonctions lorsqu'ils sont appelés à exercer une autre fonction publique. Des textes particuliers déterminent les conditions de l'exercice de l'activité de délégation, de détachement de longue durée, la mise en disponibilité et la mise en retraite.

A ce sujet, on peut citer notamment, le cas des membres du Conseil d'Etat élus au parlement tel que prévu par l'article 18 du décret 63-767, qui sont d'office en position de détachement pendant la durée de leur mandat.

A la fin de leur mandat, deux hypothèses se présentent : d'une part, s'ils sont restés parlementaires pendant moins de neuf ans, ils sont réintégrés pour être placés en position de délégation, d'autre part, s'ils sont restés pendant plus de neuf ans, ils sont réintégrés mais ne peuvent plus être affectés à une formation du Conseil d'Etat.

B. La double appartenance des membres du Conseil d'Etat

Historiquement les membres du Conseil d'Etat étaient chacun affecté dans une des sections constituant l'ossature du Conseil d'Etat, cependant plusieurs reformes ont été mise en exergue depuis la mise en vigueur des textes de 1963[78].

Dès lors, certains membres du Conseil d'Etat, en l'occurrence ; les auditeurs et les maitres des requêtes ont une appartenance double, ils sont à la fois à la section administrative et à la section du contentieux. Cependant, il ne faut pas perdre de vue sur les limitations apportées en termes d'innovation par le décret de 2008 qui dispose que « les membres du Conseil d'Etat ne peuvent participer au jugement des recours dirigés contre les actes

---

[78] G. PEISER, *Contentieux administratif*, op cit. p.11

pris après avis du Conseil d'Etat, s'ils ont pris part à la délibération de cet avis »[79].

Section III : Organisation du Conseil d'Etat et ses attributions.

Le Conseil d'Etat est organisé suivant deux structures issues de ses missions traditionnelles. Nous allons d'abord examiner l'organisation du Conseil d'Etat en matière consultative (§1), pour décrire ensuite son organisation en matière contentieuse (§2) et l'analyser enfin comme juridiction suprême de l'ordre administratif (§3).

§1. *L'organisation du Conseil d'Etat en matière consultative.*

Il est vrai que les formations consultatives sont consécutives à celles contentieuses, mais il y a lieu d'établir un lien de préséance et non une hiérarchie du point de vue de l'importance entre ses deux formations traditionnelles.

En ce qui concerne l'organisation de ce rouage du conseil d'Etat, on retrouve d'une part les sections (A), et d'autre part, la commission permanente et l'assemblée générale (B).

A. Les différentes sections consultatives du Conseil d'Etat

. En matière consultative, le Conseil d'Etat français comprend six (6) sections parmi lesquelles nous trouvons d'un côté, *la section du rapport et des études* de l'autre côté, *cinq autres sections purement administratives.*

1. *La section du rapport et des études*
2. Elle est chargée de la préparation du rapport annuel ainsi des études, veille à l'exécution des décisions des juridictions administratives et assure les missions de coopération internationale[80].

En effet, le rapport annuel est remis au Président de la République. Cette section « *est saisie par les particuliers pour des obstacles apportés par l'administration à exécuter les décisions de la justice. De même, elle est consultée par des administrations sur le point de savoir comment celle-ci doivent exécuter certaines décisions* »[81]. Cette section d'ordre

---

[79] VOIR Art. 10 du Décret N°2008-225 du 06 Mars 2008 ; Art. R122-21-1 du CJA.
[80]Organisation du conseil d'Etat, www.vie-publique.fr (consulté le 09/02/2020).
[81] C. DEBBASCH ; F. COLIN, *Droit administratif, op. Cit.* p.577

administratif vise à améliorer le fonctionnement de la justice administrative par ses observations.

3. Les autres sections consultatives

Ces sections sont dites consultatives car elles sont chargées de rendre des avis[82]chacune, selon son domaine. Elles sont au nombre de cinq (5), il s'agit de :

- la section des finances ;
- la section de l'intérieure ;
- la section sociale ;
- la section des travaux publics et ;
- la section de l'Administration.

Notons, en fait, que la plupart des avis sont rendus par chacune des sections administratives précitées, dont la dénomination de chacune indique la spécialité du domaine d'exercice. Chacune d'elles comprend un certain nombre des conseillers d'Etat, des maîtres des requêtes et des auditeurs respectivement dirigés par un président de section. Cependant, elles ne sont pas les seules à rendre des avis car les avis les plus importants sont rendus par des autres organes. Il s'agit de la commission permanente et de l'Assemblée Générale dont l'examen s'avère nécessaire.

B. La Commission Permanente et l'Assemblée Générale

La présentation de la commission permanente précède celle de l'assemblée générale.

1. La commission permanente

Cette formation du Conseil d'Etat regroupe en son sein, le Président du Conseil d'Etat, un président de section, 10 conseillers et un certain nombre de maîtres des requêtes et auditeurs[83]. Elle est formée pour prendre des décisions urgentes.

---

[82] Voir l'Art. 37 de Constitution en vigueur

[83] R. CHAPUS, *Droit administratif, op.cit.* p.45.

2. *L'Assemblée générale*

L'assemblée générale est chargée de rendre les avis les plus importants du Conseil d'Etat de manière plus efficace et exacte. Elle est organisée depuis les reformes de 1963, soit en formation plénière, soit en formation ordinaire. En effet, la formation plénière qui est historique siégeait en concours des présidents de sections et de tous les conseillers. En outre, la formation ordinaire qui siège actuellement comprend trente-cinq (35) membres, il s'agit du vice-président, des présidents de sections et 28 conseillers.

Le développement le plus immédiat de l'étude a exposé, de manière brève, l'organisation du Conseil d'Etat dans ses fonctions administratives en tant que Conseiller. A présent, nous allons voir comment cette institution est organisée également comme juge des contentieux administratifs.

§2. *Organisation du Conseil d'Etat en matière contentieuse*

En matière contentieuse, le Conseil d'Etat est organisée en vue de rendre la justice.

Contrairement aux formations administratives qui sont composées de six sections, le Conseil d'Etat dans ses fonctions contentieuses ne comprend que l'unique section subdivisée en dix sous-sections (A) ainsi que deux autres formations solennelles, auxquels cas on retrouve la section du contentieux réunie en formation du jugement ainsi que l'Assemblée Plénière du contentieux (B).

A. *La section du contentieux ordinaire*

Elle est formée de dix sous-sections comprenant chacune trois conseillers d'Etat, dont l'un est un président et les deux autres sont des assesseurs, et un certain nombre des maîtres de requêtes ainsi que des auditeurs. Les sous-sections ont pour rôle d'instruire des affaires (la direction de la procédure, demande d'expertise, réception et envoi des mémoires…).

La sous-section siégeant en formation de jugement ne peut délibérer que si trois membres au moins ayant une voix délibérative sont présents (Cinq en sous -sections réunies en nombre impair. Elle prend en compte les affaires simples relevant de la compétence de chacune de section ou lorsqu'elles sont réunies.

B. Les formations extraordinaires de la section contentieuse

Elles sont au nombre de deux répartis *en formation du jugement et l'Assemblée générale,* elles sont dites extraordinaires dans la mesure où elles n'interviennent que pour des cas délicats et de manière moins régulière et/ou limitée par an. Les deux formations solennelles interviennent pour des affaires contentieuses présentant des difficultés particulières.

1. La section contentieuse en formation de jugement

Elle comprend un président de la section, les trois présidents de sous-section (au nombre de dix), deux conseillers d'Etat en service ordinaire appartenant en même temps à une section administrative et le rapporteur. Elle se prononce sur les affaires délicates ou qui impliquent une importante prise de position jurisprudentielle, le cas de renversement, d'infléchissement ou de création d'une jurisprudence ou l'examen d'un problème entièrement inédit[84].

2. L'Assemblée du contentieux

Elle est composée du Vice-Président du Conseil d'Etat, de sept présidents de sections, des trois présidents adjoints de la section du contentieux, du président de la sous-section qui a instruit l'affaire, de quatre présidents de sous-section, les plus anciens dans leurs fonctions, en dehors du président et du rapporteur[85]. Cet organe, particulièrement solennel, est au plus haut sommet du Conseil d'Etat, il est réuni sept ou huit fois par an. L'assemblée générale se prononce sur les affaires les plus importantes.

§1. *Les compétences du Conseil d'Etat*

Le Conseil d'Etat français dispose des compétences d'attribution tant en matière administrative(A) qu'en matière juridictionnelle.

---

[84] C. DEBBASCH ; F. COLIN, *Droit administratif, op. Cit.* p.578.
[85] Art. R. 122-20 du CJA, op.cit. p.80.

A. Les compétences du Conseil d'Etat en matière administrative

Le premier titre du livre I, précisément dans son chapitre II, consacre un bon nombre des attributions administratives et législatives. On retrouve également d'autres dispositions complémentaires qui sont relatives à cette matière. Dans cette fonction du conseil du gouvernement et, le cas échéant, celui du parlement, le Conseil d'Etat se prononce par voie d'avis. Ces avis peuvent se classer dans deux catégories : les avis obligatoires ou conformes (1), les avis facultatifs ou spontanés (2).

1. Les avis obligatoires et les avis conformes

L'avis obligatoire est différent d'un avis conforme, en effet, le premier oblige au gouvernement de consulter préalablement le Conseil d'Etat tout en lui reconnaissant la latitude de décider sur l'issue de celui-ci (le gouvernement peut suivre ou pas la solution dégagée par le Conseil d'Etat)[86]. C'est-à-dire que la consultation du Conseil d'Etat est obligatoire, mais l'exécution par l'autorité qui le consulte est facultative.

En revanche, le second oblige que la décision prise après la consultation du Conseil d'Etat doit, à peine de nullité, être conforme à l'opinion énoncée par le Conseil d'Etat. Les hypothèses des avis conformes sont rares, néanmoins cela peut se concevoir en cas d'avis en interprétation sur une question préjudicielle de la légalité.

Il faut également préciser que lorsque la consultation du Conseil d'Etat est obligatoire, le texte définitif doit se conformer soit au projet initial, soit au texte adopté par le Conseil[87].

La consultation du Conseil d'Etat est obligatoire sur les matières ci-après :

- les projets de lois conformément à l'article 39 de la Constitution ;

[86] Art. 37 de la Constitution française de 1958 telle que modifiée à ce jour

[87] Pour plus de détails au sujet de cette interprétation voir CE, 16 Octobre 1969, *Union internationale des grandes pharmacies de France*, AJDA, 1969, p. 107.

- les textes en forme législative intervenus dans des matières règlementaires lorsque le gouvernement veut les modifier par le décret (article 37 de la Constitution en vigueur) ;

- pour les règlements d'Administration publique et les règlements en forme de règlement d'Administration publique[88] quand bien même que les règlements d'Administration ont disparu depuis les décrets du 07, 21 et 31 Juillet 1980 ;
- les ordonnances et décrets règlementaires sur lesquels son intervention est prévue par une disposition législative ou réglementaire ;
- les projets et propositions de lois du pays de propre à la Nouvelle-Calédonie[89]
- dans une certaine mesure pour l'utilité publique d'association ou d'utilité publique etc. même si cela se fait de manière assez rare[90].

2. *Les avis facultatifs*

L'avis est facultatif lorsque l'organe chargé de consulter le Conseil d'Etat dispose de la possibilité d'appréciation s'il peut soumettre ou pas la question selon son libre arbitre.

Le Conseil d'Etat est saisi pour la consultation facultative pour des cas suivants :

- les décrets autonomes pris en vertu de l'article 37 de la Constitution de 1958 ;
- les propositions de lois, à condition d'être saisi par le président de l'assemblée nationale ou celui du congrès ;
- tous les règlements ;
- une question de droit nouvelle présentant des difficultés[91] ;
- on peut également ajouter les avis pris de leur propre initiative par la section de direction des rapports et des études pour une question

[88] CE 07/ Mai 1971, Joseph Rivière, concl. Kahn, AJDA, 1971, n°171, p.607.
[89] Art. L.112-6 du CJA, op.cit. p.8.
[90] G. PEISER, *Contentieux administratif, op cit.* p.15.
[91] Art. L 113-1 du CJA, op.cit. p.9.

qu'elle estime importante, pour donner son expertise en vue de confectionner le système législatif de l'Etat.

La fonction consultative permet à assurer la conformité des projets des normes pris à l'initiative du parlement et spécialement ceux pris par l'exécutif, à l'ordonnancement juridique de l'Etat.

B. Les compétences du Conseil d'Etat en matière contentieuse

Aux termes de l'article 111-1 du code de la justice administrative, « *le Conseil d'Etat est la juridiction administrative suprême. Il statue souverainement sur les recours en cassation dirigés contre les décisions rendues en dernier ressort par les diverses juridictions administratives ainsi que sur ceux dont il est saisi en qualité de juge de premier ressort ou de juge d'appel* ». Ainsi, nous allons analyser le Conseil d'Etat en tant que juge de cassation (1), ensuite comme juge d'appel (2) enfin comme juge du premier et dernier ressort (3).

1. Le Conseil d'Etat est un juge de cassation

Depuis la création des tribunaux administratifs et les cours d'appel administratives, le Conseil d'Etat a cessé d'être le seul juge de la justice administrative, se plaçant ainsi au sommet de l'ordre des juridictions administratives.

Il faut encore préciser que l'ordre administratif n'est pas composé seulement du Conseil d'Etat et des cours administratives d'appel [92]et des tribunaux administratifs[93] appelés autrement des juridictions administratives de droit commun[94] ; il existe aussi d'autres juridictions spécialisées[95] qui exercent la justice administrative.

A ce sujet l'article L.333-1 du Code de la justice administrative dispose que « *Le Conseil d'Etat est seul compétent pour statuer sur les recours en cassation dirigés contre les décisions rendues en dernier ressort par toutes*

[92] Les cours administratives d'appel ont été créées par la loi du 31 Décembre 1987.

[93] Les tribunaux administratifs ont été mis en place par la loi de 1953.

[94] Les tribunaux administratifs et les cours administratives d'appel sont les juges du droit commun en matière administrative.

[95] Il s'agit notamment des juridictions disciplinaires des ordres professionnels, la Cour internationale d'Asile etc.

les juridictions administratives ». Qu'elle soit prise par une juridiction spécialisée ou par la Cour administrative d'Appel, toute décision rendue en dernier ressort ou celle dont l'Appel n'est plus possible peut être attaquée en cassation devant le Conseil d'Etat[96]. On ne saurait pas perdre de vue, une compétence consultative citée ci-haut qui se rattache du rôle de cassation de la haute juridiction de l'ordre administratif. En effet, l'article 12 de la loi du 31 décembre 2006 prévoit que, lorsqu'un Tribunal administratif ou une Cour est saisi « d'une question de droit nouvelle présentant une difficulté sérieuse, et se posant dans de nombreux litiges », le Tribunal ou la Cour peut, s'il le juge utile, surseoir à statuer et poser la question au Conseil d'État. Celui-ci, dans les trois mois, indique la solution qu'il estime fondée, par un *avis*, qui n'a pas autorité de la chose jugée et ne lie donc pas la juridiction qui a saisi le Conseil d'Etat. L'avis est publié au *Journal Officiel*, et fait l'objet de conclusions d'un rapporteur public[97].

Le pourvoi en cassation est un contentieux de légalité qui vise la conformité des décisions rendues par les juridictions administratives inférieures à l'ordonnancement juridique de l'Etat. Le recours en cassation est ouvert sans texte, en vertu d'un principe général du droit[98].

Le Conseil d'État a vu s'ajouter, à ces attributions, des fonctions de régulateur des compétences au sein de la juridiction administrative[99]. Il s'agit du règlement de juge(a), de la connexité(b), du règlement des questions de compétence au sein de la juridiction administrative(c).

a. Le règlement de juge

L'on a reconnu au Conseil d'Etat depuis 1932, la compétence d'opérer des *règlements de juge*, celui-ci se consacre à résoudre, soit des conflits négatifs de compétence entre deux juridictions administratives s'étant l'une et l'autre déclarées incompétentes, soit des conflits de fond résultant de décisions contradictoires. A ce sujet, la doctrine explique que : « *Lorsque l'une des deux décisions est devenue définitive, les voies de recours normales, appel*

---

[96] Art. L. 821-1 du CJA.

[97] J. WALINE, *Droit administratif*, 27ème édition, Dalloz, Paris 2018, p.691.

[98] CE 7 févr. 1947, *d'Aillières*, *GAJA*, no 55.

[99] P. Dolvelvé, « *Le Conseil d'Etat régulateur de l'ordre juridictionnel administratif* », Mélange Labatoulle, p.260.Cité par J.WALINE, *in Droit administratif*, op.cit. p.691.

ou cassation, ne permettraient pas d'effacer de telles contradictions, le Conseil d'État, dans ces hypothèses, d'ailleurs exceptionnelles, règle le problème en déclarant d'office nulle et non avenue la décision erronée, en dépit de son caractère définitif »[100].

b. La Connexité

La connexité est organisée par les dispositions de l'article R341-1 jusqu' à l'article R345 du Code de Justice Administrative. Il y a connexité entre deux litiges, selon J. WALINE, « lorsque la solution de l'un est nécessairement fonction de celle que reçoit l'autre. Or, ajoute-t-il, il peut arriver que deux litiges connexes relèvent chacun d'une juridiction administrative différente. Il poursuit en disant qu'il est préférable, dans ce cas, de permettre à une seule des juridictions saisies de statuer sur les deux instances »[101].

Lorsque la connexité concerne un litige relevant de la compétence du Conseil d'Etat en premier ressort et l'autre relevant de la compétence d'une autre juridiction, le Conseil d'Etat peut joindre à son profit pour statuer les deux litiges.

Si elle existe entre deux litiges relevant de deux Cours administratives d'appel ou de deux tribunaux administratifs différents, le Président de la section du contentieux, saisi par le président d'une des Cours ou d'un des tribunaux administratifs, désigne celui qui connaîtra de l'ensemble[102].

c. *Le règlement des questions de compétence au sein de la juridiction administrative*

Cette compétence est prévue par l'article R351-1 à 9. En vue de résoudre le problème lié au retard concernant la résolution des litiges lorsque le requérant s'adresse à un juge administratif autre que celui qui est compétent

[100] V., R. d'Haem, *La procédure de règlement de la réforme des questions de compétence à l'intérieur de la juridiction administrative*, RFDA 2003, 497. Cité par Cité par J.WALINE, *in Droit administratif*, op.cit. p.692.

[101] J.WALINE, *in Droit administratif*, op.cit. p.692.

[102] A titre d'exemple voir, CE 28 mai 2001, *Cne de Bohars et SARL Minoterie Française*, *Rec.* 249 ; 13 juin 2001, *Verdure*, *Rec.* 261. Cité par Cité par J. WALINE, *in Droit administratif*, op.cit. p.692.

en la matière, le décret du 22 février 1972 a entendu porter remède à cet état des choses, en prévenant les jugements d'incompétence par des *procédures de renvoi*, et en confiant la désignation de la juridiction compétente au Président de la section du contentieux du Conseil d'État.

A ce niveau deux situations se présentent :

D'une part, lorsque le Conseil d'État est saisi, en premier ressort, d'une affaire relevant en réalité de la compétence d'une autre juridiction administrative ordinaire inférieure, le renvoi à la juridiction compétente est décidé, dans les deux cas, par le Président de la section du contentieux, par ordonnance non motivée (décret 29 août 1984, art. 14).

D'autre part, lorsqu' un tribunal administratif est saisi d'une affaire qui lui paraît relever de la compétence d'une autre juridiction administrative : le Président transmet le dossier au Conseil d'État. La désignation de la juridiction compétente incombe au Président de la section du contentieux.

Jean WALINE précise que « *Dans tous les cas, les décisions de renvoi ne sont susceptibles d'aucun recours, et la juridiction à laquelle l'affaire est attribuée ne peut décliner sa compétence, sauf en se fondant sur l'incompétence de l'ensemble des juridictions administratives ; encore cette possibilité n'existe-t-elle que pour les tribunaux administratifs* »[103].

2. Le Conseil d'Etat est un juge d'Appel

La compétence reconnue au Conseil d'Etat au niveau d'Appel est d'attribution. Celle-ci rend le Conseil d'Etat juge de droit commun des contentieux administratif et électoral qu'il est appelé à examiner en dernier ressort sans possibilité de recours. *Dans tous les cas où la loi n'en dispose pas autrement, le Conseil d'Etat connaît des appels formés contre les décisions rendues en premier ressort par les autres juridictions administratives* »[104].

Il s'agit notamment du *« contentieux des élections municipales et cantonales qui est conféré en appel au conseil d'Etat pour trancher plus rapidement le litige (par exemple sur une demande d'annulation pour excès*

---

[103] J. WALINE, *in Droit administratif*, op.cit. p.693.
[104] Art. L.321-2 du CJA, op.cit. p.44.

de pouvoir d'un arrêté convoquant les élections en vue de renouveler un conseil municipale : 17 Nov. 2010, Ministre de l'Intérieur) »[105].

Comme ajoute l'auteur, « *Le Conseil d'Etat est le juge d'appel de l'appréciation émise par le juge administratif afin d'éviter la prolongation excessive de cette procédure incidente* »[106].

Enfin, *le président de la section du contentieux, ou éventuellement une formation collégiale du Conseil d'Etat à laquelle il peut s'adresser, connait en appel des jugements rendus dans les 48 heures par les tribunaux administratifs saisis de recours contre les arrêtés de reconduite à la frontière*[107].

Le Conseil d'Etat français dispose également des compétences en tant que juge du premier et dernier ressort.

3. Le Conseil d'Etat, juge du premier et du dernier ressort

La création des tribunaux administratifs et des juridictions administratives spécialisées a certes déchargé le Conseil d'Etat, néanmoins il conserve encore des compétences en tant que juge du premier et dernier ressort selon les matières et des personnes.

Le Conseil d'Etat français est un juge du premier et dernier ressort en matière de recours pour excès de pouvoir (a), en matière électorale (b) ainsi qu'en matière d'actions et responsabilités (c).

a. Le Conseil d'Etat juge de contentieux des recours de l'excès de pouvoir

Le recours pour excès de pouvoir dirigé contre les décisions des autorités administratives est soit en annulation, soit en rectification, soit encore en reformation avec comme objectif d'éliminer une décision illégale car le Conseil d'Etat comme le précise R. Chapus, *est le gardien de la légalité*[108].

---

[105] C. DEBBASCH ; F. COLIN, *Droit administratif, op. Cit.* p.582.
[106] *Ibidem.*
[107] *Ibidem.*
[108] R. Chapus, *Droit administratif*, op.cit. p. 787.

Ainsi, en contentieux de l'excès de pouvoir, le Conseil d'Etat est compétent pour des matières suivantes :

Le Conseil d'Etat est compétent en premier et dernier ressort pour connaître des recours dirigés contre les décisions des tribunaux administratifs visées à l'article L. 212-2[109] *;*

Le Conseil d'Etat est compétent pour connaître en premier et dernier ressort, conformément aux dispositions de la loi organique n° 2004-192 du 27 février 2004 portant statut d'autonomie de la Polynésie française :

1° Des recours formés contre le règlement intérieur de l'assemblée de la Polynésie française :

2° des recours prévus par les articles 70 et 82 de ladite loi organique ;

3° des recours prévus par les articles 116 et 117 de ladite loi organique ;

4° des recours juridictionnels spécifiques formés contre les actes prévus à l'article 140 de ladite loi organique ;

5° des recours dirigés contre les délibérations décidant l'organisation d'un référendum local prévues à l'article 159 de ladite loi organique[110] *;*

Le Conseil d'Etat est compétent pour connaître, en premier et dernier ressort, conformément aux dispositions des articles L O 3445-5, LO 3445-7, LO 4435-5 et LO 4435-7 du code général des collectivités territoriales, des recours juridictionnels formés contre les délibérations des conseils généraux des départements d'outre-mer et des conseils régionaux des régions d'outre-mer pris sur le fondement des deuxième et troisième alinéas de l'article 73 de la Constitution[111] *;*

Le Conseil d'Etat est compétent pour connaître en premier et dernier ressort, conformément aux articles L O6243-1, LO 6251-7 et LO

---

[109] Art. L. 311-5 CJA, op.cit. p.42.
[110] Art. L.311-7 CJA, op.cit.
[111] Art. 311-8 CJA.

6251-9 du code général des collectivités territoriales, des recours juridictionnels formés contre les délibérations du conseil territorial de Saint-Barthélemy[112] *;*

Le Conseil d'Etat est compétent pour connaître en premier et dernier ressort, conformément aux articles L O 6343-1, LO 6351-7 et LO 6351-9 du code général des collectivités territoriales, des recours juridictionnels formés contre les délibérations du conseil territorial de Saint-Martin [113] *;*

Le Conseil d'Etat est compétent pour connaître en premier et dernier ressort, conformément aux articles L O6461-7 et LO 6461-9 du code général des collectivités territoriales, des recours juridictionnels formés contre les délibérations du conseil territorial de Saint-Pierre-et-Miquelon[114] *;*

Le Conseil d'Etat connait en premier et dernier ressort des recours dirigés contre les ordonnances du Président de la République (tant qu'elles n'ont pas été ratifiées expressément par le parlement) et les décrets du Président de la République et du premier ministre.

Aux termes de l'article R. 311-1 et s. du code de la justice administrative, le Conseil d'Etat est également compétent pour juger en premier et dernier ressort :

- ✓ *des recours dirigés contre les actes réglementaires des ministres et des autres autorités à compétence nationale et contre leurs circulaires et instructions de portée générale ;*
- ✓ *des litiges concernant le recrutement et la discipline des agents publics nommés par décret du Président de la République en vertu des dispositions de l'article 13 (troisième alinéa) de la Constitution et des articles 1 et 2 de l'ordonnance n° 58-1136 du 28 novembre 1958 portant loi organique concernant les nominations aux emplois civils et militaires de l'Etat ;*
- ✓ *des recours dirigés contre les décisions prises par les organes des autorités suivantes, au titre de leur mission de contrôle ou de régulation ; l'Agence française de lutte contre le dopage ; l'Autorité*

[112] Art. 311-10 CJA.
[113] Art. 311-11 CJA.
[114] Art. 311-12 CJA.

de contrôle prudentiel et de résolution ; l'Autorité de la concurrence ; l'Autorité des marchés financiers, l'Autorité de régulation des communications électroniques et des postes ; l'Autorité de régulation des jeux en ligne ; l'Autorité de régulation des transports ferroviaires ; l'Autorité de sûreté nucléaire ; la Commission de régulation de l'énergie ; le Conseil supérieur de l'audiovisuel, sous réserve des dispositions de l'article R. 311-2 ; la Commission nationale de l'informatique et des libertés ; la Haute Autorité pour la transparence de la vie publique ; la Commission nationale de contrôle des interceptions de sécurité ;

- ✓ *des recours en interprétation et des recours en appréciation de légalité des actes dont le contentieux relève en premier et dernier ressort du Conseil d'Etat ;*
- ✓ *des recours dirigés contre les décisions ministérielles prises en matière de contrôle des concentrations économiques.*

Le Conseil d'Etat connait également en premier et dernier ressort les contentieux de pleine juridiction pour des cas prévus par l'article L.311-4 du Code de Justice Administrative.

Le Conseil d' Etat est enfin , est un juge du premier et dernier ressort des référés conformément à l' article L.311-4-1, mais aussi pour connaitre *des requêtes concernant la mise en œuvre des techniques de renseignement mentionnées au titre V du livre VIII du code de la sécurité intérieure et la mise en œuvre de l'article 52 de la loi n° 78-17 du 6 janvier 1978 relative à l'informatique, aux fichiers et aux libertés, pour certains traitements ou parties de traitements intéressant la sûreté de l'Etat.*

b. Le Conseil d'Etat est un juge des contentieux électoraux

Le Conseil d'Etat français est aussi compétent pour connaitre en premier et dernier ressort des contentieux électoraux.

Il s'agit généralement pour des protestations dirigées contre :

- ✓ l'élection des représentants au Parlement européen, conformément à l'article 25 de la loi n° 77-729 du 7 juillet 1977 relative à l'élection des représentants au Parlement européen ;

- ✓ les élections aux conseils régionaux et à l'assemblée de Corse conformément aux articles L. 361 et L. 381 du code électoral [115];
- ✓ l'élection des représentants au Parlement européen, conformément à l'article 25 de la loi n° 77-729 du 7 juillet 1977 relative à l'élection des représentants au Parlement européen ; les élections aux conseils régionaux et à l'assemblée de Corse conformément aux articles L. 361 et L. 381du code électoral ;
- ✓ les élections au congrès et aux Assemblées de Province de la Nouvelle-Calédonie, conformément à l'article 199 de la loi organique n° 99-209 du 19 mars 1999 relative à la Nouvelle-Calédonie, ainsi que l'élection des membres, du Président et du Vice-Président du gouvernement de la Nouvelle-Calédonie et les recours concernant la démission d'office des membres du gouvernement, du congrès et des assemblées de province de Nouvelle-Calédonie conformément aux articles 72, 110, 111, 112, 115, 116, 165, 195 et 197 de la même loi organique ;
- ✓ les élections à l'assemblée de la Polynésie française, conformément à l'article 116 de la loi organique n° 2004-192 du 27 février 2004 portant statut d'autonomie de la Polynésie française, ainsi que l'élection du président de la Polynésie française et les recours concernant la démission d'office des membres du gouvernement et des représentants à l'assemblée de la Polynésie française, conformément aux articles 82 et 117 de la même loi organique ;
- ✓ les élections à l'assemblée territoriale de Wallis-et-Futuna, conformément à l'article 13-12 de la loi n° 61-814 du 29 juillet 1961 conférant aux îles Wallis et Futuna le statut de territoire d'outre-mer ;
- ✓ les élections au conseil territorial de Saint-Barthélemy, conformément à l'article L O 497 du code électoral, ainsi que l'élection du président du conseil territorial et des membres du conseil exécutif et les recours concernant la démission d'office des membres du conseil territorial conformément à l'article L.O 495 du même code ;
- ✓ les élections au conseil territorial de Saint-Martin, conformément à l'article L.O 524 du même code, ainsi que l'élection du président du conseil territorial et des membres du conseil exécutif et les recours concernant la démission d'office des membres du conseil territorial conformément à l'article L.O 522 du même code ;

---

[115] Art. L. 311 CJA.

- ✓ les élections au conseil territorial de Saint-Pierre-et-Miquelon, conformément à l'article L.O 552 du même code, ainsi que l'élection du président du conseil territorial et des membres du conseil exécutif et les recours concernant la démission d'office des membres du conseil territorial conformément à l'article L O 550 du même code ;
- ✓ les élections des conseillers et délégués consulaires et des conseillers à l'Assemblée des Français de l'étranger ;
- ✓ les consultations organisées en application des articles 72-4 et 73 de la Constitution[116].

c. Le Conseil d'Etat est un juge des actions en responsabilité

Le Conseil d'Etat juge en premier et dernier ressort des actions en responsabilité apportées par devers lui. Parmi les cas de figure, on peut citer :

- des actions en responsabilité du fait de la lenteur de justice ;
- les actions en responsabilités dirigées contre l'Etat pour une durée excessive de la procédure devant la juridiction administrative,
- *les litiges relatifs aux questions relatives au recrutement et à la discipline des agents publics nommés par décret du Président de la République en vertu des dispositions de l'article 13 alinéa 3 de la Constitution et des articles 1er et 2 de l'ordonnance N°58-1136 du 28 Novembre 1958 portant loi organique concernant les nominations aux emplois civils et militaires de l'Etat*[117] ;
- En cas de non-exécution de la décision rendue par elle peut prononcer des astreintes conformément à la disposition prévue par l'article R.931-6 ;
- Les contentieux exercés en matière disciplinaire etc.

En guise de conclusion, le Conseil d'Etat français dispose des compétences diverses, tant en premier et dernier ressort, en appel, qu'au niveau de la cassation, en tant que juridiction suprême de l'ordre administratif, il assure la mission d'inspection et du bon fonctionnement de la justice administrative.

---

[116] Art. L.311-3 CJA.

[117] C. DEBBASCH; F. COLIN, *Droit administratif*, *op.cit.* p.580.

Cependant, il est important de voir de quelle manière cette institution exerce ses missions et quel résultat cela produit dans la vie nationale.

Section VI : Le Conseil d'Etat français dans l'Exercice de ses missions principales ainsi que son rendement

Nous avions pris soins d'analyser l'évolution, l'organisation et fonctionnement ainsi que les compétences dévolues au Conseil d'Etat dans les trois sections précédentes, cependant il convient de relever de manière synthétique que les missions essentielles de cette institution (§1) avant de voir ses difficultés pratiques, ses mérites ainsi que le résultat (§2).

§1. L'économie générale des missions essentielles exercées par le Conseil d'Etat français

D'une manière générale, les missions du Conseil d'Etat se résument en trois verbes repris ci-dessous.

En effet, *Conseiller, juger* et *gérer* sont trois verbes qui résument, de manière générale, les missions essentielles confiées à la juridiction administrative suprême française. Notons qu'il existe, dans chacun de ces trois verbes, d'autres fonctions très fondamentales liées à la vie nationale et au bon fonctionnement de l'Etat.

Dans le cadre de ce paragraphe, il est question d'examiner de manière technique les missions du Conseil d'Etat français dans ses fonctions : du conseiller juridique des pouvoirs publics (A), du juge des contentieux administratifs et de la régulation de médiation (B) et de la gestion de la justice administrative (C).

A. Le Conseil d'Etat, Conseiller juridique des pouvoirs publics

Jadis les membres du Conseil d'Etat n'étaient considérés que comme des conseillers du roi ou du Président de la République ainsi que du gouvernent et non celui du parlement, ce qui justifiât le respect du principe de séparation des pouvoirs considéré comme la pierre angulaire dans un Etat de droit.

En outre, depuis son origine, le Conseil du roi qui s'est transformé en Conseil d'Etat était toujours attaché à l'exécutif, permettre les conseils de ce dernier (le Conseil du roi) à l'endroit du parlement serait mettre en cause l'autonomie et l'indépendance du parlement, car il serait juge et partie.

Cependant, ces arguments ont été dénués de tout fondement car la séparation des pouvoirs n'exclut pas la collaboration fonctionnelle surtout lorsque l'intérêt public l'oblige. En sus, dans l'exercice de ses fonctions, le Conseil d'Etat se montre de plus en plus indépendant et impartial[118].

C'est dans cette optique que la loi constitutionnelle du 23 Juin 2008 a prévu que le Conseil d'Etat pouvait être consulté pour donner des avis sur les propositions de lois (Article 39 alinéa dernier*). « La loi n° 2009-689 du 15 Juin 2009 et le décret n°2009-926 du 26 Juillet 2009 ont fixé les modalités sur la demande d'avis »*[119]. Ainsi, depuis la consécration de cette disposition jusqu'à 2018, le Conseil d'Etat a prononcé plus de 29[120] avis sur demande du Présidents de l'Assemblée Nationale ou celui du Sénat pour des consultations facultatives des propositions de lois de 2009 jusqu'à ce jour.

En outre, *la Constitution du 04 Octobre 1958 a consacré cette fonction au niveau constitutionnel. « Le Conseil d'Etat doit ainsi être saisi, avant leur délibération en Conseil des ministres, sur tous les projets de texte relevant du domaine de la loi qui sont élaborés à l'initiative du Gouvernement, c'est-à-dire les projets de loi, mais aussi les projets d'ordonnance. Il est également saisi des principaux décrets, les « décrets en Conseil d'Etat » qui sont pris sur habilitation expresse du législateur pour l'application des lois »*[121].

La fonction de conseil exercée par le Conseil d'Etat est triple :

Premièrement, elle consiste d'une part à conseiller le gouvernement et le parlement dans le processus de l'élaboration des normes

---

[118]Xavier LAUREOTE, *Le procès équitable devant le juge administratif français, in Procès équitable et enchevêtrement des espaces normatifs : Travaux de l'atelier de droit international de l'UMR de droit comparé de Paris, Hélène* RUIZ FABRI (dir.) Société de législation comparé, 1er mai 2003, p.12.

[119] Voir le rapport public du Conseil d'Etat de 2018, www. conseil-etat.fr. PDF p.201.

[120] *Selon les statistiques faites par les rédacteurs du rapport public sur le Conseil d'Etat pour l'activité 2018,* op.cit.

[121] Intervention de Jean-Marc Sauvé, Vice-président du Conseil d'Etat, au séminaire de membre d'honneur de l'Académie des sciences et techniques comptables et financières le 25 Janvier 2017, cité dans le rapport public sur le conseil d'Etat 2018 p.196.

juridique avant leur mise en vigueur. Dans ce cas, le Conseil agit par la voie d'avis de conformité desdits projets des normes juridiques à l'ordonnancement juridique nationale et communautaire.

Deuxièmement, le Conseil d'Etat français peut être consulté par le gouvernement en vue de modifier ou d'élaborer un projet des normes juridiques, dans cette condition, ils dévient comme un habile ouvrier du gouvernement.

Enfin, troisièmement, le Conseil d'Etat agit comme conseiller juridique des pouvoirs publics en général, car il est appelé à résoudre toutes les difficultés juridiques, en l'occurrence l'ambiguïté de la loi. Dans ces cas, il est saisi par toutes les autorités du pouvoir public central au niveau national et des autorités publiques communautaires, en vue d'interpréter l'ensemble des normes juridiques permettant auxdites autorités de prendre la décision sans enfreindre la norme juridique. Il est consulté aussi par le juge inférieur voir les juges des autres ordres des juridictions lorsqu'une question de légalité se présente par devers ces derniers. Dans ces derniers cas, l'avis du Conseil d'Etat devient conforme, car l'autorité consultante doit subordonner sa décision à la position du Conseil d'Etat.

Ce triple caractère de la fonction consultative concourt en deux missions essentielles : confectionner la légalité (1) et en éclairer les questions de droit (2).

1. *Le Conseil d'Etat confectionne la légalité.*

Dans ses fonctions administratives et législative, « le Conseil d'Etat participe à la confection des lois et ordonnances »[122], c'est dans ce cadre que les avis du Conseil d'Etat sont souvent suivis par le gouvernement.

En effet, selon l'estimation de PHILIPPE FOILLARD, chaque année, environ 2000 textes font l'objet d'un avis (par le Conseil d'Etat)[123]. Ceux-ci vont au sens de confectionner la loi dans tous les domaines de la vie sociale.

---

122 Art. L. 121-1 du CJA.

123 PH. FOILLARD, *Droit administratif*, Centre de Publications Universitaires, Paris Cedex 1998-1999, p.48.

Nous allons relever quelques cas dans lesquels le Conseil d'Etat français a fait preuve d'un véritable pilier dans l'amélioration d'un système légal adéquat.

« *Saisi par le ministre de l'intérieur, de l'outre-mer et des collectivités territoriales de la question de savoir si l'abrogation du décret de 6 mai 1939 relatif au contrôle de la presse étrangère a eu pour effet de remettre en vigueur les dispositions de l'article 14 de la loi du 29 juillet 1881 relative à la presse dans leur rédaction antérieure à l'intervention dudit décret-loi, le Conseil d'État a eu l'occasion de préciser les effets d'une annulation contentieuse et d'une abrogation d'un texte agrégateur...* »[124].

Ainsi, concernant la loi de programmation des finances publiques, « *saisi par le Premier ministre d'une demande d'avis portant sur des questions relatives à l'élaboration d'un projet de loi de programmation des finances publiques pour la période 2009-2011, le Conseil d'État a précisé les conditions et le contenu de cette programmation ainsi que les supports législatifs envisageables* »[125].

En sus, en matière d'environnement, le Conseil d'État (section des travaux publics) a été saisi d'un projet de décret relatif à la réforme de l'agrément au titre de la protection de l'environnement et à la désignation des associations agréées, organismes et fondations reconnues d'utilité publique au sein de certaines instances. Il a relevé que *« si, en application des dispositions de la loi organique du 19 mars 1999 relative à la Nouvelle-Calédonie et de la loi organique du 27 février 2004 portant statut d'autonomie de la Polynésie française, l'environnement est une matière relevant de la compétence respectivement des provinces en Nouvelle-Calédonie et de la Polynésie française, les dispositions du projet de décret relatif à la réforme de l'agrément des associations au titre de la protection de l'environnement concernent « les conditions essentielles d'exercice de la liberté d'association»*[126].

---

[124] Avis no 380.902 du 10 janvier 2008, page 293, voir le rapport public du Conseil d'Etat 2009 p. 76, in www. Conseil d'Etat vie publique.

[125] Avis no 381.365 du 27 mars 2008, p. 298, cité dans le rapport public sur le Conseil d'Etat 2009 P.70.

[126] Avis CE 29 avril 1994, www. Conseil d'etat.fr. (Consulté le 25 Février 2020).

Le Conseil d'Etat a adopté par le truchement de l'Assemblée Générale, au projet de loi constitutionnelle de la protection de la nation, rendu public à l'issue du Conseil des Ministres[127]

En ce qui concerne la proposition de lois, les députés ont déposé une proposition de loi portant réforme de la prescription en matière pénale, cet avis a été adopté par l'assemblée générale du Conseil d' Etat.[128]

Chaque année le Conseil d'Etat est appelé à se prononcer sur les projets des textes (projets de décrets, projets de lois et projets d'ordonnances) qui émanent du gouvernement. À ce titre, le Conseil d'Etat dévient le véritable conseiller du gouvernement avec comme mission d'harmoniser lesdits projets des textes.

Depuis 2009, après l'ajout d'un alinéa de l'article 39 de la Constitution de 1958, le Conseil d'Etat se prononce, adopte aussi des avis sur les propositions des lois, lorsqu'il est sollicité par le président de l'Assemblé nationale ou celui du Sénat. Ce qui rend le juge du Conseil d'Etat Conseiller du parlement en matière de la production des normes.

2. *Le Conseil d'Etat a pour mission d'éclairer les questions de droit*

Dans le cadre de cette mission, *« le Conseil d'Etat peut être appelé par les différents ministères à se prononcer, par avis, sur la façon dont des difficultés juridiques (qui sera soumise à une section ou à l'Assemblée générale, en raison de leur importance) pourraient être résolues[129] ».* Cette consultation juridique peut porter notamment sur l'interprétation d'un texte que le Conseil délivrera en émettant un avis[130].

Certains de ces avis portent sur des questions dont les aspects juridiques ne sauraient dissimuler la portée politique. A cet égard, nous

---

[127] Avis CE sur l'égifrande p.22.

[128] Avis CE n°3503335, Cité dans le rapport public du Conseil d'Etat, www. conseil-etat.fr.

[129] R. CHAPUS *Droit administratif général*, op.cit. p.459.

[130] Des nombreux exemples de tels avis (de 20 à 40 par an), dont la publication est de plus en plus aisément autorisée, V. les Numéros successifs d'EDCE ; Avis CE du 27 Nov. 1989 relatif au port du « foulard islamique ».

pouvons citer l'avis du 06 Février 1953 qui précise les limites de la pratique des décrets lois[131].

Le gouvernement pose beaucoup de questions de droit au Conseil d'Etat en vue d'être éclairé par ce dernier, ainsi, *« l'annonce, le 17 janvier 2018, par le Premier ministre de la décision de renoncer au projet d'aéroport de Notre-Dame-des Landes et de procéder à un réaménagement de l'aéroport de Nantes-Atlantique a conduit le Gouvernement à poser au Conseil d'État plusieurs questions relatives au droit des concessions»*[132].

L'expertise des membres du Conseil dans la maitrise de la loi n'est plus un secret pour personne. C'est ainsi qu'il a été dit en ces termes « mieux légiférer, c'est aussi préparer les projets des lois »[133] .

En vue de rendre publiques les activités consultatives, le Président de la République française s'est prononcé en ces termes « *C'est la raison pour laquelle j'ai décidé de rompre avec une tradition séculaire de secrets qui entourent les avis du Conseil d'Etat. Le Conseil d'Etat est le Conseil juridique du gouvernement. Son avis est d'intérêt général et son expertise sera donc rendue publique. Le Conseil d'Etat, par ses avis, informera donc les citoyens, mais il éclaira aussi les débats parlementaires »*[134].

Il a précisé, par ailleurs, que, « *le gouvernement ne rend pas publics les avis sur les projets de loi de finance, et loi de financement de la sécurité sociale, ni sur les projets de loi autorisant la ratification ou l'approbation des accords internationaux*[135] ». Dès lors, l'avis du Conseil d'Etat est publié, mais le texte adopté par le Conseil d'Etat est conservé par le gouvernement.

Le Conseil d'Etat éclaire également d'autres juridictions sur les questions de droit. En effet, avant de statuer sur une requête soulevant une

---

[131] RDP 1958, p.170, Grands avis CE, p. 63, cité par R. CHAPUS, *in Droit administratif général*, op.cit.
[132] Voir le rapport public du Conseil d'Etat de 2018, op.cit. p.246.
[133] Voir le rapport public du Conseil d'Etat de 2018, op.cit. p.246.
[134] L'annonce de la décision par le chef de l'Etat lors de ses vœux aux corps constitué du 20 Janvier 2015, cité dans le rapport public sur le Conseil d'Etat 2018 op.cit.
[135] *Idem.*

question de droit nouvelle, présentant une difficulté sérieuse et se posant dans de nombreux litiges, le tribunal administratif ou la cour administrative d'appel peut, par une décision qui n'est susceptible d'aucun recours, transmettre le dossier de l'affaire au Conseil d'Etat qui examine dans un délai de trois mois, la question soulevée. Il est sursis à toute décision au fond jusqu'à un avis du Conseil d'Etat ou, à défaut, jusqu'à l'expiration de ce délai.

Le premier avis à être publié fut celui donné sur le projet de loi relatif au renseignement qui été rendu public le 19 Mars 2015, à l'issue du Conseil des Ministres qui a délibéré, lequel a été joint au projet de texte lors de son dépôt au parlement[136].

En guise de Conclusion, le Conseil d'Etat joue un rôle primordial dans l'amélioration de droit, cela constitue un point focal dans l'établissement de l'Etat de droit. Car la loi a pour vocation de produire des effets erga omnes une fois elle est rendue publique. Cependant, une loi mal légiférée risque de poser des complications dans son exécution ou dans sa mise en œuvre.

B. Le Conseil d'Etat est un juge des contentieux administratifs et ordonne la médiation

Le conseil d'Etat dans le cadre, de ses activités contentieuses n'est pas seulement un juge de contentieux administratif (1) mais aussi, il a un droit de regard sur la médiation (2) entre la victime et l'administration, car dit-on l'arrangement à l'amiable vaux mieux qu'un bon procès.

1. *Le Conseil d'Etat est un juge de contentieux administratif*

Partant du postulat selon lequel, juger l'administration c'est encore administrer[137], le juge administratif consolide l'efficacité de l'Administration par la moralité qu'il impose à celle-ci.

Cependant, il faut noter que le débat a été énorme en ce qui concerne la soumission de l'administration à un droit spécifique.

Dans le pays de droit anglo-saxon, l'Administration se trouve soumis au même droit que les simples particuliers. Plusieurs arguments ont

136 Rapport public du Conseil d'Etat 2018 op.cit. p.198.
137 P-L FRIER ; J. PETIT, *Droit administratif, op.cit.* p.671.

été avancés pour justifier cette solution : du point de vue du libéralisme, ce système est protecteur de l'application de privilèges particuliers.

Du point de vue procédural, le système apparait d'une grande simplicité : les particuliers qui veulent engager un procès contre l'Administration savent immédiatement devant quel prétoire ils peuvent se présenter[138]. Jusqu' à ce jour, on retrouve des contestations d'ordre technique, s'appuyant sur les difficultés, extrêmes dans certains cas, même si elles restent statistiquement réduites (une cinquantaine d'arrêts du tribunal des conflits par an), de la répartition des compétences[139].

En contrario, la solution du juge unique présente des inconvénients. Sous prétexte de soumettre l'Administration au juge commun, on risque de lui conférer une plus grande immunité : comme tout corps, l'Administration va secréter ses propres règles qui vont constituer un véritable droit spécial applicable aux activités de la puissance publique. Le juge sera alors mal armé pour contrôler l'action administrative. C'est ainsi qu'en Grande-Bretagne, où l'Administration est soumise au juge ordinaire, un véritable droit administratif s'est progressivement développé.

En France, les justifications à la soumission de l'Administration à un droit particulier qui furent essentiellement d'ordre historique comme vu ci-haut, sont devenues d'ordre technique. Celles-ci méritent d'être éclairées. En effet, comme l'explique R. CHAPUS « *les justifications de l'existence d'un droit administratif, sont aujourd'hui, des raisons d'ordre technique : le droit administratif existe, il représente un délicat équilibre entre les droits des particuliers et les nécessités de l'action administrative* »[140] .

A cet effet, le Conseil d'Etat rend chaque année des nombreux arrêts dans l'étendue des compétences qui lui sont dévolues par les textes juridiques.

Ainsi nous allons relever quelques cas selon les différents domaines juridiques qui démontrent l'activisme du Conseil d'Etat.

---

138 R. CHAPUS, *Droit administratif*, op.cit. p.22.
139 P-L FRIER ; J. PETIT, *Droit administratif*, *op.cit.* 671.
140-L FRIER ; J. PETIT, *Droit administratif*, *op.cit.* p.23.

En matière, d'annulation pour excès de pouvoir, le Conseil d'Etat conserve encore une quinzaine de catégorie de recours (déterminés principalement en raison de leur importance) dans lesquels il exerce exclusivement la compétence entant que juge du premier et dernier ressort. Notamment : les recours contre les décisions ministérielles les plus importantes (celles qui ont un caractère règlementaire, qu'elles aient été prises par arrêté ou sous forme de circulaire et les décisions individuelles prise après la Consultation obligatoire du Conseil d'Etat ; des recours contre les décisions administratives des organismes collégiaux à compétence nationale (par exemple : décisions des Conseils nationaux des ordres professionnels, de la commission nationale de l'informatique et des libertés ou encore des jurys des concours et examen nationaux)[141] etc...

C'est ainsi que lorsqu'il a été saisit en matière du contrat par exemple, par une décision du 21 février 2011 (*Société Ophrys et Communauté d'agglomération Clermont-Communauté*, nos 337349, 337394), le Conseil d'État a précisé l'office respectif des juges de l'injonction et du contrat en cas d'annulation d'un acte détachable d'un contrat administratif[142]

En ce qui concerne les droits civils et individuels, en application de l'article L. 811-1 du code de l'éducation, les usagers du service public de l'enseignement supérieur bénéficient, dans certaines limites, des libertés d'expression et de réunion à l'intérieur de l'établissement. Par une ordonnance du 7 mars 2011, *École normale supérieure* (no347171), le juge des référés du Conseil d'État rappelle que tout établissement d'enseignement supérieur doit veiller à la fois à l'exercice des libertés d'expression et de réunion des usagers du service public de l'enseignement supérieur et au maintien de l'ordre dans les locaux, ainsi qu'à l'indépendance intellectuelle et scientifique de l'établissement, dans une perspective d'expression du pluralisme des opinions[143].

Le Conseil d'Etat rend également des arrêts sur les contrats et les marchés publics[144], mais aussi en matière de fiscalité, notamment dans l'affaire SELAS Pharmacie Réveillon qui a donné l'occasion au Conseil d'

---

[141] R. Chapus, *Droit administratif*, op.cit. p.777.

[142] Lire à ce sujet le rapport public du Conseil d'Etat 2012, p.58.

[143] Idem. p. 64.

[144] CE Janvier 2015, Société Casino de Vicky « les 4 chemins », n°362580, Rec. Cité dans le Rapport public du CE 2016, activés de l'Année 2015, op.cit. p.108.

Etat de de préciser plusieurs points relatifs aux conséquences attachées à la violation du secret professionnel durant le contrôle fiscal et au contrôle de comptabilités informatisées[145]

Si les circonstances de l'affaire le justifient, le juge administratif peut statuer en urgence par la voie du référé[146]. *Le juge des référés se prononce dans des délais très courts (de 48 heures, voire moins, à quelques semaines) pour que sa décision conserve un effet utile au regard de l'objet du litige. Il apporte ainsi une réponse rapide à certains contentieux en ordonnant des mesures provisoires tendant à préserver les droits des justiciables.*

A ce sujet, on peut citer notamment le cas de traitements administrés à une enfant : à l'issue d'une procédure collégiale, l'équipe médicale du centre hospitalier régional universitaire (CHRU) de Nancy a pris la décision d'arrêter les traitements d'une enfant mineure ayant subi de très graves lésions neurologiques à la suite d'un arrêt cardio-respiratoire. Ses parents ont demandé au juge du référé-liberté du tribunal administratif de Nancy d'ordonner au CHRU de suspendre cette décision. Après le rejet de cette décision par ce dernier, les parents ont interjeté l'appel au *Conseil d'Etat*. Ce dernier a, dès lors, rejeté l'appel des parents de l'enfant contre l'ordonnance du juge des référés du tribunal, précisant qu'il appartenait désormais au médecin en charge de l'enfant d'apprécier si et dans quel délai la décision d'arrêt de traitement devait être mise en œuvre[147].

On ne saurait faire la reproduction de tous les arrêts rendus par le Conseil d'Etat en raison de leur multiplicité. Notons cependant que cette plus haute juridiction administrative se prononce dans toutes les matières qui concernent les contentieux administratifs. En effet, si une matière échappe à sa compétence au niveau du premier et dernier ressort, elle l'est au niveau d'appel. Si elle lui échappe dans ces niveaux, il sera compétent pour la connaitre au niveau de Cassation.

---

[145] CE, 24 Juin 2015, *SELAS Pharmacie de Réveillon*, n°367288, Rec. cité dans le rapport public du CE 2015, op.cit. p. 109 à 110.

[146] Art. R.511-1 du CJA.

[147] CE, 5 Janvier 2018, MME B. ET M. D., N° 416689, cité dans le Conseil d'Etat et la justice administrative, bilan activité 2018, www. conseil-etat.fr PDF p. 29. Consulté le 15 Janvier 2020.

En conclusion, la justice administrative garantit l'équilibre entre les droits des citoyens et activités des administrations (pouvoir exécutif, collectivité territoriales, autorités indépendantes, établissements publics et organismes chargés d'une mission du service public) ; elle assure la protection de l'intérêt général et des particuliers.

Par cette fonction, le juge du Conseil d'Etat devient le véritable pilier de l'Etat de droit, car il garantit effectivement les droits et libertés fondamentaux des personnes physiques et morales.

2. *Le Conseil d'Etat accorde la médiation*

Lorsque le Conseil d'Etat est saisi d'un litige en premier et dernier ressort, il peut, après avoir obtenu l'accord des parties, ordonner une médiation pour tenter de parvenir à un accord entre celles-ci, selon les modalités prévues au chapitre III du titre Ier du livre II[148] du Code de Justice administrative. Cette médiation peut provenir de l'initiative des parties ou celle du juge.

En ce qui concerne les effets, premièrement, l'accord issu de la médiation est revêtu de la force obligatoire après avoir été homologué par la juridiction[149].

Deuxièmement *« les délais de recours contentieux sont interrompus et les prescriptions sont suspendues à compter du jour où, après la survenance d'un différend, les parties conviennent de recourir à la médiation ou, à défaut d'écrit, à compter du jour de la première réunion de médiation. Ils recommencent à courir à compter de la date à laquelle soit l'une des parties ou les deux, soit le médiateur déclarent que la médiation est terminée. Les délais de prescription recommencent à courir pour une durée qui ne peut être inférieure à six mois »*[150]

Enfin, elle est exécutoire et n'est pas susceptible d'aucun recours conformément à l'article L.213-10 du CJA.

Le bien-fondé de la médiation a été amplement prouvé par Philipe Gazagnes, Président du tribunal administratif de Clermont-Ferrand et Référent national pour la médiation. En réponse à la question de savoir à quoi

[148] Art. L114-1 CJA.
[149] Art. L.213-4 CJA.
[150] Art. L.213.6.

sert la médiation et quelles sont ses logiques propres, le juge précité répond en ces termes : « … *la médiation répond en réalité à une philosophie très déférente, une toute autre démarche que celle de faire appel à un tiers, en l'occurrence un juge, pour trancher un litige. Son ressort est très particulier : il repose avant tout sur une analyse d'une citoyenneté active, dynamique, une perception forte de la place de chacun dans la cité, de la place qu'il y occupe dans une société de confiance. L'activité, l'action ou le comportement d'un citoyen peuvent engendrer un désaccord avec un autre acteur de la cité (un citoyen, une entreprise, une association, une personne publique) ou bien, à l'inverse, l'action de ces acteurs peut gêner, entraver ou empêcher l'action de ce citoyen. C'est inévitable. Ce citoyen sait et veut régler ces désaccords lui-même, directement avec les autres acteurs, sans s'en remettre à un tiers. Cela fait partie de ses responsabilités. Il veut assumer la responsabilité de la recherche d'un compromis par le dialogue pour mettre un terme à un litige. Il faut évidemment, en face, que le ou les autres acteurs soient dans les mêmes dispositions d'esprit, basées sur la volonté de dialogue et la recherche d'un compromis, avec un comportement loyal.*

*Bien entendu, pour la médiation administrative, la principale difficulté tient au fait que nous sommes en présence d'un acteur public et que son action – ou son inaction – a provoqué un litige avec des particuliers. En effet, si l'Administration a agi, elle l'a fait au nom de l'intérêt général. Dans ces conditions, s'interroge-t-il, comment se mettre autour d'une table avec des administrés pour négocier ? Qu'y a-t-il à négocier, si ce n'est la renonciation à l'intérêt général ? Précisément, il ne s'agit plus d'imposer mais d'associer les personnes, de les entendre, et de choisir, avec eux, la meilleure solution possible. Les citoyens veulent davantage être associés aux décisions (référendum, participation) ; la médiation est un des outils d*e cette association »[151].

L'auteur cite également le cas des parents d'un enfant lourdement handicapé à la naissance qui saisissent le tribunal administratif pour qu'il fixe l'indemnisation : un premier jugement, il y a près de quinze ans, avait retenu, en effet, la responsabilité pour faute d'un centre hospitalier lors de l'accouchement et fixé l'indemnisation, jusqu'à la majorité de l'enfant seulement. Un nouveau procès public aurait fait certainement revivre aux

---

[151] Propos recueillis par Philipe GAZAGNES, mentionnés dans le Conseil d'Etat et la justice administrative, bilan activité 2018, op.cit. p.15.

parents un moment difficile. Le Président du tribunal administratif, avait proposé aux parties une médiation, qu'elles ont acceptée, et désigné un médiateur avec leur accord. Au bout de quelques semaines, raconte-t-il, un accord est trouvé entre les parties qui fixent l'indemnisation et évite un procès public.

La médiation apparait ainsi, comme une modernisation de la justice administrative fondée sur le principe général selon lequel, « l'arrangement à l'amiable vaut mieux qu'un bon procès ». Cependant, elle n'est pas le seul mode alternatif de règlement des différends, car il existe aussi la conciliation et l'arbitrage qui ont eux aussi des effets utiles similaires à la médiation, utilisés en droit français.

C. Le Conseil d'Etat assure la gestion de la justice administrative et améliore la qualité du droit

Dans cette fonction, le Conseil d'Etat français est appelé à l'accomplissement des trois fonctions.

La première consiste à veiller au bon fonctionnement de la justice administrative rendue par les juridictions administratives spécialisées, par le moyens d'inspection et de la discipline (1)[152] ;

La deuxième consiste à l'exécution des décisions et de l'aide juridictionnelle[153] (2) et enfin ;

La troisième consiste à la gestion des documents de la justice administrative et la rédaction du rapport annuel [154]sur la fonctionnalité de celle-ci (3).

1. La mission permanente d'inspection générale du Conseil d'Etat

Conformément à l'article R.112-1 du Code de justice administrative, *« la mission permanente d'inspection des juridictions administratives est exercée, sous l'autorité du vice-président du Conseil d'Etat, par un conseiller d'Etat assisté d'autres membres du Conseil d'Etat. La*

152 Arts. L.112-4 et 136 du C.J.A.
153 Art. 441-1 CJA.
154 Art. R. 921-8.

mission contrôle l'organisation et le fonctionnement des juridictions. Elle peut mener des études sur un thème intéressant plusieurs juridictions. Le vice-président du Conseil d'Etat arrête chaque année, le programme des visites d'inspection et des études de la mission. Si la situation d'une juridiction l'exige, il peut décider des inspections non prévues au programme. La mission veille à la diffusion de bonnes pratiques destinées à favoriser l'accomplissement de leurs missions par les juridictions, et peut formuler, à cet effet, toute recommandation utile ».

A ce sujet, on peut citer notamment le cas de mission d'inspections des juridictions administratives, qui portait sur la mise en œuvre de la réforme du stationnement payant initié par la loi n° 2014-58 du 27 Janvier 2014 (loi MAPTAM), qui a donné lieu à la remise d'un pré-rapport au vu duquel le premier ministre a fixé les thèmes à approfondir parmi lesquels celui de la mise en place des juridictions administratives spécialisées : Commission du contentieux du stationnement payant dont le rapport a été remis en Septembre 2015[155].

Cette mission peut également porter sur l'étude et groupes de travail, comme par exemple, l'étude portant sur la charge de travail des magistrats a été présentée aux chefs de juridiction à l'occasion de la réunion annuelle qui s'est tenue les 3 et 4 avril 2018. Elle constitue désormais un outil de management permettant d'appréhender la charge réelle de travail des magistrats dans toutes ses dimensions et vise à dépasser l'approche traditionnelle essentiellement quantitative[156] .

En sus, le chef de la mission permanente en vertu de l'article L/232-2 du CJA, est membre du Conseil Supérieur des tribunaux administratifs et des Cours administratives d'appel, qu'il préside de plein droit, en cas d'empêchement du Vice-Président du Conseil d'Etat. Il est, à ce titre, associé à la gestion du corps des magistrats, au travers les avis qu'il est amené à rendre sur diverses mesures touchant au déroulement de carrière de ces corps et, plus encore peut-être, au travers des diverses tâches de sélection qu'il est amené à remplir.

Enfin, cette mission permanente participe également à des instances collégiales et coopération internationale, c'est dans cette fonction

---

[155] Rapport public du Conseil d'Etat 2015, sur l'activité de l'exercice 2015, p. 193.
[156] *Idem.* p.185.

qu'elle a notamment été représentée au comité « Justice Administrative et Médiation », en particulier au séminaire associant, sous la présidence de la Secrétaire générale, le référent national médiation et l'ensemble des référents médiation des juridictions qui s'est tenu, le 7 Décembre 2018[157].

2. Conseil d'Etat exécute les décisions de justice et concourt à l'aide juridictionnelle

Le Conseil d'État, à l'instar des cours administratives d'appel et les tribunaux administratifs, examine les demandes d'exécution des décisions de justice présentées par les bénéficiaires de celles-ci et répondent aux demandes d'éclaircissement qui leur sont adressées par les administrations.

Dans cette matière d'exécution des décisions de justice, le Conseil d'État est responsable de l'exécution de ses propres décisions ainsi que de celles rendues par les juridictions administratives spécialisées (articles L. 911-5, R. 931-1 à R. 931-8 du code de justice administrative).

« Le décret n° 2017-493 du 6 avril 2017 a modifié la partie réglementaire du livre IX du code de justice administrative en procédant à une refonte de la partie réglementaire de ce livre. Outre un regroupement des règles communes à l'ensemble des juridictions administratives et l'introduction de la possibilité de présenter des demandes d'exécution par le moyen de l'application Télé recours, ce décret simplifie la procédure relative aux demandes d'exécution des décisions du Conseil d'État et des juridictions spéciales, en la rapprochant de celle déjà applicable aux tribunaux administratifs et aux cours administratives d'appel.[158]

Désormais, il existe une procédure unique d'exécution susceptible de se dérouler en deux temps :

- une « *phase administrative* » pendant laquelle la section du rapport et des études, saisie par la partie bénéficiaire d'une décision, accomplit toutes les démarches qu'elle juge utiles pour s'assurer de l'exécution de celle-ci. Si la décision est exécutée ou si la demande n'est pas fondée, le président de la section du rapport et des études procède au classement administratif de

---

[157] Rapport public du Conseil d'Etat 20&8, op.cit. p.186.
[158] Idem p.175.

la demande. Dans les tribunaux administratifs et les cours administratives d'appel, la phase administrative est conduite par le président de la juridiction ;

- une « *phase juridictionnelle* », ouverte par le président de la juridiction ou le président de la section du contentieux dans trois hypothèses : lorsque le président estime nécessaire de prescrire des mesures d'exécution ; lorsque le demandeur conteste le classement administratif de sa demande (dans un délai d'un mois suivant la notification de ce classement) , à l'expiration d'un délai de six mois courant à compter de l'enregistrement de la demande d'exécution, si celle-ci n'a pas entre-temps été classée ou si la section du contentieux n'a pas déjà été saisie. Ce délai de six mois peut éventuellement être porté à dix mois lorsque le président de la juridiction ou le président de la section du rapport et des études estime que l'exécution de la chose jugée est imminente.

Le décret du 6 avril 2017 permet désormais au Président de la Section du rapport et des études de demander à toute administration de justifier de l'exécution d'une décision du Conseil d'État, même en l'absence d'une demande d'exécution (articles L. 911-5 et R. 931-6 du CJA). S'il estime que la décision n'a pas été exécutée, il peut saisir le président de la section du contentieux aux fins d'ouverture d'une procédure d'astreinte d'office.

En outre, la section du rapport et des études du Conseil d'État peut être saisie, en application de l'article R. 931-1 du code de justice administrative, d'une demande présentée par l'Administration à laquelle il revient d'exécuter une décision du Conseil d'État ou d'une juridiction administrative spécialisée, et qui souhaite obtenir des précisions sur les modalités d'exécution de cette décision.

On remarque également une évolution récente du droit de l'exécution, avec l'élargissement de l'office du juge de l'exécution. En effet, dans la modification du Code de Justice Administrative, les articles L. 911-1 à L. 911-3 du CJA, issus de la loi n° 95-125 du 8 février 1995, permettent au juge administratif de prononcer, lorsqu'il annule un acte administratif, une injonction « a priori ». En fonction des motifs de l'annulation ainsi que de la situation de droit ou de fait existante à la date de la décision juridictionnelle, il peut soit ordonner à l'administration de prendre une mesure dans un sens déterminé, soit faire obligation à l'administration de procéder à un réexamen de la demande ou de la situation du requérant. Le juge peut déterminer le délai d'exécution. L'injonction préventive constitue ainsi depuis 1995 un outil essentiel de prévention des difficultés d'exécution.

L'article 40 de la loi n° 2019-222 du 23 mars 2019 de programmation 2018-2022 et de réforme pour la justice supprime la condition posée par le législateur de 1995 et permet désormais au juge administratif de prescrire, même d'office, des injonctions et astreintes préventives.

En ce qui concerne la jurisprudence, plusieurs décisions ont été rendues en matière d'injonctions. En effet, la jurisprudence avait déjà admis la faculté pour le juge du contrat de prononcer, à l'encontre de la personne qui avait contracté avec l'administration, une injonction dans le cas où les relations contractuelles ont expiré et ou l'administration ne dispose plus, à l'égard de son cocontractant, d'aucun pouvoir de décision, ni d'exécution[159].

On peut relever notamment, lorsque des conclusions à fin d'injonction sont présentées à titre principal sur le fondement de l'article L. 911-1 du code de justice administrative et à titre subsidiaire sur le fondement de l'article L. 911-2[160].

3. Le Conseil d'Etat rédige le rapport annuel et assure la discipline

La mission de la rédaction du rapport est assurée par la section du rapport et d'études conformément aux lois du pays. En effet, cette section *« prépare le rapport d'activité que le Conseil d'Etat établit chaque année. Ce rapport est soumis au vice-président délibérant avec les présidents de section et adopté par l'Assemblée Générale. Il mentionne les réformes d'ordre législatif, réglementaire ou administratif sur lesquelles le Conseil d'Etat a appelé l'attention du Gouvernement ; il peut contenir des propositions nouvelles et signale en outre, s'il y a lieu, les difficultés rencontrées dans l'exécution des décisions du Conseil d'Etat statuant au contentieux et des juridictions administratives. Ce rapport est remis au Président de la République »*[161].

---

159 CE, 13 juillet 1956, *OPHLM du département de la Seine*, n° 37656, p. 338, cité dans le Rapport public du Conseil d'Etat, p.177.
160 CE, Section, 21 décembre 2018, *Société Eden*, n° 409678.
161 Art. 123-5 CJA.

Ainsi, chaque année cet organe exécute avec diligence cette tâche, c'est ce qui permet au gouvernement français d'apporter les améliorations de la qualité de la justice administrative. Cette mission est très importante car, dans la pratique, la justice peut rencontrer des difficultés auxquelles il importe de trouver des solutions adéquates et en temps utile.

En ce qui concerne la discipline, il existe une commission supérieure du Conseil d'Etat, celle-ci discipline les membres du Conseil d'Etat qui s'écartent des règles déontologiques. La procédure de poursuite contre un membre du Conseil d'Etat est déterminée par l'article R. 136 du code de justice administrative.

Pour conclure, il faut noter que les trois missions traditionnelles du Conseil d'Etat que nous venons d'examiner concourent, sans nul doute, à la construction de l'Etat de droit. En effet, par le moyen de ses conseils, le Conseil d'Etat harmonise et perfectionne les textes juridiques, cela est l'une des acceptions de l'Etat de droit.

En outre, le texte juridique aussi bien meilleur soit-il n'échappe pas aux violations, sans les sanctions effectives, il se réduit à une feuille de vigne ou à un chiffon de papier[162]. A ce titre, le Conseil d'Etat, par les moyens des arrêts qu'il rend avec impartialité et en toute indépendance, rend les textes juridiques obligatoires, protège la légalité et sauvegarde les droits et libertés des citoyens, c'est là la deuxième acception de l'Etat de droit.

Enfin, la justice administrative est exercée par plusieurs juridictions, en l'occurrence, les tribunaux administratifs et les cours administratives d'appel, ainsi que d'autres juridictions spécialisées, toutes ses juridictions sont chapeautées par le Conseil d'Etat. C'est tout à fait normal que ce dernier exerce un regard sur leur fonctionnalité, d'où la question de la gestion. Cette mission répond à la nécessité de l'amélioration de la qualité de la justice qui est devenue actuellement la pierre angulaire de l'Etat de droit.

Il faut reconnaitre que chaque œuvre humaine comporte des imperfections. Dans l'exercice de ses missions au-delà de ses mérites le Conseil d'Etat français a rencontré sans doute des difficultés. Cependant, en

---

[162] J. DJOLI ESENG'EKELI, *Principes fondamentaux du droit constitutionnel*, Tome I, Djess, Kinshasa P.29.

dépit de ces difficultés, il a aujourd'hui un résultat tentaculaire qui renforce sa légitimité auprès de l'opinion.

§2. *Les difficultés d'exercice du Conseil d'Etat ainsi que le résultat de son action*

Le Conseil d'Etat français est une construction d'une longue haleine. Il a rencontré, sans doute, dans cette odyssée, des difficultés d'ordre divers avant de se cristalliser. Cependant, ses évènements malheureux n'ont pas empêché les avancées significatives. Dans l'accomplissement de ses missions essentielles, le juge du Conseil d'Etat s'est déployé avec activisme dans la construction de l'Etat de droit.

Ainsi, nous allons d'abord voir quelques difficultés rencontrées par le Conseil d'Etat (A) avant de dégager le résultat (B).

A. Les difficultés pratiques du Conseil d'Etat français

Les difficultés sont toujours incontournables dans le développement d'une institution, à l'instar le Conseil d'Etat. Ses difficultés peuvent de situer dans l'exercice de ses fonctions contentieuses (1), tout comme dans celui de fonctions consultatives (2).

1. Les difficultés liées à l'exercice des fonctions contentieuses

Les données empiriques ont démontré de quelle manière le Conseil d'Etat s'est formé en dents- de- scie, depuis de Bonaparte jusqu'à ce jour. A titre de rappel, le Conseil d'Etat a connu un problème de légitimité à cause de son appartenance à l'exécutif qui préjugeait les risques qu'il soit partial.

L'activisme de ce juge, dans l'exercice de ses fonctions avec loyauté était à un moment donné mal perçu par le gouvernement et, cela a créé des hautes tensions ayant conduit à une crise.

D'autres difficultés étaient liées à son caractère unique qui ne permettait pas la célérité dans le traitement des dossiers. Il s'est posé ainsi un problème du retard à l'égard des requérants qui réclamaient que leurs causes soient entendues, en temps utile.

Malgré l'éclatement de la justice administrative par moyen de la création des tribunaux administratifs et des cours administratives d'appel qui ont déchargé le Conseil d'Etat, il se posait toujours un problème de lenteur dans le fonctionnement de la justice administrative avec un nombre impressionnant des dossiers arriérés.

Il faut citer également les difficultés rencontrées au niveau de l'exécution des décisions rendues par la Conseil d'Etat, mais aussi celles de toutes les autres juridictions administratives en général.

2. La difficulté dans l'exercice des fonctions consultatives.

En matière consultative, la difficulté n'est pas seulement celle d'identifier et d'analyser les multiples textes et jurisprudences, elle est surtout de les concilier et de leur donner une cohérence d'ensemble pour les appliquer au projet, sans risque juridique pour le Gouvernement. Une autre cause de complexité tient aux outremers, avec la multiplication des statuts et des interrogations de fond, de procédure et de rédaction qui leur sont liées. Enfin, les questions de droit transitoire, dans un contexte de succession des textes et des réformes, auxquels il faut ajouter les exigences de sécurité juridique liées à la jurisprudence « KPMG », deviennent prégnantes et le plus souvent très délicates.

Nonobstant ces difficultés, plusieurs réformes tant théoriques que techniques ont été apportées pour rendre plus fiable et efficient le fonctionnement de la justice rendue par le Conseil d'Etat.

B. Le résultat de l'activité du Conseil d'Etat français

Selon les données statistiques démontrées par les différents rapports de chaque année, sur les conditions d'exercice du Conseil d'Etat, nous pouvons vite dégager le bilan qui prouve, en conséquence, l'activisme des juges du Conseil d'Etat. En effet, dans le cadre de la présente étude, nous allons évoquer quelques innovations (1) ainsi que le bilan (2) de l'activité du Conseil d'Etat, pendant ces dernières années qui affirment cette vérité (de 2009 à 2018).

1. Quelques faits marquants du Conseil d'Etat français

Le XXIème Siècle est une période de nombreux faits marquants qui résultent de l'activité du Conseil d'Etat. Plusieurs avancées significatives ont été enregistrées, cela va à l'actif du résultat du Conseil d'Etat.

En effet, le Conseil d'Etat français, malgré les contraintes tant politiques, économiques que techniques a réussi à se délier de tout carcan et, ses membres continuent à investir leur audace dans l'intérêt général.

Les travaux effectués par la commission permanente d'inspection assurés par le Vice-président d'Etat et les trois autres membres du Conseil d'Etat, ont rapporté des réformes positives dans la justice administrative.

Parmi ces réformes positives, nous pouvons citer le cas télé-recours[163], par le moyen de clic, le requérant peut saisir le Conseil d'Etat, soit pour la demande d'exécution de la décision dans laquelle il a un intérêt particulier, soit pour faire valoir ses droits dont il estime être victime.

Nous citons également les réductions du nombre des dossiers arriérés, quel que soit, en matière consultative que contentieuse, le Conseil d'Etat agit avec subtilité et diligence dans le traitement des dossiers dont il est saisi, de telle sorte que plusieurs cas sont traités dans moins de deux mois.

En sus, le Conseil d'Etat a joué un rôle remarquable dans le maintien des principes tels que : la justice équitable, l'impartialité et l'indépendance.

Enfin, l'activisme du juge du Conseil d'Etat dans l'exécution des décisions rendues par lui-même et celles rendues par les juridictions spécialisées (Cour internationale d'asile, Cour de Compte etc.), est un grand soulagement pour les citoyens, en ce sens que la finalité visée par le bénéficiaire d'une décision judiciaire est de voir sa décision être exécutées.

2. Le bilan de l'activité du Conseil d'Etat de 2011 à 2019

Pour dégager le bilan des activités du Conseil d'Etat dans cette période, nous allons scinder ses activités en deux catégories : les activités consultatives, d'une part, et les activités contentieuses, d'autre part.

[163] La procédure de telérecours a été ouverte par le décret du 6 avril 2018, voir l'art. R. 414-6 et s. CJA.

a. Données statistiques des activités consultatives

En 2011, *ce sont 1 220 textes qui ont été examinés par les formations administratives, dont 186 propositions de loi et projets de loi, d'ordonnance ou de loi du pays et 813 décrets réglementaires. 2011 a également été une année de renforcement des relations entre les assemblées parlementaires et le Conseil d'État : celui-ci s'est, en effet, prononcé sur 5 propositions de loi, sur un total de 8 qui lui ont été soumises depuis la révision constitutionnelle du 23 juillet 2008*[164].

Pour l'exercice judiciaire 2012, Le Conseil d'Etat a examiné 1106 textes, dont 151 projets de loi, d'ordonnance et de loi du pays (contre 187 en 2011), 668 décrets réglementaires (contre 813 en 2011), 272 décrets individuels, arrêtés et décisions (contre 202 en 2011) ainsi que 13 avis (contre 19 en 2011)[165].

L'activité de l'ensemble des formatons consultatives, selon les rédacteurs du rapport annuel, a été, en 2012, soutenue, bien que légèrement inférieure à celle constatée en 2011, compte tenu de l'incidence des deux consultations électorales nationales de l'année sur cette activité[166]. Que l'on raisonne, en termes de nombre de projets de texte, de séances ou de délais d'examen, expliquent-ils, l'on constate trois périodes contrastées qui se sont succédées : une forte activité consultative habituelle en fin de quinquennat et de législature ; puis une accalmie, en raison des consultations électorales nationales et du renouvellement des équipes gouvernementales ; enfin une intensification des saisines du Conseil d'État, en raison de la reprise de la production normative du travail gouvernemental, à partir du mois d'août 2012[167].

Concernant l'exercice judiciaire 2013, le Conseil d'Etat a examiné 967 projets des textes, un nombre légèrement inférieur à l'année

164 Rapport public sur le Conseil d'Etat 20012 www.vie publque.fr.
165 Rapport public du Conseil d'Etat sur l'activité juridictionnelle et consultative des juridictions administratives du 21 Mars 2013, PDF, pp.176 et 333.
166 *Idem*. p.175.
167 *Ibidem*.

précédente(1106)[168]. On remarque que 90% des textes ont été examinés en moins de deux mois par les formations consultatives du Conseil d'Etat[169].

En sus, les rédacteurs du rapport annuel de 2014 nous renseigne que ' « L'activité des formations consultatives a atteint, en 2014, un niveau particulièrement élevé, dépassant ceux relevés les deux années antérieures. Le nombre total d'affaires enregistrées (1160) est nettement supérieur à ceux constatés en 2013 (967) et en 2012 (1106), en raison de la forte augmentation du nombre de décrets réglementaires (756 en 2014 contre 556 en 2013) et du quasi doublement du nombre d'ordonnances (54 en 2014 contre 23 en 2013). 90 % des projets de loi, d'ordonnance et de décret ont été traités en moins de 2 mois »[170].

En 2015 par contre, l'activité des sections administratives du Conseil d'Etat s'inscrit à un niveau élevé de ses activités consultatives, tendant à la hausse 1250 projet des textes ont été examinés[171]. Elles sont de moyenne supérieure de 20% par rapport à l'année 2014 pour les projets et propositions des lois et pour les ordonnances (214 textes examinés contre 164 en 2014) et de près de 6% pour des projets et décrets réglementaires (800 textes examinés contre 756 en 2014)[172].

L'activité des sections administratives est restée à un niveau très soutenu en 2017, ce qui confirme la hausse tendancielle observée ces dernières années : le nombre de textes examinés s'est maintenu, pour la deuxième année consécutive, au-delà du seuil de 1300 projets de texte examinés, soit 1 305 en 2017 et 1 371 en 2016. Ce qui témoigne d'un pic d'activité historique sur les

---

[168] Rapport public du Conseil d'Etat sur l'activité juridictionnelle et consultative des juridictions administratives du 27Mai 2014, www.vie publque.fr. . (Consulté le 25/ Mars 2020).

[169] *Ibidem.*

[170] Rapport public du 2015, le Conseil d'Etat et la juridiction administrative en 2014, Conférence de presse du Jeudi 21 Mai 2015, PDF, p.12. www.vie publque.fr.(Consulté le 25/ Mars 2020).

[171] Rapport public du Conseil d'Etat sur l'activité juridictionnelle et consultative des juridictions administratives du 26 Février 2016, PDF, p.201, www.vie publque.fr.(Consulté le 25/ Mars 2020).

[172] Rapport public du Conseil d'Etat sur l'activité juridictionnelle et consultative des juridictions administratives du 26 Février 2016, op.cit. p.201,

10 dernières années[173]. Le Conseil d'État a ainsi examiné en 2017 106 projets de loi contre 111 en 2016, 69 projets d'ordonnance contre 87 en 2016 et 1 101 projets de décret contre 911 en 2016, soit un ajout de 20,8% , ainsi que 18 avis rendus sur les questions du Gouvernement ou des autorités d'outre-mer[174].

En 2018, le Conseil d'État avait examiné 69 projets de loi et 7 propositions de loi contre 106 projets de loi en 2017 , 27 projets d'ordonnance contre 69 en 2017 et 822 projets de décret contre 1101 en 2017, ainsi que 17 avis rendus sur les questions du Gouvernement ou des autorités d'outre-mer[175]. C'est ce qui s'inscrit au total de 976 textes examinés en 384 séances[176]

Les rédacteurs du rapport de cet exercice font observer que « *Les sections administratives ont été moins sollicitées en 2018 qu'en 2017 : elles ont rendu 976 avis contre 1 305 en 2017 et une moyenne de 1 167 textes sur les huit dernières années* »[177].

En 2019, enfin, le Conseil d'État a examiné 93 projets de loi contre 69 en 2018, 3 propositions de loi, 57 projets d'ordonnance contre 27 en 2018, 20 projets de loi du pays, 902 projets de décret contre 822 en 2018, ainsi que 15 avis rendus sur les questions du Gouvernement ou des autorités d'outre-mer[178].

Les rédacteurs du rapport de cet exercice observent que le délai d'examen moyen des projets de texte examinés par l'assemblée générale a été réduit, en 2019 à 16 jours contre 21 jours en 2018. Cette réduction importante du délai moyen, selon eux, tient, d'une part, à la réception tardive de dispositions par le Conseil d'État, dans le cadre de saisines rectificatives et,

---

[173]C.E., Ass. Gén., du 18 Juin 2018, Rapport public, Activité juridictionnelle et consultative des juridictions administratives pour l'exercice 2017, www.La documentation française.fr. PDF, p.199, (Consulté le 25 mars 2020).

[174]. Ibidem.

[175]. Rapport public sur le Conseil d'Etat du 2019 sur l'exercice 2018, assemblée générale le 14 mars 2019, PDF, p.197, www.vie publque.fr (Consulté le 25 Février 2020).

[176]*Ibidem.*

[177] *Ibidem.*

[178]C.E., Ass., Gén., 26 mars 2020, Rapport public, activité juridictionnelle et consultative des juridictions administratives en 2019, PDF, p.163, *www. La documentation française.fr*. (Consulté le 28/05/2020).

d'autre part, à l'urgence déclarée par le Gouvernement pour l'examen de certains projets[179].

En conclusion, ce bilan n'est qu'un simple extrait qui prouve que le Conseil d'Etat français met en exergue les missions qui lui ont été assignées. Il ne trace pas de manière exhaustive, les activités du Conseil d'Etat.

b. Les données statistiques en matière contentieuse

Nous allons ici tracer le bilan des activités juridictionnelles, en procédant par une statistique pluriannuelle d'activités exprimées en données nettes : elles excluent donc les affaires dites de série, c'est-à-dire qui présentent à juger la même question ; pour l'année 2014, elles excluent les contentieux de découpage cantonal traité par le Conseil d'Etat.

Cela étant précisé, le bilan quinquennal des décisions juridictionnelles du Conseil d'Etat tel que retenu par le rapport public du Conseil d'Etat de 2016, se présente comme suit :

- sur 93436 affaires enregistrées, 9801 ont été réglées contre 6880 affaires en stock en 2011 ;
- en 2012, le Conseil d'Etat a enregistré 9036 affaires et, a réglé 9131 contre 6771 affaires en stock ;
- quant à l'exercice 2013, sur 9235 affaires enregistrées, le Conseil d'Etat a réglé 9685 contre 6320 affaires en stock ;
- par contre, en 2014, le Conseil d'Etat a enregistré 9456 affaires tandis qu'il a réglé 9626 affaires contre 6199 affaires en stock ;
- concernant l'exercice 2015, 8727 affaires ont été enregistrées par le Conseil d'Etat, tandis qu'il a réglé 9553 affaires contre 5386 en stock[180].

En sus, au cours de l'exercice 2016, le Conseil d'Etat avait enregistré 9620 affaires et, avait réglé 9607 contre 5461 affaires en stock, en

179 Idem. p.167.

180 Rapport public du Conseil d'Etat sur l'activité juridictionnelle et consultative des juridictions administratives du 26 Février 2016, op.cit. p.60.

2017 par contre, le Conseil d'Etat avait enregistré 9864 affaires et, avait réglé 10139 contre 4961 affaires[181].

Le Conseil d'Etat a, ensuite, enregistré 9563 affaires et, a réglé 9583 affaires contre 5255 en Stock. Il sied, par ailleurs, d'indiquer qu'« En 2018, le juge des référés du Conseil d'État a connu un nouvel accroissement de son activité avec un total de 427 dossiers enregistrés dont 272 en appel de référé liberté[182].

En 2019, enfin, 10216 affaires ont été enregistrées par le Conseil d'Etat, 10320 affaires ont été réglées contre 5323 en stock. Il faut encore ajouter qu' « En 2019, le juge des référés du Conseil d'Etat a connu une légère diminution de son activité avec un total de 410 dossiers enregistrés dont 260 en appel de référé liberté[183].

Pour clore, le rôle joué par le Conseil d'Etat français est ostentatoirement remarquable, les différents rapports annuels le démontrent clairement, il suffit juste de cliquer sur le site du Conseil d'Etat pour télécharger facilement ces rapports. Ce site est répété à plusieurs fois dans les notes infra-vaginales.

La mission de la simplification, de l'exécution des décisions, les études et des différentes réformes sont à l'œuvre du Conseil d'Etat chaque année, c'est ce qui nous permet d'affirmer que le bilan des activités exercées par le Conseil d'Etat français est positif

Conclusion du premier chapitre

Le développement précédent sur les missions essentielles du Conseil d'Etat français a démontré que ce dernier a une lourde charge dans l'édification de l'Etat de droit.

Non seulement qu'il est chargé de rendre la justice dans le secteur lui conféré par la loi et d'exercer sa fonction de conseiller juridique des pouvoirs publics, mais également, il constitue un mécanisme de régulation et

---

[181] C.E., Ass. Gén., du 18 Juin 2018, Rapport public, Activité juridictionnelle et consultative des juridictions administratives pour l'exercice 2017, op.cit. p.49.

[182] Rapport public sur le Conseil d'Etat du 2019 sur l'exercice 2018, assemblée générale le 14 mars 2019, op.cit. pp.49-50.

[183] C.E., Ass., Gén., 26 mars 2020, Rapport public, activité juridictionnelle et consultative des juridictions administratives en 2019, op.cit., pp.50-51.

de coordination de la justice administrative, en particulier et du droit, en général. Chaque année, il s'informe sur les nécessités juridiques de toute la Nation pour apporter des solutions adéquates.

Par ailleurs, nous avons observé qu'en dépit de toutes les contraintes qui ont failli mettre en mal cette noble institution, la cautèle de ses membres et la nécessité sociale continuent davantage à renforcer la confiance de tous et d'un chacun vis-à-vis de celle-ci. En conséquence, cette forme d'institution demeure un pilier fondamental qui incarne l'idéologie mondialement partagée qui n'est autre que la mise en place effective de l'Etat de droit, l'astuce du développement économique, culturel et social.

Chapitre II

La juridiction administrative suprême en droit belge (Conseil d'Etat)

A l'instar du droit français, la justice belge comprend deux ordres de juridictions. On retrouve d'une part, l'ordre des juridictions judiciaires et l'ordre des juridictions administratives, d'autre part.

A la différence de la France, là où on retrouve, en raison de l'évolution de temps qui a réussi à sécréter des tribunaux administratifs et, un peu plus de vingt-neuf ans après, la France a sécrété encore les Cours administratives chargées de connaitre principalement les affaires administratives, des juridictions spécialisées ainsi que le Conseil d'Etat comme leur sommité. En droit belge, il n'existe qu'une multiplicité innombrable des juridictions administratives spécialisées chapeautées toutes par le Conseil d'Etat. Le Conseil d'Etat est la plus haute juridiction dans l'ordre des juridictions administratives, il remplit plusieurs fonctions dans l'édification de l'Etat de droit.

Certes, il existe une compénétration entre le Conseil d'Etat belge et le Conseil d'Etat français. Cependant, il ne manque pas quelques traits des distanciations, qu'il importe de reprendre le même schéma que celui tracé dans l'étude consacrée au Conseil d'Etat français, pour dégager l'ossature des missions de ces deux juridictions en Europe.

L'exercice consiste à examiner l'historique et l'évolution de la juridiction administrative suprême, ainsi que le contexte socio-politique de sa création (Section I), son organisation et son fonctionnement (Section II), avant d'analyser ses missions principales (Section III).

Section I : Historique de la création, évolution et contexte socio-politique du Conseil d'Etat belge

Il nous parait nécessaire d'interroger l'histoire avant d'examiner la représentation actuelle du Conseil d'Etat belge, car selon Dieudonné KWETE, « *le juriste ne peut introduire l'étude du droit positif sans se faire historien ne serait-ce que pour rappeler les différents apports et leurs origines, - l'histoire suggère ainsi une réflexion sur les modes de formation de droit»*[184].

De ce qui précède, il convient de noter que l'institution Conseil d'Etat a subi des modifications tant au niveau de la dénomination qu'en ce qui concerne ses compétences suivant le fil de temps, qu'il importe de poser des jalons dès les temps anciens jusqu'à ce jour par le moyen de l'étude de son évolution. Raison pour laquelle, nous examinons l'historique du Conseil d'Etat (§1), suivie de son évolution à travers le temps (§2), ainsi que le contexte socio-politique de sa création (§3).

§1. *Historique et création de la Juridiction administrative suprême en droit belge*

Il n'est pas aisé de tracer, de manière exacte, l'histoire de la juridiction administrative suprême belge, appelée actuellement le Conseil d'Etat.

Madame Françoise MULLER fait le même constat, en affirmant en ces termes, « *l'histoire de la création du Conseil d'État est sinueuse, complexe et très technique* »[185]. Outre, les contours flous de son histoire, l'auteur fait observer, une autre difficulté liée au manque d'archives conservées pour rendre limpide l'histoire de cette institution avant sa création en 1946, voilà pourquoi, pour en poser les premiers jalons, l'auteur a privilégié un fil conducteur, celui d'un homme, Henri Velge dont l'action s'est quasiment confondue avec la phase décisive (1911-1946) de la mise en œuvre de ce grand corps de l'État[186] .

Nonobstant cela, nous allons tracer l'historique du Conseil d'Etat belge suivant deux origines ; d'une part, selon l'origine ancienne (A) et, d'autre part, suivant l'origine récente.

A. *L'origine ancienne du Conseil d'Etat belge.*

L'origine ancienne du Conseil d'Etat Belge remonte à l'époque de l'empereur Carles Quint[187], « *en 1531, existait un Conseil d'Etat composé*

---

[184] D-d. KWETE MBUL, *Histoire du droit : des origines au Vème siècle*, Ière éd. CEEBA, Kinshasa 2019, p.7.

[185] F. MULLER, *Henri Velge, l'artisan du Conseil d'État belge* (1911-1946), BTNG / RBHC, XXXVII, 2007, 1-2, pp. 143-174, p.69.

[186] Idem. p.143.

[187] Quint est né le 24 février 1500 à Grand en Flande (Pays-Bas) et mort le 21 septembre 1558 au Monastère de Yuste(Espagne). Il fut un Prince de la maison de Habsbourg, fils de Philippe le Beau et de Jeanne la Folle qui a hérité de l'Espagne et son Empire colonial, des dix-sept provinces des Pays-Bas du royaume de Naples

de 12 membres, nommés à vie, et choisi parmi des personnalités du clergé et de la noblesse »[188]. A cette époque, le Conseil d'Etat était un organe du gouvernement, dont la mission consistait à délibérer sur toutes les affaires majeures d'ordre politique, administratif ou militaire, et eut pour première Présidente Marie de Hongrie[189].

Il faut cependant retenir que « *bien que n'ayant qu'une voix consultative, le Conseil d'Etat eut une place dans la vie politique belge et constituait, à certain moment, une réelle sauvegarde contre l'arbitraire du pouvoir souverain. L'institution subsistera jusqu'à la fin de l'ancien régime, mais il deviendra peu à peu, une institution croupion et les « Conseillers d'Etat » n'auront plus qu'un rôle purement honorifique* ».

Ainsi, cette période s'acheva par la suppression de cette institution par la Constitution de 1831, pour des raisons empiriques vécues dans d'autres cieux[190]. Malgré l'idée d'un Conseil de législation défendue par Charles Roger et, qui fut suivie dès 1833 par Barthélémy, à l'époque Ministre de l'Intérieur, qui demandait la création d'un Conseil d'Etat qui aurait assumé à la fois une tâche de préparation législative et une mission de contentieux administratif, cela n'aboutit guère, car ladite proposition ministérielle fut rejetée[191]. Le débat sur la renaissance du Conseil d'Etat dans sa forme actuelle n'est que récent.

B. *L'origine récente du Conseil d'Etat belge.*

L'origine ressente du Conseil d'Etat peut être étudiée suivant deux périodes : la première période court de 1911 à 1935 (1), tandis que la seconde prend naissance de 1936 à 1946.

---

et des possessions autrichiens. Il fut élu empereur des Romain en 1519, il est le monarque le s puissant de la première moitié du XVIe siècle.

[188] Conseil d'Etat- Rôle et le pouvoir de l'Assemblée nationale, www.2assemblée national.fr, Consulté le 15/Mars/2020.

[189] Marie de Hongrie, sœur de Charles Quint est née le 15/09/1505 et décédée le 18 octobre 1556. Elle devint reine consort de Hongrie et Bohême de 1522 à 1526, puis gouvernante des Pays-Bas Espagnols de 1531à 1555.

[190] *La raison principale qui a poussé le Constituant belge d'écarte cette institution, résulte de la souvenance que cette dénomination évoquait d'un organe de pouvoir, tant sur l'ancien régime que durant la période française, le Conseil d'Etat sous le Consulat en 1799, ainsi que la période néerlandaise de 1815 à 1830 : le Conseil d'Etat du Royaume de Pays-Bas.*

[191]www2.assembléenationale.fr. (Consulté le 20/05/2020).

1. Le Conseil d'Etat pendant la période de 1911 à 1935

Dans sa forme actuelle, le Conseil d'Etat belge tire ses origines quelques années avant la première guerre mondiale (de 1914-1918), avec la mise en place d'un Conseil de législation « institué auprès du Ministère de la Justice, par l'arrêté royal du 3 décembre 1911, le Conseil de législation avait pour mission de "donner son avis sur toutes les questions importantes touchant soit à l'administration de la justice, soit à l'application et à l'amélioration des lois et au sujet desquelles il serait consulté par le Ministre de la justice »[192]

A l'origine, il se composait de onze membres, d'un secrétaire et d'un secrétaire adjoint ; des membres temporaires pouvaient être appelés à y siéger selon leurs compétences. Sa composition et son organisation ont été modifiées par l'arrêté royal du 13 mai 1922. Il est supprimé par l'arrêté du Régent du 28 août 1948, le Conseil d'État reprend et élargit sa mission[193]. Au cours de cette période qualifiée de la période doctrinale[194], la question de la responsabilité de la puissance publique fut à la une, à la suite de l'application du principe d'automutilation judiciaire[195] qui a donné naissance à deux solutions au contentieux administratif, dont l'une judiciaire et l'autre administrative[196].

En effet, selon les tenants de la solution administrative, il est question d'instituer une Cour de contentieux administratif inspirée de la Section d'administration du Conseil d'État français. Par contre, pour les tenants de la solution judiciaire, il convient d'étendre la compétence du pouvoir judiciaire au contentieux administratif.

Dès sa séance inaugurale, le Conseil de législation, créé à l'initiative d'Henri Carton de Wiart[197], se voit confier l'élaboration d'un projet

---

[192] H. VELGE, 1930 p.71 cité par F. MULLER, *in Henri Velge, l'artisan du Conseil d'État belge,* op.cit. p.146.

[193] F. MULLER, op.cit. P.146.

[194]La période doctrinale débute de 1911 à 1936 lors de la création occultée du Conseil d'Etat par la volonté politique de VAN ZERLAN, à l'époque Premier Ministre, elle fut ainsi qualifiée parce que plusieurs travaux ont été élaborés par les auteurs pour la mise en place d'une haute juridiction pouvant sanctionner les actions de la puissance publique.

[195] A l'époque le pouvoir judiciaire fut influencé par le principe de la séparation des pouvoir prôné par France, et se déclarait incompétent de connaitre les contentieux administratifs.

[196] MULLER, op.cit. p.145.

[197]Selon Françoise MULLER précitée, Henri Carton de WIART (°1869-1951), *est un homme politique catholique, docteur en droit, représente l'arrondissement de Bruxelles de 1896 à sa mort. Il a été ministre à de multiples reprises à partir de*

de loi sur une question cruciale qui agitait le monde judiciaire depuis une décennie: celle de la responsabilité de la puissance publique. Ce projet apportait sans doute la solution à la création d'une cour de contentieux administratif.

Cet avant-projet de loi établit un système mixte, mi- judiciaire, mi- administratif, relativement compliqué qui peut se résumer comme suit:« *une fois tous les recours devant une juridiction civile épuisés et les tribunaux s'étant déclarés incompétents en vertu de la séparation des pouvoirs, les tribunaux, ayant à connaître une affaire où l'État-puissance publique est en cause, doivent la renvoyer devant la Cour du contentieux administratif. Cette dernière, usant de sa compétence discrétionnaire, déterminerait alors le droit du demandeur à obtenir réparation du dommage, et dans quelle proportion. Si l'État est reconnu responsable du dommage, l'affaire est renvoyée devant le tribunal civil d'où émanait le renvoi. Celui-ci fixe alors le montant dû en se conformant à la décision de la Cour du contentieux administratif. Dans l'éventualité d'une déclaration d'incompétence de la Cour du contentieux administratif, la Cour de cassation se prononce sur le conflit d'attribution conformément à l'article 106 de la Constitution (158 nouveau) et renvoie l'affaire à l'instance concernée. Une* fois le verdict rendu, un pourvoi en Cassation reste ouvert; si le jugement est cassé, toute la procédure est à reprendre »[198].

Cependant, l'auteur fait voir que malgré l'adoption dudit projet par le Conseil législatif, il est resté sans issue au niveau du gouvernement et, il n'a reçu non plus l'assentiment de la doctrine et de la magistrature qui rejettent unanimement l'idée d'un système mixte.

Dans le même ordre d'idées, interviendra l'idée d' *« un projet de déclaration de révision de la Constitution que dépose le Gouvernement Delacroix I, le 10 septembre 1919 figure également l'instauration d'une Cour du contentieux administratif»*[199]. Se fondant sur l'exposé de motif dudit projet, la Cour du Contentieux administratif devrait être instituée sur base d'une loi conformément à l'article 93 de la Constitution de l'époque, car une assise constitutionnelle placerait cette Cour du contentieux sur le même pied de reconnaissance que les tribunaux ordinaires.

Pendant que l'on recherche encore une solution, la Cour de cassation rend un arrêt surprenant qui est à l'origine de diverses controverses

1911, notamment premier ministre de 1920 à 1921. Il a été l'un des principaux partisans de la création d'une Cour du contentieux administratif en Belgique

198 F. MULLER, Henri VELGE, l'artisan du Conseil d'État belge, op.cit. p.147.

199 *Doc. Parl., Ch.*, session 1918-1919, séance du 10 septembre 1919, n°329, pp. 1164-1170, cité par F. MULLER, op.cit. p.147.

et revendications dénommé *l'arrêt Flandria* qu'il importe d'expliquer désormais.

En effet, l'arrêt Flandria fut prononcé le 05 Novembre 1920 : *« Un arbre appartenant à la Ville de Bruges, situé sur le domaine public et laissé dans un état de vétusté tel qu'il menaçait de s'abattre, était finalement tombé, endommageant dans sa chute une clôture de la société horticole "La Flandria". Face à une jurisprudence presque octogénaire de la Cour de cassation, l'issue de l'affaire ne semblait pas douteuse : on présageait une déclaration d'incompétence de la Cour suprême. Or, à la surprise générale, cette dernière reconnut le droit de la société horticole à la réparation du dommage, ce qui entraîna une vive polémique »*[200].

Cet arrêt de la Cour de cassation vient mettre un terme à "l'automutilation" du pouvoir judiciaire, et privait à cet effet les partisans de la solution administrative d'un de leurs arguments majeurs en faveur de la création d'une Cour du contentieux administratif puisque le contentieux d'indemnité rentrait dans les compétences de la justice[201].

Cet arrêt entrainera sans doute l'opposition d'une Cour du contentieux administratif jusqu'à la deuxième guerre mondiale. Depuis la révision constitutionnelle de 1921 jusqu'à 1930, plusieurs commissions tant parlementaires que extra-parlementaires (experts juristes) ont été mises en place pour trouver la solution relative à l'institution d'une Cour du contentieux administratif mais tous ses efforts étaient voués en échec.

L'échec était d'autant plus durement ressenti que la situation était paradoxale. En effet, le Gouvernement se montrait prêt à faire le "sacrifice sur l'autel de la patrie[202], de pouvoirs dont il usait jusqu'alors arbitrairement, tandis que la Chambre refusait d'accorder une meilleure protection juridique aux citoyens[203], il fallait attendre le renouveau doctrinal et parlementaire initié par Henry Velge[204] qui aura pour retombées sur la presse et sur les projets de loi

---

[200] F.MULLER, *Le pouvoir judiciaire à l'offensive: l'arrêt Flandria* (2/2)", *Journal des Tribunaux*, 2006, no. 6245, p. 749.

[201] MULLER, Henri VELGE, *l'artisan du Conseil d'État belge*, op.cit. p.148.

[202] H. VELGE, *L'institution d'un Conseil d'État ou d'une cour du contentieux administratif*, *Le progrès social*, 1933 p.405.

[203] F. MULLER, *Henri VELGE, l'artisan du Conseil d'État belge*, op.cit.

[204] Henri VELGE après l'échec qui a découragé les partisans de la solution administrative, écrit son premier ouvrage sur le Conseil d'État. Par ce livre intitulé *L'institution d'un Conseil d'État en Belgique. Préparation des lois, responsabilité des autorités publiques, recours contre les excès de pouvoir, lequel a suscité l'attention de tous pour la création d'une juridiction de contentieux administratif.*

et propositions de loi traités, au niveau parlementaire de 1930 à 1935[205]. Toute l'opinion était penchée sur la création d'une Cour de contentieux administratif. Cependant, le débat ne restait qu'en ce qui concerne sa composition et ses compétences. Les efforts de Velge furent très remarquables.

En dépit des différentes propositions de loi et journées de contentieux administratif, cette juridiction n'a pu se cristalliser, car aucune solution adéquate ne fut trouvée au sujet de sa compétence qui posait assez d'antonymie. On remarque l'effort de la doctrine et le changement brusque d'origine politique à compter de l'année suivant qui tracera la création de la forme actuelle de l'institution.

2. Le Conseil d'Etat de la période 1936 à 1946

L'année 1936 marque l'aurore de la forme actuelle du Conseil d'Etat qui sera officiellement créé en 1946, car bien avant l'utilisation du concept Conseil d'Etat ne fut que par analogie au Conseil d'Etat français.

Alors que, au fil des années 1930, la balance avait de plus en plus penché en faveur de la création d'une Cour du contentieux administratif à tel point qu'en 1936 sa mise sur pied semble imminente. Brusquement, la situation évolue et deux nouvelles questions se posent.

Premièrement, faut-il créer un Conseil d'État composé d'une section de législation et d'une section d'administration ou séparer les deux institutions ?

Deuxièmement et plus fondamentalement, la section d'administration doit-elle trancher par voie d'arrêts ou rendre de simples avis ?

Le premier pas de cette position sera remarqué par le programme du Gouvernement Van Zeeland II, qui, à la suite des élections anticipées du 24 mai 1936, décida pour contrecarrer la montée du rexisme, le Premier Ministre Paul Van Zeeland évoque dans l'exposé du programme de son gouvernement, la nécessaire réadaptation des institutions aux besoins du progrès social et économique. Celle-ci exige, entre autre, la création d'un Conseil d'État à double compétence : législative et administrative.

---

205 Parmi les retombés de cet ouvrage, on peut citer, la proposition de loi portant création d'une Cour du contentieux administratif est déposée par Carton de Wiart en 1930 ; le 15 mars 1933 se tient, à Liège, la première journée du contentieux administratif ; le 26 janvier 1934, Carton de Wiart dépose pour la seconde fois sa proposition de loi instituant une Cour du contentieux administratif.

Pour réaliser les multiples réformes prônées par le Gouvernement, Van Zeeland et la famille Solvay sont les initiateurs du Centre d'études pour la Réforme de l'État (CERE). Cette ASBL privée, créée fin 1936, a pour but de rechercher et de faire connaître les réformes permettant d'adapter le régime parlementaire aux nouvelles conditions de la vie politique, économique et sociale[206].

Les travaux de la troisième commission du Centre d'études pour la Réforme de l'État et le dépôt concomitant de la troisième proposition Carton de Wiart seront traités pour n'être publiés qu'à l'automne 1937, malgré des multiples critiques controversées, au sujet de la création d'une institution à double compétence[207]. En ce moment, la question avait à ce point évolué que le rapport apparut en de nombreux points dépassés, car il eut déjà un projet de loi du Gouvernement du 24 mars 1937 portant création d'un Conseil d'État.

Au cours du débat de ce projet de loi, entre la tendance de la création d'une cour unique à deux compétences d'une part, et celle de la création d'une institution distincte, on remarque de première vue que la première tendance emporte sur la première car derrière ça, il y avait la volonté politique du Premier Ministre Van Zeeland[208].

Le débat s'ouvre pour la première fois au niveau du parlement, la Chambre est simultanément saisie de deux textes contraires: la proposition de Carton de Wiart et le projet du Gouvernement, après la solution

---

[206] MULLER, *Henri VELGE, l'artisan du Conseil d'État belge*, op.cit., pp.158, 159.

[207] *Les critiques en défaveur de la création du Conseil d'Etat provenaient de part, et d'autre, notamment : la doctrine qui la rejeté en raison de son origine étrangère au droit belge ; peu avant les travaux, Henri Rolin, Conseiller à la Cour de cassation, est consulté. Il dit douter de la constitutionnalité d'une loi créant une Cour du contentieux administratif; selon lui, elle représenterait une ingérence du pouvoir législatif dans la sphère des pouvoirs de l'exécutif ; pour Léon Moureau, soutient l'idée d'une institution unique dont la section d'administration ne connaîtrait ni du contentieux de pleine juridiction, ni des conflits d'attribution ; tandis que* Velge concède une fusion des deux organismes, à la condition *sine qua non*, qu'elle soit purement nominale. D'abord, les capacités requises des membres ne seraient pas les mêmes d'une section à l'autre. *Lire à ce sujet, F. MULLER, in l'artisan du Conseil d'État belge, op.cit., pp.157, 158,159.*

[208] Il fallait "créer un grand corps de l'État ayant un véritable retentissement. C'est donc ce corps, qui à mon sens, est à diviser en deux sections. Au point de vue des frais, mêmes élevés, cette question m'est indifférente. Je suis décidé de marcher indépendamment de toute question financière qui ne doit pas nous arrêter" *(*A.G.R., Papiers Henri VELGE, n°337, *Comité pour l'Étude d'un avant-projet de loi de création de Conseil d'État. Première réunion. 20 novembre 1936*, p.2. Cité par F. MULLER, *in l'artisan du Conseil d'État belge, op.cit., pp.157.*

intermédiaire en optant pour une institution unique dont la section d'administration aurait une compétence juridictionnelle[209].

La vraie solution qui est novatrice proviendra du Sénat en 1939. Au cours de l'examen de ce texte, les Commissions réunies de l'Intérieur et de la Justice reconnaissent à la section d'administration une compétence juridictionnelle dans quatre cas ; en matière de conflits d'attribution entre autorités administratives, de contentieux d'annulation, d'une partie du contentieux de l'indemnité, de contentieux administratif proprement dit. Une fois voté au Sénat, le projet revu est renvoyé à la Chambre ; il y est encore lorsque la guerre éclate. Carton de Wiart, député, avait également demandé à Velge de lui transmettre ses articles les plus récents sur le sujet afin "de l'aider à faire triompher la bonne thèse[210].

Sans issue valable, s'éclatera la deuxième guerre mondiale, pendant ce temps, fut élaboré un projet de la Constitution purement autoritaire en 1940, lequel constitue des remous sur les avancées envisagées à la création du Conseil d'Etat, il fallait attendre la fin de la deuxième guerre mondiale.

L'heure a sonné enfin, le Conseil d'Etat sera créé à l'année 1946, après la seconde guerre mondiale, les travaux du Sénat introduits au gouvernement sont repris, La commission chargée, le 25 Mai 1945, termine ses travaux le 7 septembre de la même année.

Finalement, une loi fut votée par le Sénat, le 11 décembre 1946, et promulguée douze jours plus tard.

L'arrêté du Régent du 17 novembre 1947 nomme les membres du Conseil d'État et porte Velge à la première présidence[211], cependant, le Conseil d'État n'est installé que le 9octobre 1948, soit un peu moins de deux ans après le vote de la loi, par le Sénat, ce dernier subsistera jusqu'à ce jour.

En conclusion, le Conseil d'Etat n'existait depuis l'antiquité que sous le vocable Conseil de législation. Ce dernier sera supprimé pour renaitre en 1911, d'ores et déjà, le débat était ouvert pour la création d'une cour de contentieux administratif ayant pour but de sanctionner la puissance publique, longtemps devenue irresponsable, par le principe de l'automutilation judiciaire.

---

[209] *Doc. Parl.*, *Ch.*, session 1936-1937, séance du 20 mai 1937, n°299, 21 p. citées par F. Muller, p.162.

[210] *MULLER, in H. VELGE, l'artisan du Conseil d'État belge, op.cit., p.164.*

[211] Moniteur Belge, 24-25 novembre 1947, cité par F. Muller, *in l'artisan du Conseil d'État belge, op.cit., p.168.*

Pendant ce temps, deux solutions s'opposent, l'une judiciaire et l'autre administratif. L'arrêt Flandria pris par la Cour de cassation pour décourager les partisans de la solution devient un fascisme, les efforts doctrinaux et parlementaires ont renforcé la solution administrative. L'idée de la création du Conseil d'Etat à double compétence nait brusquement et finie par être galvanisée à la suite de la guerre mondiale pour contrecarrer l'exécutif contre son autoritarisme.

§2. *Evolution du Conseil d'Etat belge depuis l'antiquité à ce jour*

L'histoire de la création du Conseil d'Etat, qui vient d'être relatée ci-haut, ne prétend pas circonscrire les évènements, de manière détaillée, a sans doute préludé l'idée sur l'évolution temporaire de cette institution. Cependant, elle ne se limite qu'au moment de sa création.

Sans tomber dans le piège d'une répétition fâcheuse, cette partie s'intéresse à la forme de cette institution du point de vue de son évolution, d'une part, partant de l'antiquité jusqu'à l'époque contemporaine (de 1530 à 1945) (A) et, d'autre part, dès sa création moderne jusqu'à ce jour (1946à 2020) (B).

A. L'évolution du Conseil d'Etat de la période allant de 1531 à 1911

Le Conseil d'Etat évolue différemment au cours de cette période suivant deux étapes, on retrouve d'une part, la forme du Conseil d'Etat antique (1) et le Conseil d'Etat Contemporain (2).

1. *Le Conseil d'Etat antique (1531-1831*)

A l'époque des Clergés et des nobles, le Conseil d'Etat était un organe du gouvernement, dont la mission consistait à délibérer sur toutes les affaires majeures d'ordre politique, administratif ou militaire. Cette institution n'avait pas des compétences législatives, il ne fut qu'un simple conseiller de l'exécutif.

Il est sans doute que cette forme d'institution avait quelques traits de ressemblance avec le Conseil de Roi en France, la seule différence en est que ce dernier était doté des pouvoirs législatifs. En effet, le Conseil du roi, comme nous l'avions vu dans le premier chapitre, était composé des légistes chargés d'examiner le bien-fondé des textes juridiques.

Le conseil de gouvernement belge, par contre, avait par sa voix délibérante, la possibilité de contrecarrer, dans une certaine mesure, l'arbitraire du roi en protégeant les droits et libertés des citoyens. Sa composition de 12 membres ne constituait ni une juridiction, ni encore moins, un conseil législatif, mais plutôt un organe consultatif des questions politiques, administratives et militaires du Gouvernement.

Notons que depuis la suppression de cet organe par la Constitution de 1831, aucune de cette forme ne fut créée. Le Conseil d'Etat réapparaitra sous une autre forme, en 1911 qui marque la période Contemporaine de ce dernier.

2. Le Conseil d'Etat contemporain (1911-1946)

Le conseil d'Etat créé à cette époque était appelé le Conseil de législation, ce dernier comme l'indique le vocable aura des compétences plus étendues que celui de l'antiquité.

En effet, le Conseil de législation avait pour mission non seulement de donner son avis sur toutes les questions importantes touchant à l'administration de la justice, mais aussi il pouvait donner son avis pour l'application et l'amélioration des lois et au sujet desquelles il serait consulté par le ministre de la justice.

A la différence de son prédécesseur, le Conseil de législation ne connaissait pas des questions politiques. En outre, la consultation de celui-ci ne fut que facultatif, c'est-à-dire le gouvernement devrait apprécier s'il faut requérir ou non son avis. En réalité, le Conseil de législation ne fut qu'une forme d'organe de prestige à côté du gouvernement.

Pendant ce temps, cette institution n'était investie d'aucune compétence juridictionnelle pour connaitre des contentieux administratifs, même dans le cas où la Cour de cassation se déclare incompétente. Cette Compétence sera une modernité dans la création du Conseil d'Etat en 1946.

B. L'évolution moderne du Conseil d'Etat belge (1946-2020).

Cette période marque à la fois la création et les avancées significatives de la juridiction administrative suprême à double missions : conseiller le gouvernement et le parlement, dans l'élaboration des textes juridiques et sanctionner les actes des autorités publiques.

Ainsi, l'évolution de cette institution au cours de cette période mérite d'être étudiée selon deux étapes, dont la première est celle allant de 1946 à 1994(1), la seconde prend cours de 1994 à ce jour (2).

1. Le Conseil d'Etat pendant la période allant de 1946 à 1994.

Pendant cette période, le Conseil d'Etat effectivement installé en 1948 doit continuer son travail dans les deux sections avec comme premier président Henry Velge, ce dernier fut même proclamé comme artisan du Conseil d'Etat belge[212], mais ne l'a dirigé que pour peu de temps.

Malgré la création de cette juridiction, la question reste pendante en raison de la multiplicité des juridictions administratives spécialisées qui semblent mettre en difficulté le requérant qui ne sait pas à quel juge il doit s'adresser. En outre, la question de la compétence d'indemnité du Conseil d'Etat restait perplexe voire problématique.

Pour remédier à ces problèmes, plusieurs réformes tant jurisprudentielles que législatives ont été apportées. En effet, aux termes de l'article 92 (de la Constitution belge devenu actuellement 144), le contentieux civil revient exclusivement à la compétence du juge judiciaire. En revanche, l'article 145 (format coordonné) de la Constitution apporte des tempéraments sur les droits politiques que le législateur devait soustraire de la compétence du juge judiciaire.

Cette disposition a posé un problème au regard de la jurisprudence et de la doctrine, en ce qui concerne la distinction des droits politiques et droits civils, partant du critère organique jusqu'à ce que le tribunal de confit soit intervenu pour apprécier cette compétence.

En outre, concernant les réformes sur la création d'un ordre des juridictions administratives et la suppression de certaines juridictions administratives en vue de résoudre le problème de l'embrouillamini des juridictions administratives disparates, plusieurs propositions de lois ont eu lieu mais sans issue valable.

Néanmoins, depuis la réforme de 1973 jusqu'à celle de 1991, on peut déduire que la compétence du Conseil d'Etat fut renforcée par le législateur.

2. Le Conseil d'Etat belge pendant la période de 1994 à ce jour

Pendant cette période le Conseil d'Etat belge a connu au moins une évolution en matière procédurale, au regard de plusieurs réformes législatives qui se sont succédées. Celles-ci ont également modifié la compétence du Conseil d'Etat.

§3. *Le contexte socio-politique et judiciaire de la Création du Conseil d'Etat belge*

Le Conseil d'Etat tel qu'il se présente a vu le jour dans un double contexte variable selon l'évolution du temps. Dans ce paragraphe, il convient

---

212 *H. VELGE, l'artisan du Conseil d'État belge, op.cit.* p.168.

de préciser chacun des contextes de sa création, en commençant par le contexte judiciaire (A) avant l'examen du contexte socio-politique (B).

A. Le contexte judiciaire de la création du Conseil d'Etat belge

Le contexte judiciaire de la création du Conseil révèle une réalité à deux primes à bord contradictoires. En effet, la pratique judiciaire de l'époque (1) pouvait supputer la création d'une juridiction compétente pour connaitre les contentieux administratifs lorsque les juridictions de droit commun devaient se déclarer incompétentes. Cependant, on remarque l'opposition du pouvoir judiciaire (2), face à l'idée de la création de cette forme d'institution pour cause de conflit d'intérêt.

1. La pratique judiciaire, source de la création du Conseil d'Etat.

Depuis la fin de l'ancien régime, la Cour de cassation se déclarait incompétente, pour connaitre les contentieux dans lesquels la puissance publique est mise en cause. Les magistrats de cette Cour de cassation auraient été sans doute influencés par l'idéologie de la séparation des pouvoirs prônée par la France juste après la révolution.

La doctrine qualifiait cette pratique de l' « *automutilation judicaire* »[213], la Cour de cassation ne pouvait ni annuler les actes irréguliers pris par l'exécutif, ni tenter de prononcer des sanctions contre l'Etat et la puissance publique, en général.

A l'inverse, malgré l'incompétence de la Cour vis-à-vis de la puissance publique, concernant l'annulation des actes ainsi que la responsabilité civile de celle-ci, les magistrats constituèrent une opposition contre la création d'une juridiction compétente. Il importe d'analyser en quoi cette opposition constituerait un fascisme pour la création de cette institution.

2. *L'opposition judiciaire, un fascisme du conseil d'Etat.*

Les magistrats qui appliquèrent le principe d'automutilation judiciaire abandonnent cette position pour soutenir que la Cour de cassation doit connaitre des contentieux administratifs. Parmi leurs arguments majeurs, « La création d'une Cour de contentieux administratif risque d'entrainer la contrariété des décisions ». Un peu plus loin au moment du débat de la fusion des compétences législative et juridictionnelle à la même institution, comme on l'a déjà vu, le pouvoir judiciaire opine en ces termes : « La création d'une institution à la fois législative et juridictionnelle est d'une part

213 F. MULLER, *Henri Velge, l'artisan du Conseil d'État belge*, op.cit.160.

inconstitutionnelle et, pèche au principe de la séparation de pouvoir »[214], d'autre part.

Pour rendre pragmatique et efficace, mais aussi pour fragiliser, l'argument de partisans de la solution administrative, la Cour de Cassation rendra l'arrêt Flandria, ce dernier sera la source d'opposition à l'égard de la doctrine qui aura exacerbé le parlement et le gouvernement à s'intéresser à la question. La création du Conseil d'Etat sera tirée du contexte socio-politique.

B. *Le contexte socio-politique de la création du Conseil d'Etat belge.*

Le besoin de la création s'est fait sentir par la société belge depuis beaucoup de décennies, ce besoin sera encore ostentatoire en raison de l'évolution politique.

Ainsi, il importe d'aborder le contexte social (1) de la création de cette institution, avant de décrire son contexte politique (2).

1. Le contexte social de la création du Conseil d'Etat.

La justice assure la garantie de la stabilité sociale par le contrat de la sécurité auquel l'Etat s'engage à garantir aux citoyens. Car, en effet, depuis l'invention de la théorie sociale[215], les citoyens confèrent leurs droits et libertés à l'Etat en contre partie de la sécurité.

Cependant, si les actes de l'Etat ou ceux de la puissance publique portent atteinte aux citoyens, en violation du Contrat social sans aucune justification valable, l'Etat ou la puissance publique doit pouvoir endosser sa responsabilité, par le juge. Sinon, ça sera la théorie de l'Etat contre le peuple. Telle était quasiment la situation belge à l'époque, où l'on remarque l'impunité de la puissance publique ou celle de l'Etat, en dépit de nombreux abus causés par ce dernier aux citoyens.

De cette évidence, les revendications des partisans de la solution administrative étaient toutes justifiées par le souci de mettre en place une Cour de contentieux administratif pouvant répondre à deux problèmes majeurs de l'époque. Il s'agit : de la mauvaise rédaction des lois et l'absence de recours juridictionnel, d'une part, en matière de contentieux d'indemnité et, d'autre part, en matière de contentieux d'annulation[216].

---

[214]*Par exemple Rolin qui soulevait l'inconstitutionnalité du Conseil d'Etat (voir F. MUILLER déjà cité).*

[215]J.P JACQUÉ, *Droit constitutionnel et institutions politiques*, 7è éd. DALLOZ, Paris 2008, p.49.

[216] F. *MULLER, Henry Velge l'artisan du Conseil d'État belge, op.cit., p.144.*

Enfin, pour des raisons de sécurité économique, la création d'un Conseil d'Etat devrait permettre l'adaptation du système juridique par rapport au progrès économique, en assurant un contre poids face à l'abus de l'Etat. Malgré ce besoin imminent de la part de citoyens, la vraie création résultera du contexte politique.

2. *Le contexte politique de la création du Conseil d'Etat.*

Le concept « Conseil d'Etat » sera utilisé pour la première fois en Belgique en 1936, à la présentation de programme du gouvernement Van Zeeland II, Ce dernier aurait dû se référer au Conseil d'Etat français. Il visait la création de cette institution étrangère au droit belge pour garantir la stabilité de l'exécutif contre le parlementarisme. Cependant, cela semble être contradictoire, en ce sens que la création de cette institution a pour finalité de mettre en cause les actes pris par les autorités administratives.

Françoise Muller fait la même observation, par des interrogations ci-après : « *La création d'une haute juridiction administrative dotée du pouvoir d'annuler des arrêtés royaux et ministériels ne présentait-elle pas une certaine contradiction ? Cette stabilité pouvait-elle se réaliser lorsqu'un ministre avait au-dessus de lui cette épée de Damoclès que représentait l'annulation des actes qu'il prenait ? N'était-il pas plus avantageux de créer un "grand corps d'État" prestigieux, pour reprendre les mots du Premier ministre, et "docile", car n'ayant qu'un rôle consultatif, qui ne ferait qu'assister le Gouvernement dans sa mission ?* »[217].

En réponse à toutes ces questions, l'auteur poursuit en ces termes : « *Cette institution serait un appui pour le Gouvernement puisque, par son prestige et la qualité de ses membres, elle* "légitimerait" les actes de l'exécutif. De plus, s'orienter d'abord dans la voie consultative n'empêchait *en rien, comme ce fut le cas en France, de transformer cette compétence en un pouvoir de décision.* En revanche, le processus inverse aurait sanctionné un échec»[218].

Malgré la méfiance du gouvernement vis-à-vis du pouvoir juridictionnel de cette institution, il laissera au parlement d'endosser la responsabilité de cette forme d'institution.

Le mobile le plus efficace sera la deuxième guerre mondiale. Pendant ce temps, l'exécutif avait instauré un régime autoritaire, et abusait, de plus en plus, de son pouvoir. Cela a permis de briser des réticences aux parlementaires et aux autres opposants de cette institution, qui deviendront

[217] Idem.p.162.
[218] F. *MULLER, Henry Velge l'artisan du Conseil d'État belge, op.cit., p.162.*

unanimement d'accord pour la création du Conseil d'Etat en vue de limiter l'absolutisme de l'exécutif.

En conclusion, le Conseil d'Etat belge dans sa forme actuelle, en tant qu'institution à compétence législative et juridictionnelle, est d'origine étrangère au droit belge. Cependant, la mauvaise rédaction de lois, la mutilation judiciaire et la pratique abusive des institutions ont fait que la nécessité de cette forme d'institution soit de plus en plus remarquée. A ce jour, on observe encore le rôle important de cette institution dans la consolidation de l'Etat de droit. Nous allons examen sa composition, son organisation ainsi que son fonctionnement dans la section qui suit.

Section II : Organisation et fonctionnement du Conseil d'Etat belge

L'organisation et fonctionnement du Conseil d'Etat sont abordés selon la forme actuelle de la création du Conseil d'Etat, le reste étant censé appartenir au passé. Cette haute et importante institution du pays a une architecture bien déterminée à la fois aussi bien par la Constitution que par la loi.

Au regard de cette section, il nous parait opportun de préciser prima facie, sa composition organique et fonctionnelle (§1.), avant d'élucider ses attributions (§2) et son fonctionnement (§3).

§1. *La composition organique et fonctionnelle du conseil d'Etat*

A l'instar de la France, le Conseil d'Etat belge comprend deux sections dont l'une est législative et l'autre contentieux[219]. Cependant, au sein de ces deux traditionnels organes existent plusieurs organes qui composent son ossature, lesquels sont répartis en deux structures, par rapport aux tâches respectives que chacune d'elles est appelée à accomplir. Dans le cadre de l'étude, les organes du Conseil d'Etat se présentent suivant deux volets : d'une part, les organes généraux (A) et, des organes spécifiques d'autre part (B).

A. Les organes généraux du Conseil d'Etat

Le Conseil d'Etat est composé des membres du Conseil d'Etat (1), de l'auditorat général (2) ainsi que du bureau de coordination (3).

1. Les membres du Conseil d'Etat

Les membres du Conseil d'Etat sont au nombre de quarante-quatre[220] classés suivant un rapport hiérarchique, il s'agit : d'un 1er président,

---

[219] Voir l'article: 1er des lois coordonnées sur le Conseil d'Etat, PDF, www.raadvst-contestat.be. (Consulté le 25/04/2020), p.3.

[220] Art. 69 des lois cordonnées sur le Conseil d'Etat, op.cit. p.33.

un président ; 14 présidents de chambres et 28 conseillers d'Etat dont 14 francophones et 14 néerlandophones.

2. *L'auditorat*

L' « *auditorat, comprenant un auditeur général, un auditeur général-adjoint, quatorze premiers auditeurs chefs de sections et soixante-quatre premiers auditeurs, auditeurs ou auditeurs adjoints* »[221]. Les magistrats qui composent l'auditorat sont chargés d'accompagner les membres du Conseil d'Etat dans l'exercice de leur fonction tant en matière législative qu'en matière contentieuse.

En matière législative, *vingt-quatre membres de l'auditorat sont affectés par priorité à la section de législation. Ils participent aux activités de celle-ci conformément aux directives de l'auditeur général*[222].

En matière contentieuse :

- ils participent à l'instruction dans la section du contentieux administratif ;
- ils peuvent être chargés de procéder aux enquêtes décidées par la section du contentieux administratif par voie d'arrêt ;
- ils peuvent être chargés de procéder aux enquêtes décidées par la section du contentieux administratif par voie d'arrêt.

Ils sont chargés de tenir à jour, de conserver et de mettre à la disposition de sections, sous la forme de fichiers automatisés, la documentation relative à la jurisprudence et aux avis du Conseil d'État. Cette dernière tâche est commune aux deux sections.

3. *Le bureau de la coordination*

Le bureau de coordination est composé de deux premiers référendaires, chefs de sections et deux premiers référendaires, des référendaires ou des référendaires adjoints.

Les membres du Bureau de coordination « *ont, entre autres, pour mission de tenir à jour l'état de la législation, de mettre la documentation à la disposition des deux sections du Conseil d'État, de mettre la documentation concernant l'état de la législation à la disposition du public, ainsi que de*

[221]Art. 69 al.2 des lois cordonnées sur le Conseil d'Etat, op.cit. p.33.
[222]Art. 76 al.5 de lois cordonnées sur le Conseil d'Etat, op.cit. p49.

préparer la coordination, la codification et la simplification de la législation [223] ».

4. *L'Assemblée Générale du Conseil d'État et du collège des chefs de corps*

Au regard de la loi « *L'assemblée générale du Conseil d'État se compose du premier président, du président, des présidents de chambres et des conseillers d'État. Elle est présidée par le premier président, ou à son défaut, par le président du Conseil d'État ; à leur défaut, la présidence est exercée par le plus ancien des présidents de chambre ou, le cas échéant, des conseillers d'État présents. L'auditeur général est convoqué à toutes les assemblées générales. Il y est entendu chaque fois qu'il le demande* »[224]. En outre, les assesseurs de la section de législation assistent aux assemblées générales lorsque l'ordre du jour comporte des objets intéressant la section à laquelle ils appartiennent, mais aussi concernant le règlement d'ordre intérieur ayant les mêmes fins[225].

5. *Du greffe :*

Le greffe est composé d'un greffier en chef et des greffiers. « *Le greffier en chef est chargé de la direction du greffe, sous la direction et le contrôle du premier président et du président, chacun en ce qui concerne ses compétences. Les greffiers assistent le président de chambre* »[226].

Outre les greffiers en chef, les autres greffiers sont au nombre de « vingt-cinq greffiers, dont un greffier informaticien »[227].

Les greffiers sont issus du corps des personnels administratifs, parmi lesquels, une moitié doit maitriser la langue néerlandaise et une autre moitié doit maitriser la langue française.

6. *Du personnel administratif et les mandats*

Cet organe est composé des membres qui sont en principe nommés par l'assemblée générale du Conseil d'État, qui peut toutefois déléguer tout ou une partie de ses pouvoirs au premier président[228].

---

[223] Rapport sur le Conseil d'Etat, n°3O0, disponible sur www.raadvst-contestat.be. (Consulté le 25/04/2020)

[224] Art. 99 de lois coordonnées sur le conseil d'Etat, op.cit. p.61.

[225] Voir les articles 100 et 101 de lois coordonnées, op.cit. p.61.

[226] Voir l'art. 77/1 des lois coordonnées sur le Conseil d'Etat op.cit. p50.

[227] Art. 69 point 4 des lois coordonnées sur le Conseil d'Etat op.cit. p. 33.

[228] Voir l'art.102 des lois coordonnées, op.cit. p.61.

Le Roi, par arrêté délibéré en Conseil des ministres et sur avis de l'assemblée générale du Conseil d'État et de l'auditeur général, nomme, pour une période renouvelable de cinq ans un administrateur chargé de la gestion administrative du Conseil d'État et de son infrastructure[229].Ce dernier est chargé de la gestion administrative du Conseil d'État et de son infrastructure, à l'exclusion des compétences qui relèvent du greffier en chef, en vertu de l'article 77/1. Il en assure également, en ce qui concerne ses compétences, la gestion quotidienne.

Enfin, « *Le Roi, sur avis de l'assemblée générale du Conseil d'État, de l'auditeur général et de l'administrateur, nomme le titulaire du mandat-adjoint de directeur d'encadrement du personnel et de l'organisation et le titulaire du mandat-adjoint de directeur d'encadrement du budget et de la gestion, pour une période de cinq ans renouvelable, qui coïncide avec le début et la fin de la période durant laquelle l'administrateur exerce son mandat* »[230].

B. *Les organes spécifiques du Conseil d'Etat.*

Ces organes sont ainsi qualifiés parce qu'ils sont créés au sein de l'une ou de l'autre section respective. Ils sont répartis en organes propres de la section de législation (1) et aux organes propres de la section du contentieux (2).

1. Les Organes propres à la section de législation

La section de législation est composée des organes distinctement organisés par rapport à la section de contentieux et par rapport à l'organisation générale du Conseil d'Etat.

Ainsi, la section de législation comprend 4 chambres, à l'intérieur desquelles on retrouve respectivement un président et deux Conseiller d'Etat.

Elle est, en outre, composée des assesseurs qui sont appelés ou non, selon l'appréciation du président de chambre, à siéger auprès de trois membres de la chambre où l'affaire sera traitée. Ils siègent au nombre de deux ou un par chambre, selon l'appréciation du président de ladite chambre. Contrairement aux conseillers d'Etat qui sont nommés à vie[231] par le Roi, les

[229] Art.102 bis de lois coordonnées, op.cit. p.61.
[230] Art. 102 ter des lois coordonnées, op.cit. p.61.
[231] Art. 70§4 des lois coordonnées sur le Conseil d'Etat op.cit. p36.

assesseurs sont nommés par ce dernier, pour une durée de 5ans renouvelable[232].

2. Les organes propres à la section du contentieux

Les organes propres de la section du contentieux sont au nombre de deux, il s'agit des chambres et de l'assemblée générale. En effet, il « *est divisée en onze chambres : cinq chambres de langue française, cinq chambres de langue néerlandaise et une chambre bilingue, composées chacune de trois membres* »[233].

On retrouve au sein de la chambre de cette section « *des présidents de chambre et des conseillers d'État qui ne sont pas désignés pour faire partie de la section de législation. Le premier président ou le président siège, selon la nécessité du service, dans une chambre de la section, qu'il préside* »[234]

L'assemblée générale de la section du contentieux administratif est composée « *des présidents de chambres et des conseillers d'État qui ne sont pas désignés pour faire partie de la section de législation. Le premier président ou le président siège, selon la nécessité du service, dans une chambre de la section, qu'il préside. Elle siège en nombre pair, qui ne peut être inférieur à huit, y compris celui qui la préside* »[235]

§2. *Compétences du Conseil d'Etat*

L'examen des compétences attribuées au Conseil d'Etat ne sera pas confondu à l'étude des compétences spécifiques de ses organes. Les compétences de ces derniers ne seront pas traitées de manière spécifique. Cependant, il convient d'apprécier, de manière globale, les fonctions que les textes juridiques reconnaissent au Conseil d'Etat par rapport à d'autres institutions du pays.

Cela étant précisé, le Conseil d'Etat dispose à la fois des compétences législatives (A) et juridictionnelles (B) que nous examinerons dans les lignes qui suivent.

A. Les Compétences législatives du Conseil d'Etat

Jadis le Conseil d'Etat belge, malgré les dénominations diverses, a toujours disposé des compétences, en matière de l'élaboration et amélioration des

[232]Art.80 des lois cordonnées sur le Conseil d'Etat.
[233] Art. 86 al. 1 des lois coordonnées, op.cit. 55.
[234] Art. 89 al. 1 des lois coordonnées sur le Conseil d'Etat op.cit. p56.
[235] Voir la lecture combinée des articles 89 al. 1 et 94 al.1. b de lois coordonnées sur le Conseil d'Etat, op.cit., pp. 56 et 59.

textes juridiques, même si cette fonction ressemblait à un pouvoir de prestige dans l'histoire. A ce jour, le Conseil d'Etat par le moyen de sa section législative joue, de plus en plus, le rôle dans l'élaboration des textes juridiques auxquels il intervient par voie d'avis. A l'instar du Conseil d'Etat français, le Conseil d'Etat belge est consulté à la fois par le gouvernement et par le parlement.

En effet, par le truchement de la section de législation, le Conseil d'Etat donne des avis juridiques motivés, sur des avant-projets de lois et de propositions de lois, de décrets ou d'ordonnances, sur des projets de décisions réglementaires et sur certains amendements et vérifie ;

- si les textes soumis respectent les normes juridiques supérieures (Constitution, loi ...) ;
- si l'autorité initiatrice est bien compétente en la matière ;
- si les textes de loi sont de bonne qualité: clarté du texte, absence de contradictions, concordance entre le texte français et le texte néerlandais... Le Conseil d'État ne se prononce pas sur l'"opportunité" des textes qui lui sont soumis pour avis. Le Conseil d'État donne un avis uniquement technico-juridique, et non politique.

Les compétences législatives du Conseil d'Etat sont classées en deux catégories : on retrouve d'une part, les matières dont la consultation est obligatoire (1), d'autre part, il existe des matières dont la consultation est facultative (2).

1. *Les matières dont la consultation du Conseil d'Etat est obligatoire*

Le Conseil d'Etat est obligatoirement saisi pour donner son avis sur les matières ci-dessous énumérées :

✓ Concernant les avant-projets de lois, de décrets ou d'ordonnances
introduits par les divers gouvernements, à l'exception des avant-projets qui n'ont pas de portée générale, qui ne sont pas soumis au Conseil d'Etat (budgets, comptes, emprunts, opérations domaniales, contingent de l'armée...). En sus, lorsque le gouvernement invoque l'urgence, en la motivant, le Conseil d'État ne donne qu'un avis limité. Il ne vérifie alors que la compétence de l'autorité initiatrice du texte, examine le fondement juridique et les formalités préalables à accomplir, et contrôle la procédure législative à suivre ;

- ✓ Pour des projets d'arrêté royal ou d'arrêté d'un gouvernement communautaire ou régional, sauf, lorsque le gouvernement évoque l'urgence, dans ce cas l'avis du Conseil d'Etat n'est pas requis ;
- ✓ Pour tous les projets d'arrêtés royaux qui peuvent abroger, compléter, modifier ou remplacer les dispositions légales en vigueur qui sont soumis à l'avis motivé de la section de législation (le gouvernement ne peut évoquer l'urgence) ;
- ✓ Pour tous les projets ou des propositions de lois, de décrets ou d'ordonnances ainsi que sur les amendements aux textes en question, par la saisine des présidents des assemblées législatives dans les trois cas suivants : - si un tiers des membres de l'assemblée concernée le demandent ; - si la majorité des membres d'un groupe linguistique (de la Chambre, du Sénat, du Conseil de la Région de Bruxelles Capitale ou de l'Assemblée réunie de la Commission communautaire commune) le demande ; - si au moins 12 membres de la commission parlementaire de concertation le demandent.

La consultation est dite obligatoire dans la mesure où la violation de celle-ci est assortie de sanctions. En effet, lorsque l'avis du Conseil d'Etat n'a pas été demandé, dans le cas où la consultation est obligatoire, le texte en cause est entaché d'illégalité. Par conséquent, les cours et tribunaux ordinaires peuvent, dans le cadre d'un litige, refuser d'appliquer l'arrêté et la section de contentieux administratif du Conseil d'État (voir infra) peut annuler l'arrêté en question.

2. *Les matières dans laquelle la consultation du Conseil d'Etat est facultative*

Les présidents des assemblées législatives (Chambre, Sénat, parlements communautaires ou régionaux) ainsi que les membres des différents gouvernements (au niveau fédéral, communautaire et régional), chacun en ce qui le concerne, peuvent demander l'avis du Conseil d'État sur des projets ou des propositions de loi, de décrets ou d'ordonnances ainsi que sur les amendements aux textes en question lorsque les hypothèses de la demande d'avis obligatoire ne sont pas présentes.

Ces matières sont ainsi dites facultatives, car le fait pour lesdites autorités de n'avoir pas consulté la section législative du Conseil d'Etat n'entraine en rien une quelconque irrégularité ou sanction de l'acte à devenir. Autrement dit, les autorités des Assemblées législatives sont libres d'apprécier souverainement s'il faut ou non demander l'avis du Conseil d'Etat.

En somme, les compétences législatives du Conseil d'Etat sont attribuées par la loi, la section législative du Conseil d'Etat trouve ainsi une place indispensable, dans l'établissement d'un grand nombre des textes juridiques du pays. Cela étant entendu, quelles sont les compétences juridictionnelles de cette institution, en matière contentieuse ? Découvrons-les dans le point suivant.

B. Les compétences juridictionnelles du Conseil d'Etat

Comme nous l'avions déjà observé, le Conseil d'Etat est une institution à double casquette. Il est en effet, mi- législatif et mi- juridictionnel. Nous venons d'énumérer dans le point le plus immédiat, les différentes compétences auxquels il se rapporte dans sa casquette d'une institution législative. Cependant, il faut noter que cette institution dispose de beaucoup des compétences dans sa forme juridictionnelle.

Par le truchement de la section du contentieux, le Conseil d'Etat dispose premièrement en tant que juge suprême de l'ordre des juridictions administratives d'un pouvoir de cassation (1).

Deuxièmement, en tant que juridiction administrative, il est compétent de connaitre en dernier ressort, un certain nombre de recours (2). En sus, il dispose des compétences en premier et dernier ressort en matière des contentieux administratifs proprement dits (3)[236].

Enfin, il est compétent pour connaitre des conflits des compétences interinstitutionnelles et inter- juridictionnelles (3).

Contrairement à la section de législation qui se prononce par voie d'avis, la section de contentieux administratif du Conseil d'Etat se prononce par voie d'arrêt ou d'ordonnance. A présent, il convient d'examiner chacune de catégories de ses compétences.

1. La Compétence du Conseil d'Etat en matière de recours en cassation

Le Conseil d'Etat est compétent pour connaitre de recours en cassation pour des décisions rendues en dernier ressort par lui-même et par les juridictions spécialisées.

En effet, concernant ses propres décisions, l'article 20 §3 de lois coordonnées sur le Conseil d'Etat prévoit la possibilité pour le Conseil d'Etat de se prononcer sur un recours en cassation contre la décision ordonnant ou

---

236 Les contentieux administratifs proprement dits comprennent les contentieux d'annulation ainsi que les contentieux d'indemnité.

non la demande d'admission conformément à la procédure préalable devant la section du contentieux du Conseil d'Etat.

Enfin, le Conseil d'Etat est compétent de connaitre des recours « *en cassation formés contre les décisions contentieuses rendues en dernier ressort par les juridictions administratives pour contravention à la loi ou pour violation des formes, soit substantielles, soit prescrites à peine de nullité* »[237]. Comme on peut bien l'observer à l'instar de Jacques Bouvier, « *cette compétence de cassation est ou non prévue par un texte* »[238]. C'est-à-dire qu'il soit mentionné expressément ou pas dans la loi organisant la procédure applicable devant la juridiction où l'affaire est traitée, la partie lésée dispose du droit de recours en cassation devant le Conseil d'Etat, en raison de principe de double degré des juridictions reconnu à tous les justiciables autres queux qui sont jugés par les juridictions suprêmes.

En ceci, il faut préciser que, contrairement à l'ordre judiciaire où les juridictions ordinaires et spécialisées qui sont sous la supervision de la Cour de Cassation sont structurées de manière ordonnée suivant les échelons du haut vers le bas et vice versa[239], l'ordre administratif est constitué des juridictions spéciales disparates coiffées par le Conseil d'Etat.

Dans le but de déterminer leur nombre « *des juristes de renom ont vu dans les juridictions administratives "une collection très variée", "une gamme très confuse", "un labyrinthe", "cette mosaïque juridictionnelle, faite d'organes disparates et créés occasionnellement", "un système incohérent et chaotique", "une remarquable impression de désordre et d'incohérence" et les jugent "sans la moindre planification, très inégales et créées au gré des circonstances"*»[240]. Jusqu'à ce jour, la détermination de nombre de ces

---

[237] Voir art. 14§2 des lois cordonnées sur le Conseil d'Etat, op.cit. p.11.

[238] J. BOUVIER, Eléments fondamentaux du droit administratif, ERAP, Bruxelles 2011, p.71. Disponible sur google,https://docplayer.fr/19281995-Elements-fondamentaux-de-droit-administratif-jacques-bouvier secretaire-communal-avril-2011-schaerbeek.html, PDF. Consulté le 20/02/2020.

[239] *Elles sont organisées de la manière suivante : au niveau le plus bas, il y a : Justice de paix en corollaire de tribunaux de police, dont un par Caton judiciaire, au deuxième niveau il y a : tribunal civil, tribunal de la jeunesse, tribunal correctionnel(tous de la première instance), des tribunaux de commerce, tribunaux de travail, tous constitués d'un par arrondissement judiciaire, au troisième étage on retrouve, les Cours d'assises dont une par province, les Cinq Cours d'appel ordinaires, dont chacune est respectivement située à, Bruxelles, Mons, Liège, Charleroi, Gand et Anvers ainsi qu't une Cour du travail. Au sommet il y a la Cour de cassation qui ne dispose que des compétences de Cassation.*,

[240] ANONYME, *Introduction général sur les Contentieux administratifs*, http://www.raadvst-consetat.be/?action=doc&doc=814, pdf, pp74 à 127. P.84. Consulté le 15/03/2020.

juridictions n'est qu'estimatoire. Face à cet embrouillamini, certains auteurs n'ont pas manqué à exprimer leur découragement, à l'occurrence Coppens qui disait que « *dresser leur inventaire est tâche impossible* »[241].

Jean Bouvier, tout en estimant leur nombre qui, selon lui, s'élève à plus de 250, les classe, à cet effet, en trois catégories selon les matières :

- les juridictions dont les jugements sont susceptibles d'être déférés à une juridiction de l'ordre judiciaire ;

- les juridictions dont les décisions relèvent de la compétence du Conseil d'Etat comme juge d'appel ;

- les juridictions dont les décisions relèvent de la compétence du Conseil d'Etat comme juge de cassation[242].

Pour simplifier, dans cette dernière catégorie, il convient également de distinguer les cas où le législateur a clairement confié la compétence au Conseil d'Etat et les cas où il est resté muet et où la jurisprudence tant de la Cour de Cassation que du Conseil d'Etat s'accorde à reconnaître une compétence générale de cassation du Conseil d'Etat.

Ainsi, il convient d'énumérer, à titre exemplatif, quelques juridictions administratives spécialisées dont leurs décisions sont susceptibles d'être déférées en cassation devant le Conseil d'Etat. Il s'agit notamment de :

- La Cour des Comptes, instituée par l'article 180 de la Constitution en qualité d'organe collatéral du Parlement, exerce une mission juridictionnelle dès lors qu'elle est appelée à se prononcer sur la gestion d'un comptable public.
- La députation permanente du Conseil Provincial : elle exerce également des compétences juridictionnelles notamment en matière électorale.
- Le Conseil de la concurrence : est un organisme créé par la loi du 5 août 1991 sur la protection de la concurrence économique, il statue comme juridiction administrative quand il se prononce sur le caractère admissible ou non des pratiques restrictives de concurrence ou encore de concentration d'entreprises ;
- La Commission pour l'aide aux victimes d'actes intentionnels de violence. Quand cette commission se prononce sur l'octroi

[241] COPPENS, Voir, wanneer administrative rechtbanken in België ? *RW*, 912. Cité *dans Introduction général sur les Contentieux administratif*, op.cit. p. 86.
[242] J. BOUVIER, *Eléments fondamentaux du droit administratif, op.cit.* p.69

d'une aide financière à une victime, elle agit comme autorité juridictionnelle ;

- La Commission spéciale pour l'indemnisation de détentions préventives.
  Cette commission statue en appel de la décision du Ministre de la Justice relative à une compensation pécuniaire réclamée par des citoyens demeurés en détention préventive etc.

Cela étant déterminé, examinons dans la suite du développement, les compétences juridictionnelles du Conseil d'Etat en tant que juge de la dernière instance.

2. *Les Compétences juridictionnelles du Conseil d'Etat en dernier ressort.*

Aux termes de l'article 16 de lois coordonnées sur le Conseil d'Etat, la section statue par voie d'arrêts, sur les recours « *prévus en matière électorale, par le titre IV de la loi du 19 Octobre 1921 organisant des élections provinciales et par les titres V et VI de la loi électorale communale et par les dispositions qui s'y réfèrent, ainsi que par l'article 33 de la loi du 26 juillet 1971 organisant les agglomérations et les fédérations de communes* ».

Il faut ainsi signaler que la compétence du Conseil d'Etat, en dernier ressort est purement minime, ce qui n'est pas le cas en premier et dernier ressort. Découvrons cela dans les lignes qui suivent.

3. *Les compétences juridictionnelles du Conseil d'Etat en premier et dernier ressort.*

Le législateur a réservé un bon nombre des compétences au Conseil d'Etat qui intervient exclusivement en premier et dernier ressort.

Nous pouvons classer ces compétences en deux catégories. Il s'agit de contentieux de pleine juridiction ou de contentieux d'indemnité ainsi que du contentieux d'annulation dans le cadre des matières auxquelles la loi lui accorde. Ces matières sont déterminées par les dispositions de l'article 11 à l'article 17 de lois coordonnées sur le Conseil d'Etat, dont il importe d'examiner la portée dans la suite du développement.

- *Les contentieux d'indemnité ou de pleine juridiction*

En matière de contentieux d'indemnité ou de pleine juridiction, le juge administratif ne se limite pas seulement à annuler l'acte pris par l'autorité administrative, il peut aussi suspendre l'exécution dudit acte pour éviter la réalisation d'un éventuel dommage difficile à réparer qui risque de se produire par cet acte. Mais aussi, il alloue une indemnité à la victime de l'acte jugé illégal et cela, en tenant compte des intérêts publics et privés en présence. Dans ce cas, l'arrêt du Conseil d'Etat se substitue à l'acte jugé illégal[243]. En outre, le juge du Conseil d'Etat peut allouer des indemnités à la victime d'un préjudice exceptionnel, lorsque le contentieux n'est pas soumis à un autre juge. Le requérant peut demander de se prononcer par ordonnance en matière de référé, lorsque la l'affaire est urgente ou en extrême urgence. Dans ce dernier cas, le juge peut suspendre provisoirement l'exécution de l'acte même dans le cas où le recours en annulation n'est pas introduit[244].

- *Les contentieux d'annulation*

Les contentieux d'annulation sont les plus connus du Conseil d'Etat, ils sont de diverses natures.

Le Conseil d'Etat est compétent pour connaitre des recours en annulation pour violation des formes soit substantielles, soit prescrites à peine de nullité, excès ou détournement de pouvoir, formés contre les actes et règlements, d'une part, des diverses autorités administratives; d'autre part, ceux des Assemblées législatives ou de leurs organes, en ce compris les médiateurs institués auprès de ces Assemblées, de la Cour des comptes et de la Cour constitutionnelle, du Conseil d'État et des juridictions administratives ainsi que des organes du pouvoir judiciaire et du Conseil supérieur de la Justice, relatifs aux marchés publics, aux membres de leur personnel, ainsi qu'au recrutement, à la désignation, à la nomination dans une fonction publique ou aux mesures ayant un caractère disciplinaire[245].

Le Conseil d'Etat ne sera compétent qu'à la condition que le contentieux ne soit pas attribué par la loi à une autre juridiction. La section statue par voie d'arrêts sur les recours en annulation.

Dans ces conditions, on retient que tous les actes administratifs, les règlements, les actes, les contrats des marchés publics, les concertations, les associations, les transmissions d'informations, les avis, les avis conformes, les accords, les accords communs et autres qui n'ont pas un juge spécifique, la compétence revient de droit au Conseil d'Etat, sans préjudice des exceptions établies expressément par la loi.

---

[243] Voir l'art. 11bis et 16 point 8 des lois coordonnées sur le Conseil d'Etat, op.cit. pp10 et 12.

[244] Art.17 §4 des lois coordonnées sur le Conseil d'Etat, op.cit. p.12.

[245] Voir Art. 14§1 des lois coordonnées sur le Conseil d'Etat, op.cit.11.

Outre ces actes, le Conseil d'Etat connait :

- des recours prévus aux articles 15 et 19 de la loi du 2 avril 1965 relative à la prise en charge des secours accordés par les commissions d'assistance publique ;
- recours visés aux articles 18, 21 et 22 de la loi organique des centres publics d'aide sociale ;
- les différends visés à l'article 151, alinéa 3, de la loi communale ;
- les recours visés aux articles 18*quater* et 21*ter* de la loi du 7 décembre 1998 organisant un service de police intégré, structuré à deux niveaux ;
- sur les demandes introduites en application de l'article 15*ter* de la loi du 4 juillet 1989 relative à la limitation et au contrôle des dépenses électorales engagées pour les élections des chambres fédérales, ainsi qu'au financement et à la comptabilité ouverte des partis politiques ;
- sur les recours tendant à prévenir et à résoudre les contrariétés de décisions entre les juridictions administratives relevant de sa compétence. (Cette dernière compétence est semblable à celui que détient la Cour de Cassation vis-à-vis des autres juridictions du droit commun);
- pour trancher par voie d'arrêt d'une part, sur les difficultés relatives à la compétence respective des autorités provinciales et communales ou des établissements publics portées devant elle par toute autorité administrative intéressée.

Notons enfin qu'il existe un pourvoi en cassation formé contre les arrêts rendus par le Conseil d'Etat, à la requête de l'intéressé introduit devant la Cour de Cassation. Cela prouve en conséquence le prima de ce dernier qui peut non seulement reformuler les décisions du Conseil d'Etat, mais il est compétent de trancher sur les conflits des compétences entre l'ordre des juridictions.

En conclusion, il faut noter que le Conseil d'Etat dispose des compétences tant législatives que juridictionnelles qu'il met au service des citoyens et de l'intérêt général. Pour s'en convaincre, il importe d'examiner le fonctionnement du Conseil d'Etat.

§3. *Le fonctionnement du Conseil d'Etat.*

Au cours de l'examen de deux paragraphes précédents, nous avions pris soin de d'énumérer les organes qui composent le Conseil d'Etat belge, ainsi que les compétences qui leur sont reconnus par le droit dudit Etat. A présent, nous allons voir comment s'effectue l'exercice de la profession au sein du Conseil d'Etat(A), ainsi que la procédure à suivre devant cette haute juridiction du pays (B).

A. L'accès à la profession au sein du Conseil d'Etat

Le Conseil d'Etat est une grande institution du pays qui regorge beaucoup de personnels qui y exercent leur profession. Ces personnels ont été cités selon leur catégorie au premier paragraphe de ce chapitre.

Cependant, pour accéder à cette haute institution, il existe d'abord certaines conditions (1), ensuite, les membres du Conseil d'Etat disposent d'un statut (2), qu'il importe de les découvrir enfin dans les points suivants.

1. Les conditions de recrutement au Conseil d'Etat

L'exercice d'une fonction auprès du Conseil d'Etat dépend de la nature de la fonction qu'on doit assumer. Nous allons respectivement citer ces conditions, en tenant compte de différentes catégories des organes qui composent le Conseil d'Etat en suivant l'ordre croissant :

- ❖ Pour faire partie du corps des mandants, du corps du personnel du Conseil d'Etat et du greffe, il faut justifier des conditions liées à l'âge, au titre scientifique, à l'expérience professionnelle et à la langue, avant d'être nommé soit par le Roi, soit par l'assemblé générale du Conseil d'Etat conformément à la loi.
- ❖ En ce qui concerne les membres du bureau de la coordination et ceux de l'auditorat général, il faut d'abord commencer par devenir soit auditeurs adjoints, soit référendaires adjoints, ces derniers sont nommés par le Roi sur une liste indiquant l'ordre de leur classement à un concours dont le Conseil d'État détermine les conditions. Aux termes de l'article 71 al.2 des lois coordonnées sur le Conseil d'Etat, pour être admis à ce concours, le candidat doit avoir 27 ans accomplis, être docteur, licencié ou master en droit et avoir acquis ensuite une expérience professionnelle utile, de nature juridique de trois ans. En cas de contestation, le jury décide de l'admission à l'examen. Après la nomination, le candidat doit prêter serment auprès de l'autorité, et dans une durée déterminée par la loi.
- ❖ Pour être nommé parmi les membres du Conseil d'Etat, appelés communément les *Conseillers d'Etat*, pour être nommé à vie selon les modalités établies par la loi, il existe de conditions communes et des conditions alternatives. En effet, concernant les conditions communes, tout membre du Conseil d'Etat doit selon l'article 70 §2 des lois coordonnées sur le Conseil d'Etat remplir

des conditions ci-après : être âgé de trente-sept ans accomplis, être docteur, licencié ou master en droit, justifier d'une expérience professionnelle utile de nature juridique de dix ans au moins. Il doit prêter serment devant l'autorité et dans la durée prévue par la loi. Quant à ce qui concerne les conditions alternatives, nul ne peut être nommé membre du Conseil d'Etat s'il ne satisfait à l'une des conditions suivantes : exercer une fonction administrative classe A4 au moins ou équivalent dans une administration publique belge, soit dans un organisme public belge; avoir présenté avec succès une thèse de doctorat en droit ou être agrégé de l'enseignement supérieur en droit; exercer, en Belgique, des fonctions de magistrat, du ministère public ou de juge effectif [ou être membre du Conseil du Contentieux des Etrangers visé à l'article 39/1 de la loi du 15 décembre 1980 sur l'accès au territoire, le séjour, l'établissement et l'éloignement des étrangers; être titulaire d'une charge d'enseignement du droit dans une université belge ; avoir pendant vingt ans au moins exercé la profession d'avocat à titre d'activité professionnelle principale ou avoir exercé pendant vingt ans au moins une fonction dont l'exercice nécessite une bonne connaissance du droit, dont quinze ans au moins en qualité d'avocat. L'exigence d'une expérience professionnelle utile visée à l'alinéa précitée est remplie par le respect de la présente condition.

En somme, il existe d'autres conditions de fond tout comme de forme selon les types de postes qui n'ont pas été pris en compte. Mais les conditions qui ont été citées sont les plus usuelles.

Contrarièrent au Conseil d'Etat français où les Conseillers sont issus des disciplines scientifiques confondues, en Belgique, « *les conditions relatives au diplôme et à l'expérience professionnelle sont destinées à assurer le recrutement de juristes qualifiés provenant non seulement des autres juridictions, mais également de la haute fonction administrative ou de l'enseignement* »[246].

2. Les statuts des membres du Conseil d'Etat

Les quarante-quatre membres du Conseil d'Etat, comme nous l'avions déjà vu, sont nommés à vie par le Roi sur base de deux listes comprenant chacune trois candidats et présentées par le Conseil d'État et,

---

[246] R. Andersen, (2006). *La nomination des juges en Belgique. Revue générale de droit*, *36* (4), 689–708, p.705. https://doi.org/10.7202/1027166ar, (Consulté le 20/03/2020).

alternativement, par la Chambre des Représentants et le Sénat[247]. Ils ont le statut du magistrat au même titre que les conseillers de la Cour de Cassation.

« Ils ne peuvent être déchus ni suspendus de leurs fonctions que par un arrêt de la Cour de Cassation, sur réquisitoire du Procureur général près cette Cour. Leur traitement est fixé par la loi et leur charge est, en principe, incompatible avec toute fonction rémunérée, publique ou privée »[248]

L'indépendance étant consubstantielle à l'état de juge[249], il est sans doute que les conseillers d'Etat sont indépendants dans l'exercice de leurs fonctions et font preuve d'impartialité.

Si les conseillers sont nommés à vie, cela n'est pas le cas pour les fonctions qu'il faut occuper au sein de l'institution. En effet, « *le premier président, le président et les présidents de chambre exercent des mandats temporaires, d'une durée déterminée de cinq ans pour les premiers et de trois ans pour les derniers (renouvelable qu'une seule fois)*[250].

Enfin, on ne saurait perdre de vue sur le dédoublement fonctionnel des membres du Conseil d'Etat, lorsqu'il s'agit de suppléer un membre ou de compléter l'effectif, les membres de la section de législation peuvent siéger à la section du contentieux et vice versa.

Pour clore, nous avions vu que cette plus haute juridiction en matière administrative, dispose des compétences en matière de la légalité de certains textes juridiques, en matière des contentieux administratifs en tant que juge de l'administration active, mais aussi en matière des conflits des textes et des compétences entre certaines autorités.

A présent, il nous parait convenable de dire un mot sur la façon dont les autorités administratives ainsi que les particuliers peuvent s'adresser à cette institution et la façon dont celle-ci s'organise, par le moyen de la procédure dans le point suivant.

B. La procédure devant le Conseil d'Etat belge

La procédure devant le Conseil d'Etat dépend selon que nous sommes devant la section de législation (1) ou devant la section du

---

247 Voir l'art. 70 §3 des lois coordonnées sur le Conseil d'Etat, op.cit.

248 A. V Stichele, (1973). *Le contrôle de l'administration et le contentieux administratif en droit belge. Revue générale de droit, 4* (1), 46–65. https://doi.org/10.7202/1059776ar, PDF, Consulté le 20/03/2020.

249 R. Andersen, (2006). La nomination des juges en Belgique. *Op.cit. p704.*

250 *Ibidem.*

contentieux. Examinons brièvement d'une manière respective ces deux types des procédures.

1. *La procédure devant la section de législation du Conseil d'Etat.*

Le déroulement de la procédure devant la Section de législation du Conseil d'Etat tient lieu à certaines conditions, à l'égard des demandeurs, en tenant compte de la nature du texte qu'à l'égard des membres.

- *Les conditions liées à la qualité du demandeur d'avis* : Celui qui saisit la section de législation doit d'abord justifier sa qualité. Cette section peut être saisie par le Premier ministre, les ministres, les présidents des assemblées législatives, les présidents des gouvernements communautaires ou régionaux et ceux qui président le Collège de la Commission communautaire française ou le Collège réuni, visés respectivement aux alinéas 2 et 4 de l'article 60 de la loi spéciale du 12 janvier 1989 relative aux institutions bruxelloises, peuvent, chacun en ce qui le concerne, charger la section de rédiger le texte d'avant-projets de lois, de décrets, d'ordonnances, d'arrêtés, de règlements ou d'amendements dont ils déterminent la matière et l'objet.
- *Les Conditions liées à la nature du texte* : La section de législation du Conseil d'Etat n'est saisie que pour un nombre des textes des autorités administratives fédérales, communautaires ou régionales limitées par la loi. Il s'agit notamment des projets ou des propositions de loi, de décrets ou d'ordonnances, projets d'arrêté royal rendant obligatoire une convention collective de travail, les projets d'arrêtés royaux qui peuvent abroger, compléter, modifier ou remplacer les dispositions légales en vigueur.
- *Les modalités d'exercice des membres* : Les membres de la section de législation une fois consultés pour un projet, une proposition des lois, ou les amendements à ceux-ci, vérifient d'office si ces actes ont été pris conformément aux articles 74, 77 et 78 de la Constitution[251]. Aux termes de l'article 84§1 des lois coordonnées sur le Conseil d'Etat, l'examen des affaires s'ouvre dans l'ordre de leur inscription au rôle, sauf les cas des exceptions établies par le même article. Notamment en cas d'urgence spécialement motivée dans la demande, lorsque l'autorité qui saisit la section de législation réclame la communication de l'avis dans un délai de trente jours, prorogé à quarante-cinq jours, ou encore lorsque celle-ci réclame la communication dans un délai de de soixante jours, prorogé à septante-cinq jours, dans le cas où l'avis est donné par l'assemblée générale, en application de l'article 85 ou par les chambres réunies, en application de l'article 85*bis*; Ce délai est

[251] Art. 2 §1al.2 des lois coordonnées sur le Conseil d'Etat, op.cit. p.6.

prolongé de plein droit de quinze jours, lorsqu'il prend cours du 15 juillet au 31 juillet ou lorsqu'il expire entre le 15 juillet et le 15 août.

L'avis est communiqué par la poste, par porteur, par télécopieur ou par courrier électronique ; la communication par télécopieur ou courrier électronique est confirmée par écrit. Si l'avis doit être traduit en vertu de l'article 83, il est réputé être déjà communiqué, lorsqu'il l'est dans la langue dans laquelle il a été rédigé.

L'avis est donné par les chambres, selon la répartition faite par le président du Conseil d'Etat, toutefois lorsque le président de l'une des Chambres législatives ou le ministre par qui elle est consultée lui en fait la demande, l'avis sera donné par l'assemblée générale présidée par le premier président ou, à son défaut, par le président du Conseil d'État ; ils ont voix délibérative, même s'ils ne font pas partie de la section de législation.

Enfin, conformément à l'article 85 bis des lois coordonnées sur le Conseil d'Etat, lorsque l'auditeur général est d'avis que la demande d'avis soulève une question relative aux compétences respectives de l'État, des communautés ou des régions, le premier président ou le président, s'il est responsable de la section de législation, ordonne le renvoi aux chambres réunies.

2. *La procédure devant la section de contentieux du Conseil d'Etat.*

La procédure devant la section de contentieux du Conseil d'Etat est tellement abondante, elle a été abordée par de nombreux travaux des auteurs. Cependant, dans le cadre de cette étude consacrée aux missions essentielles du Conseil d'Etat, nous n'allons les rappeler que d'une façon superficielle sans entrer dans le prurit.

Ce faisant, nous allons d'abord rappeler la procédure (a), ensuite voir la procédure d'indemnité ou de référé (b), pour enfin examiner la procédure de cassation (c) d'annulation devant le Conseil d'Etat.

a. Le recours en annulation devant la section de contentieux du Conseil d'Etat

L'une des fonctions plus remarquables du Conseil d'Etat est celle de censurer les actes pris par les autorités de l'administration active. Cependant, pour que cet acte soit annulé, il faut la réunion d'un certain nombre des conditions. Ces dernières concernent d'une part la compétence du Conseil d'Etat en matière d'excès de pouvoir, mais elle concerne aussi les conditions de recevabilité dudit recours en annulation.

1. Les conditions liées à la compétence du Conseil d'Etat

Pour que le Conseil d'Etat soit compétent, « *il faut que, tout d'abord que le recours tende à l'annulation de l'acte attaqué, qu'ensuite, celui-ci émane d'une autorité administrative et qu'enfin, aucune action de nature à aboutir à un résultat équivalent à l'annulation, par le juge de l'excès de pouvoir, ne soit ouverte à l'intéressé devant une Cour ou un tribunal de l'ordre judiciaire* »[252]. A défaut de ces trois conditions le recours sera déclaré irrecevable[253]. Sans s'étendre sur la question, plusieurs décisions ont été prises par les différents juges allant au sens de consolider ces conditions.

2. Les conditions de recevabilité du recours en annulation

La doctrine classe souvent ces conditions selon trois rubriques :

« Certaines conditions touchent en effet à la nature et à la portée de l'acte attaqué ; d'autres se rapportent à la situation personnelle du requérant ; d'autres encore sont relatives au respect des règles de procédure propres à la demande d'annulation »[254].

En effet, sous peine d'irrecevabilité, l'acte attaquable devant le Conseil d'Etat, doit être unilatéral, c'est-à-dire résultat de la seule volonté de l'autorité administrative. Enfin, cet acte doit être exécutoire, cela implique qu'il doit être assorti des effets de droit susceptible à faire grief au requérant.

En ce qui concerne le requérant, il s'agit d'une personne physique ou morale capable, disposant de la qualité pour ce faire, et qui justifie enfin d'un intérêt suffisant à l'annulation postulée.

Cet intérêt peut être individuel, mais aussi collectif, on constate aussi que le Conseil d'Etat a statué sur la demande d'une association de fait, mais tout en motivant que : « *qu'une association de fait est recevable à agir devant le Conseil d'Etat, pour autant que le recours entre dans son objet social tel qu'il est défini par ses statuts; qu'il en va ainsi en l'espèce puisque l'arrêté attaqué fait grief à ses affiliés dont elle assure la protection des intérêts* »[255].

---

[252] L. DONNAY, Les recours en annulation devant le Conseil d'Etat : évolution législative et jurisprudentielle récentes, htt/orbi.ulg.ac.be. PDF, p.1 in fine (consulté le 20/03/2020).

[253] C.E., 16 mai 2007, *Jodrillat*, n/ 171.287. Disponible sur site internet du Conseil d'Etat belge.

[254] L. DONNAY, Les recours en annulation devant le Conseil d'Etat…, op.cit. p.17.

[255] C.E., 24 janvier 2002, *Bernard et autres, n/ 102.855. « Cet arrêt reconnaît expressément au Front démocratique des francophones, association de fait, le*

Enfin, quant à ce qui concerne le respect des règles procédurales, la requête qui saisit le juge doit respecter toutes les mentions obligatoires telles que prévues par loi, mais en cas d'irrégularité, il y a possibilité de régulariser dans les 15 jours. La requête est conditionnée au paiement de la taxe ne dépassant pas 225 (175 Euros).

L'obligation est faite d'échanger des mémoires, mais il faut aussi signaler qu'il y a la possibilité pour tout intéressé de faire l'intervention volontaire.

Les recours en annulation sont prescrits soixante jours après que les actes, les règlements ou les décisions ont été publiées ou notifiés, à défaut de la publication ou de la notification, ce délai court à dater du jour où le requérant aura connaissance de ceux-ci[256].

b. La procédure d'indemnité et de référé

En contentieux administratif, s'il faut le rappeler, le requérant dispose de trois possibilités ci-après.

Premièrement, le requérant peut attaquer en annulation un acte ou une décision illégale mais tout en demandant la réparation devant le Conseil d'Etat contre l'auteur de l'acte, pour le dommage qu'il a subi par cet acte ou par cette décision, dans ce cas on parle de l'annulation-réparation[257].

Deuxièmement, il peut demander la réparation même si l'acte est pris conformément à la loi, mais son exécution lui a causé un dommage, on parle alors de l'action en demande de réparation pour un préjudice exceptionnel moral ou matériel[258].

Troisièmement, lorsque ses intérêts sont menacés par l'exécution d'un acte, d'une décision administrative ou d'un règlement manifestement illégal, le requérant peut, en invoquant l'urgence ou l'extrême urgence demander au juge de suspendre l'exécution dudit acte ou règlement, même lorsque ce dernier bien que saisi ne s'est pas encore prononcé sur le recours en annulation. Et lorsque le requérant invoque l'extrême urgence, cette

---

pouvoir de poursuivre l'annulation de l'arrêté royal du 25 mars 1999 portant exécution de l'article 7 de la loi du 23 mars 1999 relative à l'organisation judiciaire en matière fiscale » cité par L. DONNAY, in *Les recours en annulation devant le Conseil d'Etat..., op.cit. p.25.*

[256] Art. 4, al. 3, de l'arrêté du Régent du 23 août 1948 modifié par l'arrêté royal du 25 avril 2007, *cité par* L. DONNAY, in *Les recours en annulation devant le Conseil d'Etat..., op.cit. p.30.*

[257] Art.11 bis des lois cordonnées sur le Conseil d'Etat, op.cit., p.10.

[258] Art.11 des lois cordonnées sur le Conseil d'Etat, op.cit., p.10.

suspension peut avoir lieu même lorsque le recours en annulation n'est pas encore introduit. Dans ces deux cas, on parle de référé administratif[259].

Ainsi l'action en indemnité et en référé oblige certaines conditions. Nous allons d'abord rappeler les conditions pour obtenir l'indemnité avant d'examiner celles relatives aux référés.

1. *Les conditions de recevabilité de l'action en indemnité devant le Conseil d'Etat*

Cette condition concerne à la fois la compétence du Conseil d'Etat, la nature du dommage subi, que le requérant.

En effet, la compétence d'indemnité devant le Conseil d'Etat est résiduaire, c'est-à-dire qu'il faut que le contentieux ne soit pas attribué par la loi à une autre juridiction[260].

Le dommage subi doit résulter d'un acte, d'une décision ou d'un règlement pris par une autorité administrative ou d'un organisme public ou privé. La demande d'indemnité ne sera recevable qu'après que l'autorité administrative aura rejeté totalement ou partiellement une requête en indemnité, ou négligé pendant soixante jours de statuer à son égard. Par contre, en cas de l'annulation-réparation, la requête visant à demander la réparation doit être introduite dans les soixante jours à compter de la notification de l'arrêt du Conseil d'Etat, à l'auteur de l'acte annulé, sous peine de la présomption de désistement.

Enfin, le requérant doit être une personne dotée de la capacité juridique d'exercice, sous peine d'irrecevabilité, le requérant doit introduire sa demande dans le délai prévu par la loi.

1. *Les conditions de recevabilité des référés*

Celui qui invoque l'urgence ou l'extrême urgence doit la démontrer par une requête motivée, ensuite, pour que l'autorité suspende la décision, l'acte, ou le règlement, il faut que celui-ci soit susceptible d'être annulé, le requérant doit présenter ne serait-ce qu'un moyen qui atteste son illégalité. L'urgence doit être incompatible avec le traitement de l'affaire en annulation. Lorsque cette demande de suspension est reçue, la section convoque les parties à bref délai devant la chambre qui statue sur la confirmation de la suspension ou des mesures provisoires, dans les quarante-cinq jours.

---

[259] Art. 17 des lois coordonnées sur le Conseil d'Etat, op.cit., p.14.
[260] Art. 14§1 des lois coordonnées sur le Conseil d'Etat, op.cit. p.11.

c. *La procédure de cassation devant la section de contentieux du Conseil d'Etat*

Toute partie lésée par la décision rendue en dernier ressort par le juge administratif peut introduire le recours en pourvoi en cassation devant la section du Conseil d'Etat, selon la forme et le délai prévu par le Roi. Le recours en cassation ne peut être introduit sans l'assistance d'une personne ci-après : avocat inscrit au tableau de l'Ordre des avocats ou sur la liste des stagiaires ainsi que, selon les dispositions du Code judiciaire, par les ressortissants d'un État membre de l'Union européenne qui sont habilités à exercer la profession d'avocat. C'est celui-ci qui doit signer la requête.

Le recours en cassation doit d'abord être déclaré admissible, selon la procédure prévue par la loi avant d'être traité devant le juge de cassation[261].

Le premier président, le président, le président de chambre ou le conseiller d'État ayant au moins trois années d'ancienneté de grade, désigné par le chef de corps qui est responsable de la section du contentieux administratif se prononce, par voie d'ordonnance, dans les huit jours, à compter de la réception du dossier de la juridiction, sur l'admissibilité du recours en cassation, sans audience et sans entendre les parties[262]. L'ordonnance qui refuse l'admissibilité du recours motive succinctement le refus, par contre, la procédure en cassation est engagée lorsque le recours en cassation est déclaré admissible conformément à la loi. La chambre devant laquelle le recours est pendant se prononce sur le recours en cassation, dans un délai de six mois suivant l'ordonnance visée ou d'admission.

Les audiences de la section de contentieux sont publiques, à moins que cette publicité ne soit dangereuse pour l'ordre ou les mœurs dans ce cas, la section le déclare, par une décision motivée, elles ne sont non plus publiques lorsque les parties n'ont pas demandé à être entendues.

En conclusion, nous venons de voir que pour exercer une fonction au sein du Conseil d'Etat, il faut répondre à un certain nombre des critères. Ces derniers concernent la capacité intellectuelle (être juriste), l'âge, l'expérience professionnelle, la maitrise de la langue etc.

En ce qui concerne la procédure devant le Conseil d'Etat, il faut également remplir certaines conditions, celles-ci varient selon les deux types de sections.

---

[261] Art. 20 des lois coordonnées sur le Conseil d'Etat, op.cit. p.17.
[262] Art. 20 §3 des lois coordonnées sur le Conseil d'Etat, op.cit. p.17.

Pour la section de législation, ces conditions concernent la qualité de l'auteur du texte qui fait objet d'avis, la nature du texte à examiner constitue un indicateur majeur à la détermination de la procédure à amorcer.

Devant la section de contentieux, la procédure concerne l'annulation de l'acte, de la décision ou du règlement unilatéral, ou des concertations, des associations pris en violation de la loi ou des formes substantielles prévues par elle, celle-ci oblige des conditions relatives à la compétence du juge, au requérant et à l'acte attaquable.

Il existe deux procédures respectives concernant la demande d'indemnité ou de référé, ces dernières obligent également des conditions liées à la victime de préjudice, à la nature du dommage, au délai etc. La procédure devant le juge de cassation s'intéresse aux conditions concernant la décision qui doit être cassée et le délai de recours ainsi que la procédure préalable d'admissibilité etc.

A présent, il nous reste à répondre, dans la section suivante, à la question de savoir comment la juridiction administrative suprême belge exerce les missions qui lui sont confiées par le législateur, et quel est le résultat sur le terrain de la consolidation de l'Etat de droit ?

Section III : Le Conseil d'Etat dans l'exercice de ses missions essentielles ainsi que le résultat obtenu

Dans le développement précédent, on a pu noter que le Conseil d'Etat dispose des compétences pour répondre à des missions spécifiques lui confiées par le législateur.

C'est ainsi qu'au cours de l'examen de la présente section, il est important de commencer d'abord par rappeler ses missions essentielles (§1), avant de voir comment le Conseil d'Etat exerce ses missions essentielles, ainsi que le résultat en termes d'impact de son autonomie dans la vie sociale (§2).

§1. *Le rappel des missions essentielles du Conseil d'Etat*

Dans la perspective de la consolidation de l'Etat de droit, le législateur a confié au Conseil d'Etat d'importantes missions. Ces missions sont dégagées d'une part, lorsque ce dernier exerce ses fonctions législatives (A), d'autre part, lorsque ce dernier exerce sa fonction administrative (B).

A. Les missions essentielles du Conseil d'Etat dans le cadre de sa fonction législative

Dans le cadre de sa fonction législative, le Conseil d'Etat exerce deux missions les plus usuelles, d'une part, le Conseil d'Etat dévient le

Conseil juridique de certaines autorités publiques (1), d'autre part, il est le coordonnateur de certains textes juridiques (2).

1. Le Conseil d'Etat, Conseil juridique de certaines autorités publiques

Le Conseil d'Etat, plus particulièrement, la section de législation, a pour mission de conseiller certaines autorités publiques. Il s'agit particulièrement des Ministres, des parlementaires fédéraux, régionaux, communautaires, voire le Roi dans certains cas.

Cependant, les autorités locales sont exclues, en dépit de l'importance des réglementations qu'elles adoptent. Pour reprendre les mots d'Odile Daumont, cette mission « *consiste à l'amélioration de la qualité juridique des textes normatifs que les Ministres, (le Roi) et les parlementaires prennent pour mener à bien leurs politiques* »[263].

Lorsque l'avant-projet ou une proposition de lois, de décrets ou d'ordonnances ou un amendement de ceux-ci excède selon le cas la compétence de l'Etat, de la communauté de la région, ceux-ci sont renvoyés à la communauté conformément à l'article 31 de la loi ordinaire des réformes institutionnelles du 9 Août 1980. Cette dernière se prononce par avis motivé dans les quarante jours suivant la règle du consensus, sur la question de savoir s'il y a excès de compétence ou pas[264].

L'avis du Conseil d'Etat intervient après que toutes les autres consultations aient été faites (inspection des finances, syndicat, groupe d'intérêt, autres autorités publiques et autres…) et avant l'adoption du texte par le ministre (ou le Roi) concerné ou son dépôt sur le bureau de l'assemblée législative compétente. Ainsi, comment se comporte le Conseiller d'Eta lorsqu'il est appelé à donner son avis sur une proposition ou un projet de normes qui lui est transmis ?

Pour mettre en exergue la mission du Conseil juridique, le Conseiller se fonde sur un certain nombre des critères, entre autres, veiller à la cohérence des normes juridiques et à la conformité interne de l'avant-projet, du projet ou proposition de normes à examiner. Il doit vérifier la conformité de ce dernier à la Constitution, à une norme européenne obligatoire en droit belge, à une autre norme émanant de la même autorité qui le consulte.

---

[263] O. DAUMONT, *Le Conseil d'Etat, frein à l'efficacité administrative ?*(2000), Revue du Centre d'Etudes et de Recherches en Administration publique, pp.67-84, disponible sur https://journal.openédition.org, (Consulté le 25 Mars 2020.

[264] Art. 3 §3 et 4 des lois coordonnées sur le Conseil d'Etat, op.cit. p.

Dans cette optique, cette mission devient très intéressante, car il éclaire l'auteur de l'acte qui aura la possibilité d'adapter son projet de normes juridiques aux exigences des autres normes en vigueur au sein de l'Etat. En outre, cette vérification préalable de conformité des normes peut résoudre le problème de la qualité des normes en amont avant que la norme juridique concernée soit attaquée par voie d'action ou par voie d'exception devant le juge, en aval.

Il est vrai que l'auteur du projet de normes entouré par des avocats, des experts sur la question, puisse rejeter l'avis du Conseil d'Etat, surtout qu'il n'est pas tenu de s'y conformer. Mais, à l'inverse, *« à la suite de certaines objections du Conseil d'Etat, l'auteur d'un texte doit parfois remettre son travail sur le métier et le revoir fondamentalement »*[265].

Le Conseil d'Etat ne se limite pas à conseiller certaines autorités publiques dans l'élaboration de leurs normes, il intervient également après la mise en vigueur des normes juridiques pour assurer leur coordination. Si en amont il porte la casquette du conseil juridique, en aval. Dans ce cas, il devient coordonnateur des normes juridiques.

2. Le Conseil d'Etat, coordonnateur de des normes juridiques

Lorsque la norme juridique est publiée, elle devient, en principe, obligatoire et opposable aux gouvernants et au gouvernés, de telle sorte que sa violation entraine une sanction qui doit être infligée par le juge, d'où l'utilisation du principe général « nul n'est censé ignorer la loi ».

Cependant, la réalité empirique démontre qu'en raison de la multiplicité des textes juridiques et du caractère évolutif dans le temps des normes, dans tous les domaines, en général et en droit administratif, en particulier, il est sans doute admis que les citoyens soient dans l'embarras, pour découvrir quelle norme est en vigueur ou quelle norme ne l'est plus. Car, plusieurs normes sont abrogées soit explicitement ou tacitement, soit encore totalement ou partiellement et, cela risque de mettre en difficulté les destinataires de ces normes.

C'est exactement dans ce cadre que la mission de la coordination des normes juridiques assurée par le Conseil d'Etat devient très importante. Ainsi, comment le Conseil d'Etat exerce cette mission ?

---

[265] O. DAUMONT, Le Conseil d'Etat, frein à l'efficacité administrative ? op.cit. p. pp.67-84.

La réponse à la question posée trouve sa réponse tant sur la loi que sur la qualité de travail exercé par le bureau de la coordination du Conseil d'Etat.

En effet, aux termes de l'article 77 des lois coordonnées sur les Conseil d'Etat : *« Les membres du bureau de coordination ont notamment pour mission :*

1° de tenir à jour l'état de la législation ;

2° de mettre la documentation du bureau à la disposition des deux sections du Conseil d'État ;

3° de mettre à la disposition du public, dans les formes et selon les conditions déterminées par l'arrêté royal délibéré en Conseil des Ministres, la documentation du bureau relative à l'état de la législation ;

4° de préparer la coordination, la codification et la simplification de la législation ;

5° d'assurer l'élaboration et la diffusion des principes de la technique législative.

Cette disposition est aussi claire et n'appelle aucune interprétation, cependant s'il faut faire une lapalissade, on remarque que le Conseil d'Etat, par le moyen de bureau de coordination, adapte la législation au progrès des nouvelles lois en vigueur.

En outre, il doit la mettre à la disposition non seulement de deux sections du Conseil d'Etat, mais il la met aussi à la disposition des destinataires pour les informer de l'état de la législation.

Par la mission de préparation, de la coordination, de la codification et de la simplification de la législation, le Conseil d'Etat permet aux citoyens, même aux communs de mortels de dégager l'intelligibilité ou la portée des normes juridiques. Cela vaut de même lorsqu'il assure la diffusion des principes de la technique législative.

En conclusion, dans sa fonction de législation, le Conseil d'Etat exerce deux fonctions principales, d'une part, il participe, en amont, pour améliorer la qualité des certaines normes juridiques de l'Etat, d'autre part, il intervient, en aval, pour actualiser l'état de la législation, en coordonnant, en codifiant et simplifiant les normes juridiques, au profit de deux sections du Conseil d'Etat et du public.

Au-delà de ces deux missions exercées par le Conseil d'Etat dans le cadre de sa fonction législative, il existe d'autres missions essentielles exercées par la section du contentieux de ce dernier.

B. Les missions essentielles du Conseil d'Etat dans le cadre la section du contentieux

Dans l'exercice de sa fonction contentieuse ou administrative, le Conseil d'Etat répond principalement à deux missions, d'une part, il assure le respect de la légalité jugeant l'administration (1), d'autre part, il garantit le droits et libertés fondamentaux des personnes.

1. Le Conseil d'Etat assure le respect la légalité en jugeant l'Administration

Le Conseil d'Etat, particulièrement la section du contentieux, a pour mission de censurer les actes des autorités administratives, lorsqu'ils sont entachés de l'illégalité ou de l'excès de pouvoir. Cette mission a pour finalité de rétablir la légalité.

Contrairement à la section consultative, où l'intervention du Conseil d'Etat est marginale et facultative, en tant que simple Conseiller, ce dernier détient le bâton de commandement pour sanctionner l'illégalité ou le caractère arbitraire des actes des autorités administratives. Il apparait, à cet effet, comme le gardien de l'Etat de droit, car l'une des acceptions de l'Etat de droit est que les actes de la puissance publique soient soumis à la Constitution, à la loi et aux autres normes juridiques de l'Etat formellement et partiellement compatibles[266].

Ainsi, lorsque le conseil d'Etat est saisi, il vise non seulement à imposer le respect strict des normes inférieures vis- à-vis de la norme supérieure (selon la pyramide hiérarchique des normes), mais il a pour vocation de supprimer de l'ordonnancement juridique de l'Etat, une norme ou un acte juridique jugé illégal.

Depuis une époque plus ancienne, et spécialement à la décennie Nonante (90), plusieurs réformes ont été opérées par l'effort du gouvernement, du législateur ainsi que le Conseil d'Etat, lesquelles ont rendu la compétence du Conseil d'Etat plus accrue dans sa fonction du contrôle juridictionnel de l'Administration active.

---

[266] J. DJOLI ESENG'EKELI, Principes structuraux du Droit constitutionnel, t.1, Ed. DJESS, Kinshasa 2015, p.1.

En effet, Odile Daumont précise avec acuité que *« le législateur a reconnu au Conseil d'Etat, le pouvoir de suspendre l'exécution d'une décision administrative, érodant ainsi le privilège quasi-sacral du « préalable » de l'administration en vertu duquel celle-ci peut exécuter immédiatement la décision qu'elle prend »*[267]. Le même auteur ajoute qu' « *il a également permis au Conseil d'Etat d'assortir la suspension des mesures provisoires et d'imposer une astreinte à l'autorité qui ne remplit pas les obligations qui lui incombent pour rétablir la légalité, à la suite d'un arrêt d'annulation du Conseil d'Etat* »[268].

Enfin, les efforts jurisprudentiels du Conseil d'Etat ont longtemps fustigé l'inertie de l'autorité administrative. Ce qui marque la saisine de l'action de l'administration par le juge.

Dans l'exercice du contrôle juridictionnel de l'administration, le Conseil d'Etat n'est pas seulement un juge de la légalité, mais il juge aussi une partie d'indemnités. Dans ce dernier rôle, il devient le garant des droits et libertés des parties lésées.

2. *Le Conseil d'Etat, garant des droits et libertés des citoyens*

La norme juridique a pour but d'établir l'ordre favorable dans les relations des personnes physiques et morales entre elles ainsi qu'entre celles-ci et la puissance publique.

Cependant, l'impunité ou l'absence de la poursuite contre la puissance publique a pas mal inquiété les citoyens dans l'histoire de l'Etat belge. Ce défi a été longtemps relevé, par le législateur en conférant au juge du Conseil d'Etat la compétence d'imposer à l'autorité administrative à payer l'indemnité réparatrice à la victime de son acte illégal ou arbitraire.

Parmi les réformes opérées par législateur pour renforcer l'efficacité de cette mission, nous pouvons notamment citer l'ouverture de l'Administration aux citoyens (motivation formelle, publicité de documents administratifs et autres), les mesures provisoires prises par le juge pour sauvegarder des intérêts des parties ou des personnes qui ont intérêt à la solution de l'affaire[269]. Notons que les mesures ayant pour objet des droits civils sont exclues de la compétence du Conseil d'Etat.

---

[267] O. DAUMONT, *Le Conseil d'Etat, frein à l'efficacité administrative ? op.cit.* p.67-85.

[268] *Ibidem.*

[269] C.E., n°86.146 du 21 Mars 2000 et n°85.874 du 13 Mars 2000. La suspension de deux décisions précédentes de refus (C.E., n°84.482 du 28 Décembre 1999 et 84.581 du 7 Janvier 200) a été levées par le Conseil d'Etat pour une raison de procédure, le

Outre, l'hypothèse de la responsabilité pour faute de l'Administration, il existe une réparation même en l'absence de la faute, la puissance publique répond pour réparer le dommage exceptionnel moral ou matériel en appréciant les intérêts privés et publics en présence. Cette mission est une garantie absolue pour les parties, qui espèrent toujours une réparation lorsqu'elles sont victimes non seulement d'un acte illégal, mais aussi pour l'erreur de droit. Enfin, un autre droit fondamental des parties garanti par le Conseil d'Etat c'est le droit au recours contre les décisions rendues par lui-même et par des juridictions administratives spécialisées.

En effet, la Cour de Cassation est appelée à casser une décision qui n'est pas prise en conformité avec les règles de droit en vigueur, sans connaitre le fond de l'affaire. Mais aussi lorsqu'il est appelé à statuer en dernier ressort pour le cas notamment de contentieux électoral précité. Dans toutes ces hypothèses, le Conseil d'Etat garantit les droits et libertés des parties, car une partie victime d'une décision injuste par le juge de la première et/ou de la deuxième instance se voit soulager lorsqu'au finish, elle se trouve rétablie dans droits.

En conclusion, les missions essentielles du Conseil d'Etat, tant sur le plan de l'élaboration des normes juridiques que sur le contrôle juridictionnel de l'administration, ne sont plus un secret pour tout le monde. Ainsi, sans pour autant faire l'apologie de cette institution dont l'exercice n'échappe pas aux critiques, il nous parait juste d'examiner quelques cas dans lesquels ce dernier a fait preuve d'activisme dans le paragraphe suivant.

§2. *Le Conseil d'Etat belge dans l'exercice de ses missions essentielles et le résultat réalisé*

L'examen de l'exercice des missions essentielles du Conseil d'Etat nous amène à nous interroger sur les cas pratiques dans lesquels le Conseil d'Etat belge a mis en exergue les missions qui lui ont été assignées par le législateur. Ainsi, nous allons d'abord analyser quelques cas en matière législative (A), mais aussi en matière juridictionnelle (B) avant de dégager le résultat (C).

A. *Le Conseil d'Etat belge dans l'exercice de ses fonctions législatives.*

Nous avions relevé plus haut que, dans le cadre de sa fonction législative, le Conseil d'Etat exerce deux missions les plus usuelles :

requérant n'ayant pas introduit de requetés en annulation (C.E., n°88.318 et 88.319 du 27 Juin 200) cités par O. DAUMONT, *in*, *Le Conseil d'Etat, frein à l'efficacité administrative ?*, *op.cit.* pp.64 à 84, P.67.

conseiller les autorités publiques et coordonner les lois du pays. L'exercice de ces deux missions est très remarquable depuis plusieurs années.

En effet, il est une tâche fascinante voire quasi-impossible de reprendre tous les travaux effectués par le Conseil d'Etat, dans l'exercice de ses missions essentielles. Néanmoins, nous allons nous baser sur certaines données statistiques contenues dans les rapports annuels du Conseil d'Etat, particulièrement sur les années récentes, soit de 2010 à 2019. Au cours de l'exercice judiciaire 2009-2010, le nombre total de demandes d'avis est de 1.511, soit une moyenne de 126 demandes d'avis par mois. Le nombre total d'avis donnés par le Conseil d'Etat fut de 1.650[270], sans aucun arriéré.

En ce qui concerne le bureau de coordination, malheureusement, aucune demande n'a été soumise au bureau de coordination durant l'exercice 2009-2010. Pour l'exercice judiciaire 2010-2011, le nombre total de demandes d'avis a légèrement augmenté. Il est de 1.599, soit une moyenne de 133 demandes d'avis par mois. Parmi lesquelles, 1.537 demandes d'avis émanant des gouvernements fédéraux, communautaires et régionaux contre 62 demandes introduites par des Présidents des assemblées législatives[271].

Quant au nombre des avis donnés, selon le rapport du Conseil d'Etat, le total, soit 1.554, est inférieur de 44 unités au nombre de demandes d'avis introduites. On note en moyenne 129 par mois. Selon le rapport sur le Conseil d'Etat pour l'exercice 2010- 2011, *le bureau de coordination a reçu une demande de coordination de l'arrêté royal n° 78 du 10 novembre 1967 relatif à l'exercice des professions des soins de santé, en vue d'harmoniser l'ensemble des modifications successives qui ont été apportées à cet arrêté et qui ont rendu sa lecture et sa* compréhension fort ardues.

A l'exercice judiciaire 2011-2012, le nombre total de demandes d'avis a augmenté. Il est de 1.698, soit une moyenne de 141,5 demandes d'avis par mois. Les demandes d'avis émanant des gouvernements fédéraux, communautaires et régionaux 1.637 restent toujours de très loin plus nombreuses que celles introduites par les présidents des assemblées parlementaires qui s'élèvent à 61 demandes. Le nombre total d'avis donnés, soit 1.778, a logiquement été fonction du nombre de demandes d'avis introduites au cours de l'année 2011-2012. Ce nombre a augmenté de 224 avis par rapport à l'année 2010-2011 (1.554), soit une augmentation de 14,6%. Le nombre total d'avis donnés, soit 1.778, est supérieur de 80 unités au nombre de demandes d'avis introduites. On note en moyenne 148 par mois.

---

270 Rapport annuel sur le Conseil d'Etat 2009-2010, www.raadvst-contestat.be.

271 Rapport annuel du Conseil d'Etat pour l'exercice 2010-2011, www.raadvst-contestat.be.

Le bureau de coordination, quant à lui, avait reçu en janvier 2011 une demande de coordination de l'arrêté royal n° 78 du 10 novembre 1967 relatif à l'exercice des professions des soins de santé, en vue d'harmoniser l'ensemble des modifications successives qui ont été apportées à cet arrêté, de manière à faciliter sa lecture et sa compréhension. L'examen de cette demande a été poursuivi en 2011-2012[272] . En 2012-2013, le nombre total de demandes d'avis a nettement augmenté au cours de l'année 2012-2013. Il est de 2.094, soit une moyenne de 174,5 demandes d'avis par mois. Il était de 1.698 au cours de l'année précédente, ce qui correspond à une augmentation de 396 avis ou 23,4 % de plus. Le nombre total d'avis donnés est de 2.057, soit en moyenne 171 par mois.

Ce nombre a augmenté de 279 avis par rapport à l'année 2011-2012 (1.778), soit une augmentation de 15,6 %.

Les demandes d'avis émanant des gouvernements fédéraux, communautaires et régionaux (2.034) restent toujours de très loin plus nombreuses que celles introduites par les présidents des assemblées parlementaires (60, soit environ 2,85 % des demandes d'avis). Le nombre total d'avis donnés est de 2.057, soit en moyenne 171 par mois. Ce nombre a augmenté de 279 avis par rapport à l'année 2011-2012 (1.778), soit une augmentation de 15,6 %.

Le bureau de coordination avait reçu en janvier 2011 une demande de coordination de l'arrêté royal n° 78 du 10 novembre 1967 relatif à l'exercice des professions des soins de santé, en vue d'harmoniser l'ensemble des modifications successives qui ont été apportées à cet arrêté, de manière à faciliter sa lecture et sa compréhension. L'examen de cette demande a été poursuivi en 2012-2013 et fait encore l'objet de mesures d'instruction nécessitées, entre autres, par les nombreuses modifications législatives dont ledit arrêté continuait à faire régulièrement l'objet. Elle a aussi répondu aux questions relatives aux techniques de législation[273].

Au cours de l'exercice 2013-2014, le nombre total de demandes d'avis a nettement augmenté. Il est de 2.523, soit une moyenne de 212,5 demandes d'avis par mois. Il était de 2.094 au cours de l'année précédente, ce qui correspond à une augmentation de 429 avis ou 20,5 % de plus[274].

---

[272] Rapport annuel sur le Conseil d'Etat 2012-2013, www.raadvst-contestat.be, PDF p.207 (Consulté le 20/Avril/2020).

[273] Rapport annuel sur le Conseil d'Etat 2012-2013, www.raadvst-contestat.be, PDF, p.*199*. (Consulté le 20/Avril/2020).

[274] Rapport annuel sur le Conseil d'Etat 2013-2014, www.raadvst-contestat.be, PDF p.34 et s. (Consulté le 20/Avril/2020).

Les demandes d'avis émanant des gouvernements fédéraux, communautaires et régionaux (2.498) contre 25 soit environ 1 % des demandes d'avis introduites par les présidents des assemblées parlementaires. Le nombre total d'avis donnés est de 2.702, soit, en moyenne 225 par mois. Ce nombre a augmenté de 645 avis par rapport à l'année 2012-2013 (2.057), soit une augmentation de 21,5 %.[275]. Le bureau de la coordination n'a effectué aucune de ses missions durant cet exercice[276].

Selon le rapport de l'exercice 2014-2015, le Conseil d'Etat a donné 1.426, soit, une moyenne 118,83 par mois sur 1.532 demandes, soit une moyenne de 127,6 demandes d'avis par mois[277], parmi lesquelles 1.471 furent introduites par les gouvernements fédéraux, communautaires et régionaux contre 61demandes introduites par les présidents des assemblées parlementaires[278]. Le bureau de la coordination n'a pas exercé ses missions en 2014-2015.

Quant à l'exercice 2015-2016, le nombre total d'avis donné est de 1.894 sur 1.930 avis les demandes d'avis émanant des gouvernements fédéraux, communautaires et régionaux furent au nombre de 1.863, celles-ci restent toujours de très loin plus nombreuses que celles introduites par les présidents des assemblées parlementaires, soit, 67 demandes[279].

Ensuite, pendant l'année judiciaire 2016-2017, la section de législation du Conseil d'Etat a donné 1.943 avis (ce qui donne un total de 2.068 si l'on calcule en termes de charge réelle : avis en chambres réunies, avis en assemblée générale, avis sur des projets de loi ou de décret programme ou sur des projets mosaïques), sur 2.039 avis (ce qui donne un total de 2.116 si l'on calcule en termes de charge réelle)[280]. Les demandes d'avis émanant des gouvernements fédéraux, communautaires et régionaux sont au nombre de 1.977 contre 62 demandes provenant des présidents des assemblées parlementaires[281].

---

[275] Rapport annuel sur le Conseil d'Etat 2013-2014, www.raadvst-contestat.be, PDF p.34 et s. (Consulté le 20/Avril/2020).

[276] *Idem.*

[277] *Ibidem.*

[278278] Rapport annuel sur le Conseil d'Etat 2013-2014, PDF, op.cit. p.34 et s.

[279]Rapport annuel sur le Conseil d'Etat 2015-2016, www.raadvst-contestat.be, PDF p.17 et s. (Consulté le 20/Avril/2020).

[280] Rapport annuel sur le Conseil d'Etat 2016-2017, www.raadvst-contestat.be, PDF p.29 et s. (Consulté le 20/Avril/2020).

[281] *Idem. p.32.*

Enfin, au cours de l'exercice 2017-2018, *« le nombre total d'avis donnés est de 1.839 (ce qui donne un total de 1.912 si l'on calcule en termes de charge réelle : avis chambres réunies, avis assemblée générale, avis projets programmes ou mosaïques). Quant au nombre total de demandes d'avis, il est de 2.115 (ce qui donne un total de 2.246 si l'on calcule en termes de charge réelle) »*[282] Parmi ces demandes d'avis, 2.043 émanaient des gouvernements fédéraux, communautaires et régionaux contre 72 demandes introduites par les présidents des assemblées parlementaires[283].

En conclusion, en raison de leur multiplicité, ces avis donnés par le Conseil d'Etat belge, l'étude ne saurait reprendre chacun d'eux. Néanmoins, cet extrait qui reprend les chiffres attestant le nombre des travaux exercés par la section de législation pendant la période allant de 2009 à 2018, montre à suffisance l'activisme des Conseillers d'Etat dans l'exercice de leurs missions législatives. Voyons à présent le travail exercé par la juridiction administrative suprême dans le cadre de ses missions administratives.

B. *Le Conseil d'Etat belge dans l'exercice de ses fonctions administratives*

La section du Conseil d'Etat rend des milliers d'arrêts chaque année, ainsi nous allons reprendre la même logique adoptée ci-haut, en estimant leur nombre au cours de chaque exercice depuis 2009 à ce jour, pour illustrer cette vérité. En effet, les rapports annuels sur le Conseil d'Etat rendent la tâche aisée pour déterminer les nombres d'arrêts rendus par le Conseil d'Etat à la fin de chaque exercice.

Ainsi, pendant l'exercice 2009-2010, après la soustraction au Conseil d'Etat de la compétence en première instance du contentieux des étrangers, par la loi du 15 septembre 2006 réformant le Conseil d'État et créant un Conseil du Contentieux des Étrangers, le Conseil ne dévient ainsi compétent qu'au contentieux de cassation ainsi que le contentieux général. En effet, le Conseil d'Etat a statué sur plus de 10.116 affaires, dont 5114 arrêts en contentieux général, 6033 arrêts, sur le contentieux des étrangers, 341 arrêts en matière de cassation ainsi que 158 ordonnances procédure de filtrage[284].

Parmi ces arrêts, nous pouvons notamment citer l'affaire Deblaere[285], en matière de préjudice exceptionnel. En effet, *« Le requérant soutient que les lésions qu'il a subies ont pour cause la vaccination contre la*

---

[282] Rapport annuel sur le Conseil d'Etat 2017-2018, www.raadvst-contestat.be, PDF p.32,(Consulté le 20/Avril/2020).
[283] *Idem. p.35.*
[284] Rapport sur le Conseil d'Etat de 2009-2010, op.cit. p.93 et s.
[285] C.E n° 197.434, du 28 octobre 2009.

poliomyélite rendue obligatoire par arrêté royal du 26 octobre 1966. Il fait valoir, en l'espèce, qu'il existe un lien de causalité entre la vaccination antipoliomyélitique rendue obligatoire par l'arrêté royal précité, pratiquée en application d'un règlement adopté par une autorité administrative et le dommage exceptionnel qu'il a subi (paralysie et troubles neurologiques).L'indemnité originairement demandée à l'État belge, partie adverse, était de 123.946,76 euros, soit 5.000.000 BEF[286].

Au cours de l'exercice, 2010-2011, la section du contentieux du Conseil d'Etat a statué sur 4467 arrêts en contentieux général, 2354 arrêts sur le contentieux des étrangers, 235 en matière de cassation et 1399 ordonnances en matière de filtrage, parmi lesquelles 1075 ont été déclarées non-admises contre 224 admises[287].

Parmi ces arrêts, nous retenons à titre d'exemple l'affaire Wauters[288], concernant la notion d'acte susceptible de recours sur les mesures d'ordre intérieur, il a été jugé que « *La mesure par laquelle un policier est écarté de ses fonctions pendant près de trois mois, en raison de son comportement personnel, dans l'attente des décisions à intervenir sur sa suspension préventive dépasse les limites d'une mesure d'ordre intérieur et constitue un acte susceptible de recours* »[289].

Quant à l'exercice 2011-2012, le Conseil d'Etat a statué sur 5580 arrêts, dont 4400 arrêts en matière d'annulation, 74 arrêts en contentieux général de cassation, 769 en contentieux des étrangers et 337 arrêts en contentieux de cassation des étranger, sans compter 3094 ordonnances, parmi lesquelles 1905 ont été déclarées admissibles contre 1189 non-admissibles[290].

Parmi les cas marquants de ses arrêts, nous pouvons citer l'affaire DENUIT[291], portant sur la reconnaissance d'un droit subjectif, concernant la compétence du Conseil d'Etat, ce dernier a jugé que *« le Conseil d'État est compétent pour connaître d'un recours dirigé contre une décision administrative refusant de prendre en compte, pour la détermination de l'ancienneté pécuniaire d'un agent, les services prestés dans le secteur privé dès lors que l'autorité administrative dispose d'un pouvoir d'appréciation et que l'enjeu du litige ne porte pas sur la reconnaissance d'un droit subjectif ».*

---

286 Rapport sur le Conseil d'Etat de 2009-2010, op.cit. p.107.

287 Rapport du conseil d'Etat sur l'exercice 2010-2011, op.cit. pp. 74 et s.

288 C.E. n° 211.856, 8 mars 2011, http://www.raadvst-consetat.be/ Arrêts/216000/700/216763.pdf, *(consulté le 22/03/2020.*

289 Rapport du conseil d'Etat sur l'exercice 2010-2011, op.cit. p.85 in fine.

290 Rapport du Conseil d'Etat sur l'exercice 2011-2012, op.cit. p.90 et S.

291 C.E n° 216.763 (VIIIe chambre) du 8 décembre 2011.

Concernant l'exercice judiciaire 2012-2013, le Conseil d'Etat belge a statué sur le total de 4069[292] arrêts, dont 3716 concernent le contentieux général, 69 en matière de cassation générale, 284 sur le contentieux général de cassation étrangers, ajouter encore plus de 902 ordonnances en procédure de filtrage parmi lesquelles 283 ont été déclarées admissibles contre 634 non-admissibles[293].

Parmi les arrêts les plus marquants de cet exercice, nous allons citer notamment l'arrêt *Trevisiol*[294] , Concernant l'impartialité du juge du Conseil d'Etat, ce dernier a jugé que « *Le devoir d'impartialité des collèges disciplinaires, statuant dans le cadre de recours administratifs internes, commande que s'abstiennent de participer au délibéré non seulement ceux qui ont soutenu l'accusation ou ont pris part à son instruction mais également ceux qui ont siégé et délibéré au sein de l'organe qui a pris la décision dont appel. La circonstance que les statuts du personnel de l'autorité administrative n'imposent pas que ces personnes se récusent n'est pas de nature à légitimer une atteinte au principe d'impartialité*[295].

En ce qui concerne l'exercice judiciaire 203-2014, le Conseil d'Etat a rendu au total 3699 arrêts répartis dans l'ordre suivant : 3433 en contentieux général, 208 sur le contentieux de cassation étrangers, 58 concernant le contentieux de cassation général ainsi que sur 1750 ordonnances en procédure de filtrage, parmi lesquelles 662 étaient déclarées admissibles contre 1052 non admissibles[296].

En terme exemplaire, parmi les arrêts marquants de cet exercice, nous allons citer notamment des *« arrêts n° 225.474 du 13 novembre 2013, en cause DETHIER, et n°226.718 du 12 mars 2014, en cause A.S.B.L. Pharmacie Haegeman et cons. »*[297].

En ce qui concerne l'année judiciaire 2014-2015, le Conseil d'Etat a prononcé 3850 arrêts dont 3538 en contentieux général, 2010 en contentieux de cassation étrangers, 110 en contentieux de cassation général, ainsi que 724 ordonnances en procédure e filtrage, parmi lesquelles 226 ont été admises contre 525 non-admises[298].

---

[292] Rapport du Conseil d'Etat sur l'exercice 2012-2013, op.cit. p.86 et s.
[293] *Idem*. pp.88,89.
[294] *C.E., 20 décembre 2012, n° 221.863, http://www.raadvst-consetat.be/Arrets/221000/800/221863.pdf (consulté le 22/03/2020).*
[295] Rapport du Conseil d'Etat sur l'exercice 2012-2013, op.cit. p.117.
[296] Rapport du Conseil d'Etat sur l'exercice 2013-2014, op.cit. p.117
[297] Disponible sur www.raadvst-consetat.be. p.11 et s.
[298] Rapport du Conseil d'Etat sur l'exercice 2014-2015, op.cit. p.9 et s.

Parmi les arrêts les plus marquants de cet exercice, nous pouvons citer notamment l'arrêt « *n° 229.602, en cause THIERY, du 18 décembre 2014. Le Conseil d'État a rejeté le recours et confirmé la décision de la ministre flamande des Affaires intérieures, de l'Intégration civique, du Logement, de l'Égalité des Chances et de la Lutte contre la Pauvreté du 1er septembre 2014 refusant de nommer Damien Thiéry bourgmestre de la commune de Linkebeek* »[299].

En sus, pendant l'année judiciaire 2015-2016, le Conseil d'Etat a prononcé 3553 sur 3650 numéros d'affaires enrôlés, parmi lesquels 3317 arrêts en contentieux général, 180 arrêts en contentieux de cassation étrangers, 56 arrêts en contentieux de cassation général et 724 ordonnances en procédure de filtrage dont 226 admises contre 525 non-admises[300]. Parmi le cas d'espèce de cet exercice, nous pouvons notamment citer le cas de l'arrêt n° 235.247 du 28 juin 2016 portant sur le détournement de pouvoir[301].

Ensuite, l'exercice judiciaire 2016-2017, le Conseil d'Etat s'est déployé en rendant ainsi le « *total 3.339 arrêts (arrêts finaux et intermédiaires) qui ont été prononcés : 1.459 en langue néerlandaise1 - 1.857 en langue française - 8 bilingues néerlandais/français3 - 15 bilingues français/allemand sur 3.417 numéros de rôle*»[302] En outre, il rendu 401 ordonnances en matière de filtrage, parmi lesquelles 184 soit 45% ont été déclarées admissibles contre 231, soit 55% non-admissibles. Notons que « *sur 36 demandes d'indemnité réparatrices introduites au cours de l'année judiciaire 2016-2017, 16 arrêts ont accordé une telle indemnité*[303].

Enfin, l'exercice 2017-2018, le Conseil d'Etat a prononcé 3.239 arrêts sur 3.288 numéros de rôle, parmi lesquels on retrouve 30.058 en contentieux général, 66 en contentieux de cassation général, 115 en contentieux de cassation étrangers, sans oublier 457 ordonnances, en procédure de filtrage dont 206, soit 47 % étaient admissibles contre 235, soit 53% non-admissibles[304].

---

[299]Rapport du Conseil d'Etat sur l'exercice 2014-2015, op.cit. p.24.

[300] Rapport du Conseil d'Etat sur l'exercice 2014-2015, op.cit. p14 et s.

[301] C.E n° 235.247 du 28 juin 2016, disponible sur : www.conseildetat.be.

[302] Rapport du Conseil d'Etat sur l'exercice 2014-2015, op.cit. p19.

[303] Il s'agit concrètement des arrêts nos 236.697, du 8 décembre 2016, 237.095 et 237.096, du 19 janvier 2017, 237.118, du 24 janvier 2017, 237.495, du 27 février 2017, 237.537, du 2 mars 2017, 237.894, du 31 mars 2017, 238.121, du 9 mai 2017, 238.274, du 22 mai 2017, et 238.830 à 238.836, du 14 juillet 2017, cité dans « *Rapport du Conseil d'Etat sur l'exercice 2014-2015* », op.cit. p23.

[304] Rapport du Conseil d'Etat sur l'exercice 2017-2018, op.cit. p.13 et s.

C'est au cours de cet exercice que « *l'Assemblée Générale a suspendu l'exécution de la décision du 30 mars 2017 de la ministre flamande des Affaires intérieures, de l'Intégration civique, du Logement et de la Lutte contre la pauvreté qui a refusé de nommer la partie requérante comme présidente du conseil du CPAS de Wezembeek-Oppem. L'Assemblée Générale a considéré qu'à première vue, la décision de refus de cette nomination, fondée sur l'insuffisance des connaissances nécessaires du néerlandais de l'intéressée pour l'exercice de la fonction convoitée, ne reposait pas, en l'espèce, sur des indices suffisamment graves. Par ailleurs, elle a décidé qu'il y avait urgence* »[305].

En Conclusion, nous venons de présenter l'extrait de l'activité du Conseil d'Etat, par le moyen de données statistiques entre 2009 et 2018. Cela prouve de quelle manière le Conseil d'Etat met en exergue les missions qui lui ont été assignées tant sur le plan législatif qu'administratif. Il nous reste de dégager, dans quelques lignes, le résultat dans le point qui va suivre.

C. *Le résultat de l'activité du Conseil d'Etat*

Il ne nous appartient pas, en principe, de dégager le résultat de l'activité du Conseil d'Etat, car malgré le laborieux travail effectué par ce dernier, chacun a sa propre lecture et peut dégager son propre résultat.

Néanmoins, nous n'allons pas nous déverser sur le débat controversé entre les justiciables, sur la question de la légitimité du Conseil d'Etat, mais plutôt en confrontant la loi et l'application de celle-ci par le juge. Nous pouvons néanmoins dégager le résultat.

Ainsi, il convient de dégager d'abord le résultat issu de l'activité législative du Conseil d'Etat (1), avant d'indiquer celui de son activité administrative (2).

1. *Le résultat de l'activité législative du Conseil d'Etat*

A l'heure actuelle, le résultat de l'activité de la section de législation du Conseil d'Etat est positif, à notre avis. En effet, l'amélioration de la qualité de son travail se fait de plus en plus observée suivant l'évolution dans le temps.

Notons que le Conseil d'Etat belge, à l'instar de son homologue français, fut confronté à la difficulté de répondre à ses missions dans le délai convenu, en raison de l'encombrement des affaires. Il se posait ainsi la

---

[305] Par son arrêt n° 240.939 (arrêt rectificatif : n° 241.100), disponible sur www.conseildetat.be

question des arriérées des affaires de l'exercice écoulé. Ainsi, pour remédier à cet obstacle, plusieurs mécanismes ont été adoptés. Le législateur français a emprunté la voie de la création des tribunaux administratifs ainsi que les cours administratives d'appel pour désencombrer le Conseil d'Etat. Le législateur belge, quant à lui, optera pour la création des juridictions spécialisées, ainsi que l'ajout de membres supplémentaires.

Le taux des arriérés a sensiblement été annihilés depuis 2009, le Conseil d'Etat donne ses avis avec toute indépendance et répond sans faille aux missions qui lui ont été assignées.

L'objectif n'est pas d'atteindre la perfection, car le droit n'est pas la justice[306], néanmoins le résultat se dégage de la qualité du travail appréciée tant par l'exécutif, le parlement que par les citoyens.

2. Le résultat de l'activité administrative

Le Conseil d'Etat, spécialement la section de contentieux du Conseil d'Etat, s'est déployée pour ancrer sa légitimité avec impartialité et avec toute indépendance, vis-à-vis des citoyens et de l'administration active.

Malgré ce pertinent travail rendu par les membres du Conseil d'Etat, plusieurs critiques négatives sont observées. En ce qui concerne l'efficacité de l'administration par exemple, l'administration accuse ce dernier de fragiliser l'administration active, car rares sont des fois où l'administration se trouve victime. A l'inverse, lorsque la partie requérante n'a pas trouvé un gain de cause, l'indépendance du Conseil d'Etat est aussi mise en question. Nonobstant cela, la réalité empirique démontre que le Conseil d'Etat établit une justice pour tous, en matière administrative, un acquis dans l'odyssée de l'Etat de droit.

Quant à l'exercice de son travail, les répercussions des différentes réformes abordées ci-haut ont un effet positif sur la section du contentieux du Conseil d'Etat. Car, depuis une décennie passée, le taux des arriérés des demandes devant lui a sensiblement diminué, mais aussi on remarque une célérité dans le déroulement de la procédure.

De la même manière qu'en France, le législateur belge a fait que le Conseil d'Etat soit saisi par une procédure de télé -recours, il suffit en effet, d'un seul clic dans le site web du Conseil d'Etat, ce dernier est saisit d'une

[306] G. BASUE BABU KAZADI, Note de l'introduction à l'étude de droit : partie I Droit public, dispensée en première année de graduat, Université de Kinshasa 2014-2015.

requête ou d'une demande. Cela rapproche les justiciables au Conseil d'Etat et permet que l'affaire soit traitée de plus vite que possible.

En somme, le Conseil d'Etat belge dans ces deux fonctions traditionnelles, exerce des missions essentielles qui concourent à l'établissement de l'Etat de droit. L'examen de l'activité du Conseil d'Etat aboutira à conclure que le bilan est positif.

Conclusion du deuxième chapitre

Pour clore ce chapitre, nous allons reprendre l'expression de Pierre VERMEYLEN, Ministre de l'intérieur au moment de l'installation du Conseil d'Etat belge, qui disait que celui-ci « est le miroir dans lequel l'exécutif se regarde et se juge »[307]. En outre, ce dernier est un habile ouvrier pour le gouvernement et le parlement, par le moyen des avis qu'il donne à ceux-ci, il contribue efficacement à l'amélioration du système législatif dans le but d'intérêt général.

Enfin, ce dernier a reçu de la part du législateur, une épée de Damoclès, non pas pour empiéter aux compétences des autorités administratives, mais plutôt pour sanctionner les illégalités de l'administration active, en rétablissant la légalité et pour garantir les intérêts des personnes physiques et morales contre les abus de la puissance publique. Nonobstant les critiques tant du côté de l'Administration que du côté des citoyens sur le fonctionnement de Conseil d'Etat, en notre sens, la juridiction administrative suprême belge a un bilan positif.

---

[307] « L'installation solennelle du Conseil d'Etat », J.T., 17 Octobre 1948, p. 502, cité par Odile Daumont, in *Le Conseil d'Etat, un frein* à l'efficacité administrative ?, op.cit. p.81.

Conclusion partielle

L'étude des missions essentielles de la juridiction administrative dans l'espace européen à travers le modèle du Conseil d'Etat Français et du Conseil d'Etat belge a, sans doute, prouvé la nécessité de cette forme d'institution dans la consolidation de l'Etat de droit.

Il existe certes des compénétrations entre le Conseil d'Etat français et le Conseil d'Etat belge. Cependant, plusieurs points ont démontré leur distanciation.

Le premier point concerne leur historique et évolution, non seulement que le Conseil d'Etat a longtemps existé en France par rapport à la Belgique. Mais surtout que le Conseil d'Etat français a précédé même le droit administratif, ce qui n'est pas le cas en Belgique. En outre, la mission consultative est exercée par toutes les juridictions administratives du droit commun et par le Conseil d'Etat en France tandis que cette mission est uniquement exercée par le Conseil d'Etat en Belgique.

En ce qui concerne la forme de l'institution, le Conseil d'Etat belge est un compromis entre le système dualiste français fondé sur la séparation stricte des pouvoirs et le système moniste britannique qui soumet l'administration au même droit que les particuliers. En effet, l'on remarque que certaines décisions du Conseil d'Etat connaissent des pourvois en cassation devant la Cour de Cassation en Belgique.

En ce qui concerne les missions, elles sont quasiment les mêmes mais exercées par certains organes des noms différents, à l'instar le bureau de la coordination belge qui exerce certaines tâches dévolues à la section d'Etude et des rapports du Conseil d'Etat français. Il s'agit notamment de la coordination des lois, et la simplification de la qualité de droit. Ainsi, si le commissaire du gouvernement français agit par voie de conclusion dans l'audience ; l'auditorat du Conseil d'Etat belge n'intervient que par voie d'avis pour la phase de l'instruction, à l'audience, il peut assister sans voix délibérante.

En général, le juge français et belge investissent, de plus en plus, leur audace dans l'édification de l'Etat de droit, non seulement en tant que conseiller juridique des pouvoirs publics et comme juges des contentieux administratifs, mais aussi comme artisan de la bonne gouvernance et de l'Etat de droit. Est-ce le cas pour le juge administratif suprême africain ?

Découvrons la réponse à travers l'examen de cette forme d'institution au Bénin et en République démocratique du Congo.

Deuxième partie

La juridiction administrative suprême en Afrique à l'exemple de la République Démocratique du Congo et du Bénin

La justice administrative n'est pas seulement l'œuvre des Etats européens. Si ces derniers sont considérés comme les premiers à ouvrir cette brèche, l'Afrique aussi se débrouille petit à petit pour concrétiser cet idéal.

Régulièrement vanté dans la doctrine[308], le juge constitutionnel béninois est considéré comme l'œil de l'Afrique en matière de la constitutionnalité par son activisme jurisprudentiel. En effet, la Cour constitutionnelle du Bénin est perçue comme « *le garant ou la sentinelle contre toute velléité de retour à l'arbitraire* »[309] cela suscite sans doute l'intérêt de savoir si le juge administratif devrait également avoir la même réputation, lorsqu'il est comparé à ses homologues européen, belge et congolais.

Comme en Europe, les juridictions administratives suprêmes peuvent avoir la même dénomination dans deux ou plusieurs Etats différents

---

308 A. BADARA FALL, « Le juge constitutionnel béninois, avant-garde du constitutionnalisme africain ? », *in* J. Aïvo (dir.), *La Constitution béninoise du 11 décembre 1990. Un modèle pour l'Afrique ? Mélanges en l'honneur de Maurice Ahanhanzo-Glèlè*, Paris, L'Harmattan, 2014 p. 717-728 ; Th. Holo, « Émergence de la justice constitutionnelle au Bénin », *Pouvoirs*, no 129, 2009, p.113. cité par D. DEGBOE, in « *Les vicissitudes de la protection des droits et libertés par la Cour constitutionnelle du Bénin », Les Annales de droit* [En ligne], *https://www.ahjucaf.org, PDF* 10 | 2016, *p. 1*, mis en ligne le 08 janvier 2018, consulté le 25 Avril 2020.

309 Babacar Kanté, « Préface », dans Ismaïla Madior Fall, *Les décisions et avis du Conseil constitutionnel du Sénégal*, Dakar, Credila, 2008, p.14. Cité par D. DEGBOE, in « *Les vicissitudes de la protection des droits et libertés par la Cour constitutionnelle du Bénin, op.cit* ».

sans être conformes dans leur fonctionnement, car chaque Etat dispose de son génie propre fondé sur le contexte propre de la création de cette institution et selon le type de législation qu'il utilise. Dans ces conditions, il serait une erreur grossière de prendre le modèle d'un Etat, en termes de potion magique, pour l'imposer à un autre Etat.

Certes, l'Afrique noire francophone a hérité, à une très grande partie, le système institutionnel de son colonisateur. Ce qui pourrait d'ailleurs influencer, à tort ou à raison, l'efficacité des institutions desdits Etats. Néanmoins chaque Etat s'est attribué des particularités propres.

Dans cette optique, l'examen des missions essentielles des juridictions administratives suprêmes africaines, à l'aide du juge béninois et congolais, pourra nous permettre de faire une comparaison avec le système européen duquel elles sont héritières, en vue de déterminer les enjeux et les défis auxquels chacune d'entre elles doit faire face dans la construction de l'Etat de droit.

En guise de topographie de cette deuxième partie de l'étude, nous allons commencer par l'examen de cette forme de juridiction au bénin (Chapitre I) avant de l'analyser en République démocratique du Congo (Chapitre II).

Chapitre 1

La juridiction administrative suprême en droit béninois, chambre administrative de la cour suprême

Au Bénin, la distinction entre la justice administrative et la justice judiciaire n'est possible que du point de vue méthodique ou technique, car la justice administrative est rendue par les juridictions judiciaires. Ce caractère juridictionnel moniste, à l'instar de la Grande Bretagne, n'enlève aucunement l'essence d'une justice administrative autonome, car les compétences sont nominales, mais mouvementées par les mêmes animateurs.

Cependant, historiquement, il existe deux solutions concernant la soumission de l'administration à un droit spécifique ou non. Notons que, ces deux solutions contradictoires ont toujours été envisagées, il s'agit d'une part, du monisme judiciaire et, d'autre part, du dualisme judiciaire.

Notons que plusieurs arguments ont été avancés par les auteurs, à tort ou en raison, en faveur de chacune de ces deux solutions. En effet, dans les pays anglo-saxons, notamment en Grande Bretagne où l'on utilise les solutions du juge unique : l'administration se trouve soumise au même droit que les simples particuliers.

Parmi les arguments en faveur de cette solution, on distingue : du point de vue du libéralisme, ce système est protecteur des droits des individus parce que l'Administration ne peut revendiquer l'application des privilèges particuliers. Du point de vue procédural, le système apparait d'une grande simplicité : les particuliers qui veulent engager un procès contre l'Administration savent immédiatement devant quel prétoire se présenter[310].

A l'inverse, la solution du juge unique présente aussi des inconvénients : sous prétexte de soumettre l'Administration au juge commun, on risque de lui conférer une grande immunité. Comme tout corps, l'Administration, à l'instar de Grande-Bretagne, va secréter ses propres règles

[310] Ch. DEBBASCH ; F. COLIN, *Droit administratif*, op.cit. 2011, p.22.

qui vont constituer un véritable droit spécial applicable aux activités de la puissance publique.

Quant à la solution dualiste, en France par exemple, les justifications à la soumission de l'administration à un droit particulier, comme nous l'avions vu plus haut, essentiellement d'ordre historique est devenue d'ordre technique. Comme il a été dit au cours de l'examen du premier chapitre de la première partie, le droit spécifique de l'Administration est l'œuvre à la fois parlementaire et jurisprudentielle fondée sur la séparation stricte des compétences. En effet, l'Administration ne pouvait être soumise au droit privé parce que, l'on a considéré qu'il existait une différence radicale entre l'activité publique et l'activité privée. L'Administration ne poursuit que l'intérêt général, alors que les personnes privées recherchent leur intérêt, généralement d'ordre lucratif etc.

Sur le plan technique, l'existence du droit administratif représente un délicat équilibre entre les droits des particuliers et les nécessités de l'action administrative[311].

Il faut ainsi préciser que chaque Etat du monde applique chacune de ces deux solutions, ou soit la solution mixte comme le cas de la Belgique.

Cependant, on remarque que la pratique judiciaire béninoise, à l'instar de beaucoup d'Etats africains, applique la solution du juge unique, mais avec une particularité, qu'est la répartition fonctionnelle nominale des affaires, selon leur nature entre le juge judiciaire et le juge administratif, mais aussi il existe des matières communes dans le strict respect de la loi.

Ainsi, l'étude des missions essentielles dévolues à la juridiction administrative suprême en droit béninois nous pousse préalablement à interroger l'histoire, l'évolution et le contexte socio-politique de la création de cette juridiction (Section I), ensuite, nous examinons son organisation et ses attributions (Section II), avant d'analyser comment ce dernier exercice ses missions essentielles (Section III).

Section I : Historique, évolution et contexte socio-politique de la création de la chambre administrative de la cour suprême béninoise

Le recours à l'histoire est la meilleure solution pour comprendre la justice administrative béninoise telle qu'elle se présente aujourd'hui. Elle est, en effet, l'un des éléments essentiels de la compréhension de l'étude. On remarque, sans ambages, que la justice administrative n'est pas statique, la

311 Ch. DEBBASCH ; F. COLIN, *Droit administratif*, op.cit. 2011, p.23.

juridiction administrative suprême béninoise a connu, sans doute, une grande évolution à travers le temps.

Enfin, la création de chaque organe tient compte du contexte dans lequel il a été créé en vue de répondre au besoin présent ou futur, selon la politique de chaque Etat.

En tenant compte de tous ces éléments, le présent chapitre vise à rendre limpide le bien-fondé de la chambre administrative de la Cour suprême qui forme les prémices de la justice administrative. Pour ce faire, nous allons commencer par l'étude de l'histoire de la chambre administrative de la cour suprême (section I), nous verrons subséquemment, son évolution (section II), avant d'examiner le contexte socio-politique de la création de celle-ci (section III).

§1. L'histoire de la chambre administrative de la Cour suprême béninoise

L'Etat béninois, à l'instar des autres Etats africains à tradition française, ont hérité de la pratique judiciaire et institutionnelle de leurs colonisateurs. En raison du caractère informel et complexe, des coutumes africaines, la tâche devient ardue pour poinçonner l'histoire de cette institution avant l'arrivée des blancs dans ces pays. En application du principe général du droit : *Ubi societas ibi jus*, lequel démontre l'existence synchronique entre la société et le droit, il est tout à fait judicieux de supputer qu'il existait un droit coutumier qui régissait la justice administrative au sein de ces sociétés ou villages-Etats.

Malheureusement, nous ne pouvons pas remonter à l'histoire de cette juridiction à cette époque, car il y a un paradoxisme entre la technique de l'étude qui est principalement documentaire avec le droit coutumier africain basé sur l'oralité (absence de l'écrit). En sus, l'on ne saurait non plus étudier cette forme d'institution pendant la période de la colonisation, car la justice était enchristée par ses colons français.

Pour ce faire, l'histoire de la juridiction administrative béninoise est étudiée selon deux origines, il s'agit de l'origine ancienne (A) et de l'origine récente (B).

A. *L'origine ancienne de la Chambre administrative de la Cour suprême*

L'histoire de la Cour suprême, pour reprendre les termes de son secrétaire général Victor Dassi ADOSSOU, « *remonte à la Constitution du Dahomey qui institua alors un tribunal d'Etat chargé du contrôle et de la sanction des institutions politiques*[312]. *L'auteur poursuit en opinant que, « ce premier mécanisme de contrôle juridictionnel de l'Etat sera transformé avec la Constitution du 26 Novembre 1960 en une Cour suprême »*[313].

En ce sens, l'on remarque clairement que la juridiction administrative béninoise est d'origine légale contrairement au Conseil d'Etat français qui lui a servi de modèle, car ce dernier est principalement issu de la pratique jurisprudentielle.

En effet, *en se dotant d'une organisation judiciaire, le pays s'est largement inspiré des réalités de l'ancienne métropole, même si contrairement à la France qui dispose de plusieurs ordres de juridictions, il n'existe au Bénin qu'un seul ordre de juridiction*[314].

La juridiction administrative suprême béninoise ressemble certes au Conseil d'Etat français et belge dans la pratique judiciaire qui est d'ailleurs universelle, néanmoins plusieurs traits de distanciations sont observés. En effet, outre l'unité de l'ordre juridictionnel, la Cour suprême dans sa section administrative, à l'instar de la plupart des juridictions administratives africaines, est un juge des contentieux administratifs, la fonction consultative est soit marginale, voire inexistante.

C'est ainsi que la première Constitution de l'époque reconnaissait à la Cour suprême la compétence de connaitre de la légalité des actes administratifs et juridictionnels mais aussi de contrôler la régularité des opérations relatives à l'échelon du Président de la République ainsi que de l'éligibilité des candidats à la députation[315]. Il eut comme tout premier Président Dr Emile Drelin ZINSOU (1960 à 1961). Cette forme de juridiction demeure comme telle jusqu'à ce jour.

Mais, en raison de la rupture intervenue au cours de la décennie 90 entre le régime dictatoriale, néocolonialiste auquel était confronté la quasi-totalité des Etats de l'Afrique noire francophone, et la nouvelle ère démocratique fondée sur l'assainissement de ce régime amorcé par le moyen des Conférences nationales souveraines, la Cour suprême a, sans doute, été refondée.

---

[312] V. DASSI ADOSOU, *Histoire de La Cour suprême du Bénin*, AHJUCAF, Https:// www.ahjucaf.org(consulté le 20 /2020).

[313] *Ibidem.*

[314] Le contrôle des actes administratifs par les Cours et tribunaux administratifs 10ème congrès de l'association internationale des hautes juridictions administratives (aihja), Sydney – Mars 2010 PDF, p.3. Disponible sur www.ahjucaf.org(consulté le 20 /2020).

[315] Voir les articles 10 et 29 de la Constitution béninoise du 26 Novembre 1960.

C'est ce qui nous conduit à l'examen de l'origine récente de cette forme de juridiction, à dater de l'année 1990 à ce jour.

B. *L'origine récente de la chambre administrative de la Cour suprême béninoise*

Dans le souci de redéfinir des grandes options politiques et le développement de ce pays, le Bénin, la Conférence des Forces Vives de la Nation tenue en Février 1990, a fait de la justice par son indépendance clairement affirmée, l'épine dorsale du système béninois de gouvernance et le pilier essentiel de l'Etat de droit.

C'est ainsi qu'il a été ancré dans la Constitution béninoise de 1960, une Cour suprême, avec quatre chambres, parmi lesquelles se trouve la chambre administrative.

Cette dernière constitue la juridiction suprême de la justice administrative du pays dotée des compétences propres. C'est ce qui est d'ailleurs mentionné dans l'article 131 alinéa Ier de la Constitution du 11 Novembre 1990, encore en vigueur aujourd'hui que, la Cour Suprême est la plus haute juridiction de l'Etat, en matière administrative, judiciaire et des comptes de l'Etat.

Comme, nous pouvons le constater, le constituant de 1990 n'a fait que reconduire la Cour suprême dans sa forme authentique au lendemain de l'indépendance, nonobstant quelques modifications liées à la compétence de celle-ci, que nous allons découvrir au cours de l'examen de son évolution temporelle.

§2 : *Evolution de la chambre administrative de la Cour suprême béninoise*

La section administrative de la Cour suprême béninoise existe depuis un laps de temps relativement long, comme nous l'avions vu dans le développement le plus immédiat, son origine remonte à la colonisation pour se cristalliser au lendemain de l'indépendance.

Cette juridiction n'est pas statique. Elle a, sans doute, évolué depuis son envol jusqu'à ce jour. Cette évolution varie selon l'ancien régime(A) d'une part, et pendant le nouveau régime (B) d'autre part.

A. La chambre administrative de la cour suprême béninoise dans l'ancien régime

Depuis sa création, la Cour suprême bernoise de l'ancien régime a évolué en dents- de- scie. A l'origine, la Cour suprême était essentiellement chargée de la légalité des actes administratifs et juridictionnels, mais aussi de contrôler la régularité des opérations relatives à l'élection du Président et du Vice-président de la République (art.10, de la Constitution de 1960) et l'éligibilité des candidats à l'élection à la députation (art. 29 al.3, de la Constitution de 1960).

En outre, la Cour suprême jouait également un rôle en matière constitutionnelle, mais ce rôle n'était essentiellement que consultatif. Elle était composée de quatre chambres à savoir :

- la chambre constitutionnelle ;
- la chambre judiciaire ;
- la chambre administrative et ;
- la chambre des comptes.

Il existait également un parquet général près cette juridiction qui assurait la mission du Ministère public.

Cependant, durant les années consécutives au fil des mutations politiques qui émaillèrent l'histoire du pays, plusieurs textes juridiques ont modifié, les attributions, l'organisation et le fonctionnement de la Cour suprême y compris le statut des magistrats de la haute juridiction.

Parmi ces textes modificateurs, Victor Dassi ADOSSOU[316]en a énuméré six, il s'agit de :

- la loi n°60-1 du 14 Mai 1960 relative au tribunal de l'Etat ;
- la loi n°61-41 du 18 Octobre 1961 portant création d'un tribunal administratif au Dahomey ;
- la loi n°65-36 du 07 Octobre 1965 portant composition, organisation et fonctionnement de la Cour suprême ;
- la loi n° 21/PR du 26 Avril 1966 portant composition, organisation, attributions et fonctionnement de la Cour suprême ;
- la loi n°84-004 portant organisation judiciaire en République populaire du Bénin.

Enfin, une altération funeste de cette juridiction apparaitra au cours de cette période, avec l'adoption de la loi fondamentale du 26 août 1977, sous le régime révolutionnaire marxiste-léniniste, consacra le changement de la dénomination de cette Cour.

En effet, la Cour suprême devient aux termes de l'article 104 de ladite loi fondamentale, une Cour populaire centrale, suivie des tribunaux

---

[316]V. DASSI ADOSOU, *Histoire de La Cour suprême du Bénin,* op.cit. p.10.

populaires locaux des divers échelons qui constituèrent les organes judiciaires de la République populaire du Bénin.

Il importe de souligner que cette réforme judiciaire est un sacrilège contre l'Etat de droit, car aux termes de l'article 117 de la loi fondamentale, Cette Cour est responsable à la fois devant l'assemblée générale révolutionnaire ou son comité permanent, que devant le Président de la République populaire du Bénin à qui elle rend compte de ces activités.

Quant aux articles 115 et 116 de la même loi fondamentale, cette plus haute juridiction de l'Etat fut composée de juges professionnels, de juges populaires non professionnels et d'autres membres désignés selon la nécessité du service.

Enfin, l'amendement apporté à cette loi fondamentale par loi fondamentale par la loi n°84-003 du 06 Mars 1984 consacra l'existence d'un parquet populaire central autonome chargé du contrôle de l'observation de la loi par les organes dépendant du Conseil Exécutif National, les organes locaux du pouvoir d'Etat, les fonctionnaires et les citoyens[317] .

Comme l'on remarque clairement, les démantibulassions de cette juridiction, à la suite de l'évolution du temps ont massacré toutes les vertus prévues dès son origine. La cour était privée de son indépendance qui est l'élément consubstantiel à tout juge, ainsi l'espoir sera tourné vers le nouveau régime.

B. La chambre administrative de la Cour suprême béninoise dans le nouveau régime

Le nouveau régime de l'Etat béninois a vu le jour depuis la décennie 90, la période au cours de laquelle l'Afrique en général, s'engageant au processus de la démocratisation, avec comme corollaire l'adoption des Constitutions écrites, démocratiques et rigides.

Ce mouvement, comme nous le savons, était mis en œuvre par le moyen des conférences, nationales souveraines, amorcé par le Bénin et importé par beaucoup d'Etats africains, spécialement ceux à tradition française. Cette phase décisive de la refondation de l'Etat vient mettre un terme à toute forme de régime dictatorial qui sévit dans ces Etats depuis l'accession à leurs indépendances. Dès lors, il était inscrit en lettre d'or, le concept « Etat de droit » ainsi que l'indépendance judiciaire dans la quasi-totalité des Etats africains.

---

[317] V. DASSI ADOSOU, *Histoire de La Cour suprême du Bénin,* op.cit. p.10.

C'est ainsi que l'exposé des motifs de la loi n° 90-32 du 11 décembre 1990 portant Constitution de la République du Bénin dispose en ces termes « *NOUS, PEUPLE BENINOIS.... Affirmons solennellement notre détermination par la présente Constitution de créer un Etat de droit, de démocratie pluraliste, dans lequel les droits fondamentaux de l'homme, les libertés publiques, la dignité de la personne humaine et la justice sont garantis, protégés et promus comme la condition nécessaire au développement véritable et harmonieux de chaque béninois tant dans sa dimension temporelle, culturelle que spirituelle* ».

De ce qui précède, l'on observe clairement que la juridiction administrative suprême béninoise tire son origine récente de la Constitution du 11 décembre 190 encore en vigueur à ce jour, qui dispose dans son article 131al que : « *La Cour Suprême est la plus haute juridiction de l'Etat, en matière administrative, judiciaire et des comptes de L'Etat* ».

Cet engrenage de la Cour suprême appelé la Chambre de la section administrative, a également subi une évolution positive depuis sa création jusqu'à ce jour. Cette évolution concerne généralement ses compétences ainsi que son fonctionnement.

La première évolution vient répondre au souhait du législateur, par l'intervention d'une réforme opérée par la loi n° 2001-37 du 27 août 2001 portant organisation judiciaire en République du Bénin, qui a créé des tribunaux de première instance, les juges de droit commun de premier ressort, en matière administrative (articles 49 et 53).

La même loi dispose qu'en matière administrative, les Cours d'appel sont compétentes pour connaître, en dernier ressort du contentieux de tous les actes émanant des autorités administratives de leur ressort (articles 65 et 66). Ces dispositions confinent la chambre administrative essentiellement dans le rôle de juge de cassation mais avec des compétences spécifiques, en premier et dernier ressort.

Ensuite, la justice administrative en général, particulièrement la chambre administrative de la Cour suprême seront aménagées par la loi n° 2004-07du 23 octobre 2007 portant composition, organisation, fonctionnement et attributions de la Cour suprême et la loi n°2004-20 du 17 août 2007 portant règles de procédures applicables devant les formations juridictionnelles de la Cour Suprême qui ont sans doute fait de recyclage tant au niveau de la procédure qu'au regard des compétences de la justice administrative.

Enfin, l'on ne saurait perdre des vues sur loi n" 2016-16 du 28 juillet 2016 modifiant et complétant la loi n°2008-07 du 28 février 2011

portant code de procédure civile, commerciale, sociale, administrative et des comptes en République du bénin.

En Conclusion, la justice administrative a existé depuis l'accession du pays à l'indépendance. Quelques temps après, le régime dictatorial a annihilé toutes les valeurs fondatrices de cette justice. Cependant, les idéaux démocratiques de l'année 1990 a restauré la justice administrative, dans sa forme authentique depuis 1960. Cela étant démontré, le développement suivant qui nous a permis de comprendre le contexte socio-politique de la création de cette juridiction.

§3. Contexte socio-politique de la création de la juridiction administrative suprême béninoise

Comme il a été indiqué plus haut, la Cour suprême (chambre administrative) béninoise, a été créée selon deux contextes différents. A titre de rappel, le premier tire ses épines, deux ans avant l'accession de ce pays à l'indépendance, il a atteint son crépuscule depuis 1977, le second commence au moment de la refondation de l'Etat en 1990.

Nous allons analyser au préalable le contexte socio-politique de la création de cette juridiction tant dans l'ancien régime(A), que dans le nouveau régime (B).

A. Le contexte socio-politique de la création de la Cour suprême de l'ancien régime

Pendant la traite négrière, toutes les sociétés africaines n'ont connu que des pleurs et des grincements des dents, travaillant jours et nuits comme esclaves pour le compte d'autrui (les colons), dans leurs terres aborigènes.

Pendant ce temps, la justice était discriminatoire, car le droit métropolitain, applicable aux Etrangers ou aux colons était différent d'un droit coutumier et tributaire applicable aux indigènes.

La traite négrière fut une situation pénible pour la quasi-totalité des sociétés africaines, tel fut le cas de Bénin.

Vers la fin de cette période, l'intérêt humanitaire s'est fait sentir au monde, généralement après la deuxième guerre monde, la protection de la dignité humaine, des droits individuels et libertés fondamentales des citoyens étaient au centre de toutes les préoccupations de la communauté internationale[318].

Plusieurs instruments internationaux ont consacré des obligations internationales, en vue de la protection du patrimoine commun de l'humanité, à l'instar la Déclaration Universelle des Droits de l'homme et de peuple de 1948.

Au moment de l'accession à son indépendance, un texte constitutionnel devrait garantir une justice impartiale, indépendante, considérée comme un gage commun pour toutes les personnes. La Cour suprême béninoise, héritière du tribunal d'Etat chargé de contrôler et de sanctionner les institutions publiques constitue une solution adéquate contre l'absolutisme et l'impérialisme en faveur du peuple béninois.

Malheureusement, ces idéaux du constituant n'ont jamais prospéré à cause de la mainmise des dirigeants politiques de l'époque qui, ayant non seulement dénaturé le sens originel de cette forme d'institution, mais aussi ont étouffé l'indépendance du juge. De cette évidence, il convient d'analyser la Cour suprême béninoise dans le contexte de sa création actuelle.

B. *Le contexte socio-politique de la création de la Cour suprême du nouveau régime*

Dans sa forme actuelle, la Cour suprême béninoise, est une résultante d'une lutte sociale et politique intervenue au cours de la décennie nonante. Le peuple s'est engagé avec sagacité pour la construction de l'Etat et la restauration des idéologies démocratiques adoptées dès leur accession à l'indépendance. C'est dans cette optique, que Meledje opine dans une formulation élégante que « l'Afrique a connu trois périodes : des acquis au rejet des acquis, pour revenir aux acquis »[319].

Les forums ont permis au Bénin de se forger un Etat de droit démocratique[320], ce dernier professe l'indépendance judiciaire ayant comme

[318] Fort est de constater des multiples instruments juridiques internationaux adoptés dès le lendemain de la deuxième guerre mondiale jusqu'à la période des indépendances politiques des Etats africains.

[319]MELEDJE DF., « *Instabilité chronique* », *in un exemple d'instabilité chronique* Charles *Fombad et Christina Murray, dir, Fostering Constitutionalism in Africa,* Pretoria, Pretoria University Law Press, 2010, pp. 33-50.

[320] Voir le point 3. Du préambule de la loi N° 90-32 du 11 décembre 1990 portant Constitution de la République du Bénin.

corolaire, la paix sociale, la stabilité économique des citoyens, même si cette dernière reste en gestation jusqu'à ce jour.

Comme il a été clairement démontré par les congressistes :« *la Loi fondamentale du Bénin, la Constitution du 11 Décembre 1990, a consacré la détermination du peuple béninois de créer un Etat de droit et de démocratie pluraliste, dans lequel, les droits fondamentaux de l'homme, les libertés publiques, la dignité de la personne humaine et la justice sont garantis, protégés et promus comme la condition nécessaire au développement véritable et harmonieux de chaque béninois tant dans sa dimension temporelle, culturelle que spirituelle* »[321].

Le choix du monisme juridictionnel par la République du Bénin, comme l'avait démontré V. DASSI ADOSOU, « *permet à la Cour (suprême) d'unifier la jurisprudence et de faire en sorte que l'interprétation des textes soit la même sur le territoire national ...car c'est l'unité de la juridiction qui permet l'uniformité de l'interprétation et, par conséquent, l'élaboration d'une jurisprudence appelée à faire autorité*»[322].

C'est dans ce contexte que la juridiction administrative suprême est devenue une spirale de la Cour suprême, contrairement à la France dont elle est inspirée, à la Belgique, et à la République démocratique du Congo qui appliquent le dualisme judiciaire.

Nous remarquons également que le législateur béninois, s'inspirant du Conseil d'Etat français, a voulu affecter la chambre administrative pour légitimer l'expression démocratique, par le moyen de la rédaction et de la modification de tous les textes législatifs et réglementaires, préalablement à leur examen par l'Assemblée Nationale, à condition d'être saisis par le chef de l'Etat[323].

Cette consultation purement facultative, en droit béninois, est différente de celle appliquée en France et en Belgique, Comme nous l'avions vu plus haut, l'on retrouve là aussi des matières dont la consultation est obligatoire.

En somme, la chambre administrative de la Cour suprême dans sa réorientation actuelle, est un fruit des grandes options politiques en vue de

---

321 Le contrôle des actes administratifs par les Cours et tribunaux administratifs10ème congrès de l'association internationale des hautes juridictions administratives (aihja), Sydney – mars 2010, op.cit.

322 V. DASSI ADOSOU, Histoire *de La Cour suprême du Bénin,* op.cit. p.3.

323 Article 132 de la loi N° 90-32 du 11 décembre 1990 portant Constitution de la République du Bénin.

développement de ce pays, la Conférence des Forces Vives de la Nation, tenue en Février 1990, fait de la justice, par son indépendance clairement affirmée, l'épine dorsale du système béninois de gouvernance et le pilier essentiel de l'Etat de droit[324]. C'est à travers celle-ci que les droits et libertés des citoyens sont garantis, la sécurité juridique et économique, sont les facteurs du développement et de la promotion du progrès social.

Désormais, il importe de voir de quelle manière la Cour suprême, spécialement sa section administrative s'organise et fonctionne dans sa forme actuelle.

Section II : *Composition, organisation, attributions et fonctionnement de la chambre administrative*

La chambre administrative de la Cour suprême béninoise constitue un rouage distinct des trois autres qui composent cette institution. Cependant, en raison de la spécificité de l'étude, les autres chambres ne sont évoquées que de manière rudimentaire, se focalisant ainsi spécialement à une chambre. Pour ce faire, nous allons examiner la composition et organisation de cette chambre (section I), ensuite son attribution (section II) avant d'analyser son fonctionnement (section III).

§1. *Composition et organisation de la Chambre administrative de la Cour suprême.*

La Section administrative de la Cour suprême est régie par la loi. Ainsi, l'étude de la Composition ainsi que l'organisation de cette chambre nous pousse principalement à l'examen de cette loi.

De cette manière, nous étudions la composition de cette chambre (A), avant de voir son organisation (B).

A. La composition de la Chambre administrative de la Cour suprême

Avant d'analyser la composition de la Chambre administrative de la Cour suprême béninoise, il importe de rappeler que cette chambre est un engrenage de la Cour suprême. Cette dernière comprend une chambre administrative, une chambre judiciaire, une chambre des comptes (toutes places sous l'auspice d'un président de la Cour suprême), un parquet général, ainsi qu'un greffe central.

---

[324] Le contrôle des actes administratifs par les Cours et tribunaux administratifs10ème congrès de l'association internationale des hautes juridictions administratives (aihja), Sydney – mars 2010, op.cit. p.4.

Cela étant précisé, l'étude ne doit prendre en compte que la chambre administrative, en raison de la spécificité de l'objet de recherche. En effet, la chambre administrative de la Cour est composée du président de la chambre, des sections à l'intérieur desquelles on retrouve des présidents de sections et des conseillers, des assistants des chambres, des membres du parquet et du greffe œuvrant auprès de la Cour suprême, entre autres, le procureur général, des avocats généraux ; des auditeurs, le greffier en chef, des greffiers[325] , sans oublier également le secrétaire général.

Par le dessus de tous, on retrouve un président de la Cour suprême, ce dernier dispose à son tour d'un cabinet pour bien conduire la politique générale de l'institution. Conformément à l'article 21 de loi n°2004-07 du 23 octobre 2007 portant composition, organisation, fonctionnement et attributions de la Cour suprême, ledit cabinet comprend :

- un directeur de cabinet ;
- un directeur adjoint de cabinet ;
- un chef de cabinet ;
- un attaché de cabinet ;
- un service du protocole ;
- un attaché de presse ;
- un secrétariat particulier ;
- un secrétariat administratif ;
- des chargés de mission ;
- un chef du service de sécurité.

Notons également que le président de la chambre administrative, au même titre que tous les autres présidents de chambres, le procureur général près la Cour Suprême ainsi que le président de la cour suprême, font partie du bureau de cette Cour. Outre ce bureau, il existe également une assemblée plénière consultative qui réunit toutes les chambres de la Cour.

En somme, nous pouvons noter que, contrairement autres Etats qui considèrent la Cour de compte comme étant une juridiction administrative spécialisée, le Bénin a érigé la chambre des comptes comme étant un spiral autonome de la Cour suprême placée à la sommité de la justice, en matière financière et dotée des autres compétences propres. Celle-ci sera également prise en compte, même de façon superficielle, par cette étude.

---

325 Voir l'art. 4 de loi n°2004-07 du 23 octobre 2007 portant composition, organisation, fonctionnement et attributions de la cour suprême, JORB, Https:// www.ahjucaf.org(consulté le 20/04 /2020).

B. Organisation de la Cour suprême (chambre administrative)

Dans ce point, nous allons analyser les conditions d'accès à la Cour suprême (1), avant de voir le statut des membres de cette Cour (2).

1. Les conditions d'accès à la fonction dans la Cour suprême

Pour exercer une fonction au sein de la Cour suprême, il existe des conditions de fond et de forme, il s'agit généralement des conditions liées à la nomination, ainsi que les préalables, notamment la prestation du serment.

En effet, aux termes de l'article 5 de la loi de 2007 qui organise la Cour suprême ; « *le président de la Cour Suprême est nommé pour une durée de cinq ans, par le Président de la République, après avis du Président de l'Assemblée Nationale, parmi les magistrats et les juristes de haut niveau, ayant quinze ans au moins d'expérience professionnelle, par décret pris en conseil des ministres* ».

Le président et les conseillers de la Chambre administrative de la Cour suprême, tous comme ceux des autres chambres sont nommés parmi les magistrats et les juristes de haut niveau, ayant quinze ans au moins d'expérience professionnelle, par décret pris en conseil des ministres, par le Président de la République, sur proposition du président de la Cour suprême et après avis du Conseil Supérieur de la Magistrature[326].

L'alinéa 2 de l'article 6 de la loi de 2007 sur la Cour suprême, « *les membres du ministère public sont nommés dans les mêmes conditions et formes que ci-dessus mais sur proposition du ministre chargé de la justice* ». Il en est de même pour le greffier en chef qui est nommé par décret sur proposition du président de la Cour suprême, parmi les officiers de justice titulaires de la maîtrise en droit, ayant au moins quinze ans de service.

« *Les auditeurs sont nommés parmi les magistrats, par ordonnance du président de la Cour Suprême. Ils peuvent aussi être nommés, parmi les juristes et les fonctionnaires titulaires de diplômes universitaires et appartenant à la catégorie A1 de la fonction publique. Ils participent aux activités des chambres et du parquet général. Ils participent aux audiences sans voix délibérative* »[327].

[326] Voir l'article 6 de la loi n°2004-07 du 23 octobre 2000, op.cit.
[327] Article 9 de la loi n°2004-07 du 23 octobre 200, op.cit.

Le président et les autres magistrats de la Cour Suprême, les auditeurs, les assistants de chambre, le greffier en chef et les greffiers prêtent serment, dans les formes et devant les autorités respectives prévues par la loi[328].

2. Le statut des membres de la Cour suprême

Les conseillers de la Cour suprême sont des magistrats, comme tous les autres magistrats du siège, ils sont inamovibles et ne sont soumis dans l'exercice de leurs fonctions qu'à l'autorité de la loi. Ils ne peuvent recevoir sans leur consentement une affectation nouvelle même en avancement.

En ce qui concerne l'incompatibilité, l'article 8 de la loi de 2007 précitée dispose que « *L'exercice des fonctions de magistrat de la Cour Suprême est incompatible avec la qualité de membre du Gouvernement, l'exercice de tout mandat électif, de tout emploi public ou de toute activité professionnelle privée. Des dérogations individuelles peuvent être accordées aux magistrats par le président de la Cour Suprême, le bureau de la Cour entendu, pour donner des enseignements relevant de leur compétence, ou pour exercer les fonctions qui ne seraient pas de nature à porter atteinte à la dignité du magistrat et à son indépendance* ».

§2. Attributions de la chambre administrative de la Cour suprême.

La chambre administrative de la Cour suprême dispose à la fois des attributions communes (A) avec les autres chambres, que de celles propres (B) lesquelles nous intéressent dans la présente étude.

A. Les attributions communes avec les autres chambres

La loi reconnait à la Cour suprême des attributions qui ne peuvent être exercées que par toutes les chambres confondues ou par la sélection des membres de chacune des chambres qui la composent. Cette compétence reconnue également à la chambre administrative ne peut aucunement être écartée par cette étude. Ainsi, l'étude tient d'abord à l'analyse des attributions commune (1) avant d'examiner les attributions propres (2) à la chambre administrative de la Cour suprême béninoise.

1. Les attributions communes de la Cour suprême

La chambre administrative de la Cour suprême dispose des compétences communes avec les autres chambres de la Cour suprême, soit par le moyen de l'assemblée plénière consultative, soit encore en chambres réunies.

---

[328] *Ibidem*. Article 10.

En effet, conformément à l'article 3 de la n°2004-07 du 23 octobre 2007, l'assemblée plénière consultative de la Cour suprême « reçoit obligatoirement ampliation de tous les actes pris dans le cadre de l'exercice du pouvoir réglementaire. Elle est consultée par le Gouvernement, plus généralement, sur toutes les matières administratives et juridictionnelles, ainsi pour tout les projets de lois avant leur adoption au conseil des ministres. Il agit, à cet effet, par voie d'avis.

L'assemblée plénière de la Cour suprême connait la cassation des décisions rendues en dernier ressort par l'une des chambres de la même Cour. Elle peut, de sa propre initiative, appeler l'attention des pouvoirs publics sur les réformes nécessaires.

Elle peut aussi, à la demande du Chef de l'Etat, être chargée de la rédaction ou de la modification de tous les textes législatifs et réglementaires, préalablement à leur examen par l'Assemblée Nationale ou par le Gouvernement. Dans ses conditions, l'interdiction est faite à elle de se prononcer sur l'opportunité des projets qui lui sont soumis.

En outre, elle statue en formation juridictionnelle toutes chambres réunies :

- ✓ sur les renvois d'une juridiction à une autre, pour cause de sûreté publique ou dans l'intérêt d'une bonne administration de la justice, à la requête du procureur général, sur demande du ministre chargé de la justice ;
- ✓ en matière de conflit de compétence ;
- ✓ à la demande du président de la Cour suprême, sur proposition du président de chambre intéressée et après avis du conseiller rapporteur, lorsqu'une affaire pose une question de principe ou lorsque sa solution serait susceptible de causer une contrariété de décisions[329].

Enfin, la Cour suprême est chargée de la mission permanente d'inspection à l'égard de toutes les juridictions administratives, judiciaires et des comptes, ainsi qu'à l'élaboration d'un rapport général et d'un rapport public dans le cadre de l'examen des comptes[330].

---

[329] Arts. 32 al.2 et 48 al.1 de la loi n°2004-07 du 23 octobre 2007 portant composition, organisation, fonctionnement et attributions de la cour suprême, op.cit.

[330] Art. 33 la loi n°2004-07 du 23 octobre 2007 portant composition, organisation, fonctionnement et attributions de la cour suprême, op.cit.

2. *Les attributions propres à la chambre administrative de la Cour suprême*

La chambre administrative de la Cour suprême du Bénin dispose des compétences propres en tant que juridiction de cassation, au niveau d'appel ainsi qu'en du premier et dernier ressort.

a. *La chambre administrative, juge de cassation*

En tant que juridiction de cassation, la chambre administrative connait de toutes les décisions rendues par les chambres administratives d'appel et par les chambres admiratives statuant en premier et dernier ressort[331].

En cas de cassation des arrêts ou jugements qui lui sont soumis, la chambre administrative peut soit renvoyer l'affaire à une autre juridiction du même ordre, soit la renvoyer devant la même juridiction autrement composée. Cette compétence ne lui permet pas de connaitre du fond du litige, sauf pour régler un conflit de compétence et lorsqu'il existe d'une part des solutions divergentes entre les juges du fond et la Cour suprême, et d'autre part, lorsque, après cassation d'un premier arrêt ou jugement, la décision rendue par la juridiction de renvoi est attaquée par les mêmes moyens.

Comme l'on peut observer avec Poulet, « *la chambre administrative de la Cour suprême n'exerçait pas de contrôle de cassation puisque ce contrôle suppose l'existence d'une décision rendue en dernier ressort, par une autre juridiction* »[332].

---

[331] Article 34 de la loi n°2004-07 du 23 octobre 2007 portant composition, organisation, fonctionnement et attributions de la cour suprême, op.cit.

[332] Aux dires de Laurent Poulet, « On pourrait imaginer que la Cour suprême intervienne comme juge de cassation d'une décision rendue par une juridiction administrative à compétence spéciale. Mais la chambre administrative de la Cour suprême connaît « comme juge d'appel, des décisions rendues en premier ressort par les organismes administratifs à caractère juridictionnel » (art. 36, al. 1, de la loi du 23 oct. 2007). L'alinéa 2 de ce même article n'ajoute que « ces mêmes décisions rendues en dernier ressort sont susceptibles de cassation devant la Cour suprême, statuant en assemblée plénière ». Ainsi, soit la décision a été rendue en premier ressort et la chambre administrative de la Cour suprême l'examine comme juge d'appel. Soit la décision a été rendue en dernier ressort et c'est alors l'assemblée plénière de la Cour suprême qui l'examine comme juge de cassation (sur cette question, v. également l'art. 949 du code de procédure civile, commerciale, sociale, administrative et des comptes qui reprend la substance de l'art. 36 préc.). Cela signifie que, pour le moment, la chambre administrative de la Cour suprême n'a pas pu exercer de contrôle de cassation » (L. Poulet, Cassation ici et ailleurs. L'exemple du Bénin, Revue Justice et Cassation (2017, pp.327-352), PDF, p.328).

b. La chambre administrative, juge d'appel

En dernier ressort, la chambre administrative est compétente pour connaitre des décisions rendues en premier ressort par les organismes administratifs à caractère juridictionnel. Ces derniers sont perçus comme des juridictions administratives spécialisées.

c. La chambre administrative de la Cour suprême, juge du premier et dernier ressort.

Cette chambre dispose de plus des compétences au niveau du premier et dernier ressort. Elle connait, en effet, en tant que juge de droit commun des décisions prises en conseil des ministres (art. 34 de la loi du 23 octobre 2007). Elle est également compétente en ce qui concerne le contentieux des élections locales (Art. 131 alinéa 2 de la Constitution du 11 décembre 1990, encore en vigueur).

Aux termes de l'article 35 de la loi n°2004-07 du 23 octobre 2007 portant composition, organisation, fonctionnement et attributions de la Cour suprême : « *En attendant l'installation des chambres administratives, des tribunaux de première instance et des cours d'appel, la chambre administrative de la Cour Suprême est juge de droit commun en premier et dernier ressort, en matière administrative »*. La suite du même article ajoute que « Relèvent du contentieux administratif :

- *les recours en annulation pour excès de pouvoir des décisions des autorités administratives ;*
- *les recours en interprétation de légalité des actes des mêmes autorités, sur renvoi de l'autorité judiciaire ;*
- *les litiges de plein contentieux mettant en cause une personne morale de droit public ;*
- *les réclamations des particuliers contre les dommages causés par le fait personnel des entrepreneurs concessionnaires et régisseurs de l'administration* ;
- le contentieux fiscal ».

Cette compétence de transition, par la chambre administrative a subsisté très longtemps jusqu'au moment de l'installation effective des chambres administratives aux cotés des tribunaux judiciaires qui n'est intervenue que tardivement, c'est-à-dire en 2017[333].

L'installation effective des chambres administratives a déjà mis fin à une grande partie de cette compétence transitoire de la Cour suprême.

---

[333] L. Poulet, *Cassation ici et ailleurs. L'exemple du Bénin*, op.cit. p. .328.

Celle-ci demeure, néanmoins, le juge de transition du droit commun au niveau de l'appel, en attendant également l'installation effective des chambres administratives des Cours d'appel.

Ces juridictions ont été créées par la loi n° 2001-37 du 27 août 2001 portant organisation judiciaire en République du Bénin (les articles 49 et 53 pour les chambres de la première instance et les articles 65 et 66 pour les chambres d'appel). Comme il a été démontré au moment du 10è congrès de l'AIHJA, « *Ces dispositions confinent la chambre administrative essentiellement dans le rôle de juge de cassation* »[334].

En somme, la chambre administrative de la Cour suprême béninoise dispose des compétences propres, en matière de légalité des actes administratifs entachés de l'excès de pouvoir. Cette dernière implique également le corollaire la protection des traités et accords internationaux dûment ratifiés par l'Etat béninois. En sus, il est également, le juge du contentieux des élections locales et de cassation. Enfin, en tant que rouage de la Cour suprême, elle dispose des compétences communes, lorsqu'elle intervient soit par le truchement de l'assemblée plénière, soit par le moyen des chambres réunies.

§3. Fonctionnement de la Cour suprême et la procédure devant sa chambre administrative

En raison du caractère central ou moniste de la Cour suprême, il est impossible d'examiner l'organisation de la chambre administrative séparément des autres rouages qui constituent un tout. Ainsi, pour des raisons de commodité, nous étudions de manière globale l'organisation de la Cour mais aussi sans s'étendre sur la matière, il nous convient de dire un mot sur la procédure devant la chambre administrative (B) de cette Cour.

A. Fonctionnement de la Cour suprême béninoise

Le fonctionnement de la Cour suprême nous conduit à l'examen de ses organes ainsi que le rôle qu'ils assument pour alimenter la Cour.

La Cour suprême béninoise fonctionne sous le haut patronage du président qui engage l'institution. Ce dernier « *assure l'administration et la discipline de la Cour Suprême. Il arrête par ordonnance le règlement intérieur, le bureau de la Cour entendu ; organise les services intérieurs de la Cour. Il est l'ordonnateur chargé de l'exécution du budget de la Cour Suprême. Il fixe par ordonnance, les indemnités et les avantages en nature à*

---

[334] *Le contrôle des actes administratifs par les Cours et tribunaux administratifs, 10ème congrès de l'association internationale des hautes juridictions administratives* (aihja), Sydney – mars 2010, op.cit. p.5.

accorder aux magistrats et au personnel de la Cour Suprême dans le cadre de sa dotation budgétaire »[335].

Le président procède, par ordonnance, à la répartition au sein des chambres, des magistrats de la Cour suprême, après avis du bureau de la Cour, mais l'obligation lui faite de ne pas porter atteinte à l'indépendance du juge. Le président de la Cour suprême distribue les affaires et surveille les rôles et fixe, par ordonnance, la périodicité des audiences après avis du procureur général. La date en est portée à la connaissance du public par affichage dans les bâtiments de la Cour.

Enfin, il préside l'assemblée plénière, suppléé en cas d'empêchement par le doyen des présidents de chambre, ou à défaut de celui-ci par le doyen des conseillers.

Au regard de l'article 20 de la loi du 23 octobre 2007 portant composition, organisation, fonctionnement et attributions de la Cour, le secrétaire général nommé par ordonnance du président de la Cour parmi les conseillers assure la coordination judiciaire et juridique de la Cour Suprême sous l'autorité du président de la même Cour. Dans le cadre cet exercice, le secrétaire général coordonne les activités de la direction de la documentation et d'étude. L'organisation et le fonctionnement du secrétariat général sont fixés par ordonnance du président de la Cour, le bureau entendu.

Il existe au sein de la Cour, un bureau de composé : du président de la Cour suprême ; des présidents de chambres, du procureur général près la Cour suprême.

Les chambres administratives, judiciaires et celle des comptes sont formées chacune d'un président et d'au moins quatre conseillers. Chaque chambre est divisée en sections présidées par des présidents de sections. Les chambres siègent à cinq magistrats au moins. Toutefois, elles peuvent, en cas de besoin, siéger à trois magistrats. A l'instar de la France et de la Belgique les conseillers peuvent indifféremment, en cas de nécessité, siéger à l'une quelconque des chambres de la Cour.

Il sied de noter que « l'assemblée *plénière est composée de l'ensemble des magistrats de la Cour. Elle est convoquée par le président de la Cour Suprême ; elle siège valablement lorsque les deux tiers des membres qui la composent sont présents. En cas de partage de voix, celle du président de la Cour Suprême est prépondérante »*[336].

---

[335] Art.18 Article de la loi n°2004-07 du 23 octobre 2007 portant composition, organisation, fonctionnement et attributions de la cour suprême, op.cit. p.58.

[336] Art. 25 Article de la loi n°2004-07 du 23 octobre 2007 portant composition, organisation, fonctionnement et attributions de la Cour suprême, op.cit.

Lorsque « *la chambre judiciaire et l'assemblée plénière, statuant en matière de droit traditionnel, peuvent s'adjoindre avec voix consultative, deux assesseurs choisis par le président de la Cour Suprême sur une liste de personnes réputées pour leur connaissance de la coutume présentée avant le 31 décembre de chaque année par le ministre chargé de la justice* »[337].

Le greffier en chef et les greffiers tiennent la plume aux audiences et le greffier en chef assure le secrétariat de l'Assemblée plénière et du bureau de la Cour. Il tient à jour un fichier contenant les sommaires des arrêts rendus, il aide à l'élaboration et à la diffusion d'un bulletin semestriel des arrêts de la Cour et conserve la minute des arrêts et en délivre expédition. Enfin, toutes les procédures et les affaires à caractère contentieux soumises à la Cour suprême sont obligatoirement communiquées au ministère public[338].

Quelle sera alors la procédure devant la chambre administrative de la Cour suprême béninoise ? Découvrons la réponse dans la suite du développement.

B. La procédure devant la chambre administrative de la Cour suprême

Les règles générales de procédure applicables devant la Chambre Administrative de la Cour suprême sont fixées par la loi n° 2004-20 du 17 août 2007 portant règles de procédures applicables devant les formations juridictionnelles de la Cour Suprême. Mais, avec le souci d'éclairer aux citoyens sur l'ensemble du déroulement judiciaire, le législateur a mis en commun tous les textes qui organisent de manière générale la procédure devant la juridiction du droit commun. Cela s'est matérialisé par le vote d'une loi n° 2008-07 du 28 Févier 2011 portant code de procédure civile, commerciale. Sociale, administrative et des comptes.

Cependant, il existe d'autres textes particuliers qui organisent des procédures selon la nature du domaine de l'affaire, notamment le Code général des Impôts. En cas de contradiction entre les règles générales et celles prévues par la loi particulière, c'est la procédure particulière qui est suivie pour le règlement des instances se rapportant au domaine considéré en vertu du principe *generalibus specilia dérogeant*.

Dans cette partie, la procédure qui sera prise en compte est spécialement relative au contentieux administratif, en raison de sa complexité par rapport à la procédure consultative. Pour ce faire, nous allons analyser la

---

337 *Idem.*, art.26.

338. Art. 31 al.2.de la loi n°2004-07 du 23 octobre 2007 portant composition, organisation, fonctionnement et attributions de la Cour suprême, op.cit

saisine du juge administratif (1), avant d'examiner le déroulement d'instance (2).

1. *La saisine du juge de la chambre administrative de la Cour suprême*

En matière contentieuse, tout comme gracieuse le requérant doit remplir des conditions pour que sa demande soit déclarée recevable.

En effet, de la même manière qu'en France, en Belgique et en R.D.C, la requête pour le recours en annulation est précédée d'un *recours préalable* qui peut être soit gracieux (devant l'autorité qui a pris l'acte) ou hiérarchique (devant la hiérarchie de l'auteur de l'acte) comme condition sine qua non pour la recevabilité d'un recours pour excès de pouvoir ou de plein contentieux[339] . Au Bénin, celui-ci doit s'exercer dans les deux mois à compter de la publication ou de la notification de la décision qui fait grief. Néanmoins, ce délai varie, dans certains cas particuliers, notamment en matière fiscale.

Ainsi que l'article 148 Code général des Impôts dispose, entre autres, que « *quelle que soit la nature des impôts et taxes en cause, les contestations élevées par les contribuables sont d'abord obligatoirement soumises, par voie de réclamation, au Ministre chargé des finances (Direction Générale des Impôts et des Domaines)* ».

Cette disposition a été renchérie par loi n° 2008-07 du 28 Févier 2011 portant code de procédure civile, commerciale, sociale, administrative et des comptes, libellé comme suit :« *Quelle que soit la nature des impôts et taxes en cause, les contestations relevées par les contribuables sont d'abord obligatoirement soumises, par voie de réclamation, à l'administration des impôts, soit au ministre chargé des finances (Direction générale des impôts et des domaines), soit directement à l'auteur de l'acte portant grief. L'administration des impôts doit notifier sa décision au réclamant dans un délai de six (06) mois suivant la date de présentation de sa demande* »[340].

En outre, lorsque la chambre statuant comme juge du commun en premier et dernier ressort des décisions prises en conseil des ministres, l'alinéa. Premier de l'article 827 dispose qu' « *avant de se pourvoir contre une décision individuelle, le demandeur doit présenter un recours hiérarchique ou gracieux tendant à faire rapporter ladite décision. Le silence*

---

339 Voir les arts. 827 à 829 de la loi n° 2008-07 du 28 Févier 2011 portant code de procédure civile, commerciale. Sociale, administrative et des comptes, https://ssg.gouv.bj, PDF, p.105 (Consulté le 25 Avril 2020).

340 Art. 950 al. 2 de par loi n° 2008-07 du 28 Févier 2011 portant code de procédure civile, commerciale, Sociale, administrative et des comptes op.cit. p.121.

*gardé plus de deux (02) mois par l'autorité compétente pour le recours hiérarchique ou gracieux vaut décision de rejet ».*Dans tout le cas, le silence de plus de deux mois par l'autorité administrative hiérarchique vaut décision de rejet.

Le deuxième élément qui tire notre attention est le *délai,* dans la procédure générale de la loi n° 2004-20 du 17 août 2007, lorsque le requérant a opté pour un recours administratif préalablement à la saisine du juge, l'autorité administrative dispose d'un délai de deux mois pour donner suite au recours. Le code général des impôts, par contre, accorde au Ministre des Finances, un délai de six mois pour notifier sa décision au réclamant. Lors que la chambre administrative siège en premier et dernière ressort, le délai de recours pour excès de pouvoir est de deux (02) mois. Ce délai court dès la date de publication ou de notification de la décision attaquée, et peut être suspendu en cas du silence de l'autorité administrative à qui la demande est adressée. Dans ce cas il sera initialement renouvelé contre ce silence qui vaut rejet (art. al. 1 et 2 de l'article 827 du Code de procédure civile, sociale, administrative et des comptes).

En matière de pourvoi en cassation, la combinaison des articles 923 et 953 du Code de procédure civile, commerciale, administrative et des comptes, le délai pour se pourvoir en cassation sous peine d'irrecevabilité est de trois (03) mois à compter du prononcé de la décision contradictoire.

Un autre élément essentiel pour saisir le juge est l'écrit. Le juge est saisi par la requête qui prend la forme et contient toutes les mentions exigées par la loi. Cette requête doit être signée par le requérant ou son avocat lorsqu'il émane des personnes physiques, et par le représentant ou le délégué lorsqu'il s'agit des personnes morales.

Si l'écrit est obligatoire en premier et dernier ressort, ce n'est pas pour autant en matière de pourvoi en cassation, car aux termes de l'article 119 du code de procédure civile, commerciale, sociale, administrative et des comptes « *Le pourvoi est formé, soit par déclaration au greffe de la juridiction qui a rendu la décision attaquée, soit par écrit conformément aux dispositions de l'article 693 du présent code* ». Dans ce cas, le choix de l'écrit est facultatif, mais la déclaration de pourvoi est faite au greffe qui a rendu la décision ou par écrit obligatoirement signé par un avocat.

Ensuite, il faut évoquer *la nature de l'acte attaquable* devant la chambre administrative de la Cour suprême siégeant en tant que juge de droit commun en premier et dernier ressort, il ne connait que des décisions prises en conseil des ministres, des élections locales, ainsi que le contentieux fiscal. Sauf lorsqu'elle siège sur des matières révolues à une autre juridiction en attendant l'installation de celle-ci et, conformément à la loi. En appel, la décision doit être rendue en première instance par un organisme à caractère juridictionnel. Enfin, au niveau de la Cassation, l'affaire doit être rendue en première et derrière instance, soit lorsque les voies de recours ordinaires ne sont plus possibles. L'acte ou la décision attaquable doit être en principe *définitif et portant grief.*

Un autre élément c'est *la consignation.* Tout requérant doit consigner au *greffe* de la Cour, une somme de quinze mille (15*000)* francs dans le délai de quinze (15) jours à compter de la mise en demeure qui lui sera faite par la lettre recommandée avec demande d'avis de réception ou de notification administrative, excepté les personnes morales de droit public ; les justiciables admis au bénéfice de l'assistance judiciaire… (arts. 831 et 832 du code la procédure civile, commercial sociale, administrative et des comptes).

Enfin, nous pouvons citer *l'intérêt.* En se fondant sur le principe, l'intérêt est la mesure de l'action, au Bénin, le juge administratif apprécie largement l'intérêt. Toutefois, il peut exiger au requérant de le motiver. Le *requérant* lui-même doit avoir la capacité juridique d'exercice. Il doit être soit une personne physique, soit une personne morale publique ou privée, soit encore un groupe des personnes publiques et/ ou morales.

2. Le déroulement de l'instance devant la chambre administrative de la Cour Suprême de Justice béninoise

Le déroulement de l'instance fait appel à beaucoup d'acteurs et des différents principes applicables. En effet, lorsque l'affaire a été enrôlée par le greffe, là où les affaires inscrites à l'extrait du rôle sont déterminées par le président de la Cour suprême.

Il existe un principe du contradictoire, en raison du caractère essentiellement écrit de la procédure, les arrêts rendus sont contradictoires en dépit de l'absence éventuelle des parties ou de leurs défenseurs ; sauf, les recours gracieux.

La procédure est également régie par le principe de collégialité des juges qui siègent principalement au nombre de cinq, le cas échéant, au nombre de trois. Cela permet non seulement une délibération plus démocratique par la majorité, mais aussi à assurer une bonne justice et à légitimer la décision. Car, selon un principe général du droit : « *le juge unique est un juge inique* ». En dépit de ce caractère collégial, il existe des cas où le juge siège seul, il s'agit notamment en matière d'urgence.

C'est ainsi qu'en matière de référé administratif, la loi n° 2004-07 du 23 octobre 2007 portant composition, organisation, fonctionnement et attributions de la Cour suprême, en son article 39, 1er tiret, donne compétence non pas à une formation collégiale, mais plutôt au Président de la Chambre administrative : « *Dans tous les cas d'urgence ou lorsqu'il s'agira de statuer provisoirement sur les difficultés relatives à l'exécution d'un acte administratif, le président de la chambre administrative peut, sur simple requête recevable même en l'absence d'une décision administrative préalable, prescrire par ordonnance toute mesure utile d'expertise ou d'instruction* ».

En outre, la procédure administrative est dirigée par le juge à travers le Conseiller Rapporteur (article 12 de la loi n° 2004-20). Celui-ci joue un rôle essentiel dans le cours de l'instance. Il assure la mise en cause des parties intéressées, ordonne les communications en fixant leurs modalités, leur étendue, les délais de réponse. C'est lui qui décide des mesures d'instruction, sans être obligé d'ordonner les mesures sollicitées par les parties. Il peut même exceptionnellement supprimer ou écourter l'instruction lorsqu'il apparaît que la solution de l'affaire est d'ores et déjà certaine (art. 15).

Il a la charge de déclarer l'affaire en état d'être, les divers incidents de l'instance donnent lieu à une décision de sa part. Le tiers peut intervenir soit par sa propre initiative, soit de manière forcée par le juge. Cette solution permet au juge et au requérant d'obtenir les preuves ou les moyens de conviction qui sont entre les mains des tiers.

Comme le cas du réquisitoire du Ministère public en R.D.C., le rapporteur ou rapporteur public, en France et le ministère public du Bénin se prononce par voie de conclusion. En Belgique, cette pratique peut être assimilée, avec les réserves qui s'imposent, à l'auditorat du Conseil d'Etat qui, au contentieux, participe activement à l'instruction du recours et, suivant le principe du double examen, donne son avis à l'audience.

Le ministère public béninois représente le parquet, il participe à toutes les audiences de la Chambre administrative et des autres chambres de la Cour. Le procureur général (ou l'Avocat général qui le représente) présente ses conclusions écrites et les développe oralement à l'audience s'il le souhaite.

A l'opposé de rapport du Conseiller-Rapporteur, les conclusions du Parquet Général sont publiques. Elles se situent invariablement après la clôture de l'instruction, de sorte que leur prononcé n'est pas une atteinte au caractère écrit de la procédure d'instruction.

Pour présenter ses conclusions, « *le représentant du Parquet Général prend toujours la parole le dernier. Il est tenu de conclure, c'est- à-dire de se prononcer dans un sens donné. Le Parquet Général a pour mission d'exposer les questions que présente à juger, chaque recours contentieux et de faire connaître, en formulant en toute indépendance, ses conclusions, son appréciation sur les circonstances de fait de l'espèce et les règles de droit applicables, ainsi que son opinion sur les solutions qu'appelle, selon lui, le litige soumis à la juridiction administrative »*[341].

Contrairement à la pratique courante reconnue en France ainsi qu'en Belgique qui est celle de l'accès à la juridiction administrative par le moyen de l'Internet, appelée communément la procédure de « télé- recours », au Bénin, le juge administratif béninois ne peut être saisi au moyen des requêtes formées en faisant usage des nouvelles technologies, l'Internet par exemple.

Néanmoins, l'expérience d'une telle pratique a été observé de manière saccadée au Bénin, en matière de contentieux électoral, par la loi n° 2007-25 du 23 novembre 2007 portant règles générales pour les élections en République du Bénin dispose en son article 117 que *«la Cour Suprême est saisie par une requête écrite adressée au greffe de la Cour, au greffe du tribunal de première instance territorialement compétent, au Chef d'arrondissement, au Maire, au Préfet ou au Ministre en charge de l'administration territoriale. Le greffe du tribunal de première instance territorialement compétent, le Chef d'arrondissement, le Maire, le Préfet ou le Ministre en charge de l'administration territoriale saisi, avise par télégramme ou tous autres moyens de communication appropriés, le greffe de la Cour et assure, sans délai, la transmission de la requête dont il a été saisi ».*

Les intervenants du 10ème congrès de l'association internationale des hautes juridictions administratives affirment avec raison que « *Plusieurs justiciables très éloignés du siège de la Cour suprême ont pu bénéficier de cette disposition à l'occasion des élections locales de 2008, se trouvant ainsi épargnés d'avoir à se déplacer jusqu'à Cotonou pour déposer leurs recours souvent enfermés dans des délais très courts ».* Nous pensons que cette initiative mérite d'être saluée et, par conséquent, être étendue pour tous les contentieux devant la chambre administrative au bénéfice des citoyens.

Enfin, comme en Belgique et ailleurs, l'introduction d'un recours du contentieux administratif ne suspend pas l'exécution de la décision attaquée (article 1er de la loi n° 2004-20). Celle-ci s'applique normalement, en attendant son annulation éventuelle par le juge. Sauf, s'il existe au profit du justiciable, une procédure de sursis à exécution. Sur demande expresse de la partie requérante, la chambre administrative peut, à titre exceptionnel,

---

[341] Le contrôle des actes administratifs par les Cours et tribunaux administratifs, 10ème congrès de l'association internationale des hautes juridictions administratives (aihja), Sydney – Mars 2010, op.cit.9.

ordonner le sursis à l'exécution des décisions des autorités administratives contre lesquelles a été introduit le recours en annulation (art. 36)[342].

En somme, la procédure, organisée au Bénin est simpliste et profitable au requérant, car la gratuité de justice est accrue en dépit de quelque dérisoire frais de justice, la situation des indigents est prise en charge par l'instance. La justice est conduite sur base des principes qui consolident l'indépendance, l'impartialité du juge et le traitement équitable de la partie. Néanmoins, le chat reste à fouetter pour renforcer les mesures d'exécution des décisions et d'améliorer ces conditions aux exigences de la nouvelle technologie. Cela étant, le désir reste plus de découvrir l'activisme du juge.

Section III : Le Juge administratif suprême béninois dans le cadre de l'exercice de ces fonctions essentielles

La mission de dire le droit accordé par les textes au juge administratif comporte, en son sein, plusieurs autres missions qui concourent à l'intérêt général et à la consolidation de l'Etat de droit.

La justice considérée comme le gage social des citoyens est mouvementée par le juge. C'est ainsi que ce dernier est considéré comme la boussole, nous savons tous le rôle indispensable de la boussole dans un avion en cours de décollage. Dans ces conditions, le juge doit investir son audace dans l'exercice de ses missions conformément à l'intérêt général et à la loi. En cas de silence de cette dernière, il peut faire appel aux autres sources du droit avec impartialité et avec toute indépendance.

En outre, la Cour suprême béninoise (Chambre administrative), à l'instar des juges administratifs suprêmes des autres Etats du monde, s'est vue être associée par le Constituant, au processus de l'élaboration des normes juridiques, avec un particularisme, de ceux pris à l'initiative du gouvernement. Elle a aussi pour tâche de conseiller celui-ci.

Ainsi, l'examen de cette section va préalablement prendre soin de dégager le syncrétisme des missions essentielles révolues à la chambre administrative de la Cour suprême béninoise (§1), ensuite nous allons examiner quelques cas pratiques qui prouvent son activisme (§), avant d'indiquer les difficultés d'exercice et le résultat (§3).

§1. *Le syncrétisme des missions essentielles de la chambre administrative de la Cour suprême*

Les missions reconnues à la chambre administrative de la Cour suprême, dans sa casquette de la juridiction administrative suprême sont

---

342 Art 893 de la loi portant code de procédure.

diverses, mais les plus essentielles peuvent être regroupées au nombre de deux : entre autres, conseiller de l'exécutif (A) et assurer le contrôle de légalité(B).

A. La chambre administrative de la Cour Suprême, Conseil juridique du gouvernement

Le Constituant béninois, inspiré par la France, a établi la Cour suprême comme conseiller du gouvernement. Ce dernier le consulte pour être éclairé dans toutes les questions administratives et juridictionnelles. Ensuite, la Cour donne les avis motivés sur tout projet des lois avant leur délibération au Conseil des Ministres. Enfin, le Constituant reconnait également à ce même juge la possibilité de participer à l'élaboration de certaines normes importantes du pays pris à l'initiative du gouvernement.

C'est ce qui ressort clairement de la lecture combinée de l'article 105 al.2 et 132 de la Constitution du 11 décembre 1990, encore en vigueur. En effet, aux termes de l'alinéa 2 de l'article 105 de cette Constitution : « *Les projets de loi sont délibérés en Conseil des Ministres, après avis motivé de la Cour Suprême saisie conformément à l'Article 132 de la présente Constitution et déposés sur le Bureau de l 'Assemblée Nationale* ».

L'article 132 ajoute que : « *La Cour Suprême est consultée par le Gouvernement plus généralement sur toutes les matières administratives et juridictionnelles. Elle peut, à la demande du Chef de l'Etat, être chargée de la rédaction et de la modification de tous les textes législatifs et réglementaires, préalablement à leur examen par l'Assemblée Nationale* ».

A la lumière de ces dispositions, il se dégage deux rôles consultatifs distincts confiés au juge suprême. Le premier est obligatoire et le second est facultatif. En effet, le premier rôle consiste à conseiller le gouvernement par voie d'avis motivé. Premièrement, pour tous projets de lois avant leur délibération au Conseil des Ministres, par conséquent avant leur examen par l'Assemblée Nationale. Deuxièmement, pour toutes les questions administratives et juridictionnelles auxquelles le gouvernent doit se prononcer, dans ces deux hypothèses, le gouvernement par le biais de son chef, le Chef de l'Etat, est tenu de consulter la Cour suprême en vue d'être éclairé.

Le second, par contre, est facultatif. Cela signifie que le chef de l'Etat dispose de tout pouvoir d'appréciation de consulter ou non cette Cour pour de rédiger ou modifier le texte législatif ou réglementaire avant son examen préalable par l'Assemblée Nationale.

De tout ce qui précède, nous remarquons que, à l'instar de la Belgique et de la France, la Cour suprême béninoise joue un rôle important en donnant des avis au gouvernement pour toutes les questions administratives et juridictionnelles, mais aussi pour tous les projets de lois qui émanent de son initiative.

Outre, ce rôle de conseillère du gouvernement, la Cour suprême apparait également comme habile ouvrier du gouvernement pour l'élaboration des normes juridiques prises à l'initiative du gouvernement, sur base de la demande de son chef.

Contrairement aux Conseils d'Etat français et belge, la Cour suprême béninoise, n'est pas le Conseil du parlement. Cependant, le constat est amer, lorsqu'on retrouve qu'il y a absence de la spécificité du juge en matière consultative au Bénin, les membres de la chambre administrative suprême participent à ces activités pour décider de commun en accord avec les membres des autres chambres de la Cour suprême.

Ce dernier élément pèche au principe de la séparation nominale des pouvoirs et entraine, sans doute, des conséquences sur la qualité de l'acte fourni par un juriste qui n'a pas des connaissances approfondies ou spécialisées de la question qu'il est appelé à trancher. Enfin, la procédure en matière consultative n'est pas déterminée par la loi qui réglemente la procédure devant les chambres de la Cour suprême.

En dépit de toutes ces observations, la chambre administrative suprême participe, selon sa cote part, en vue de fournir des réponses aux questions administratives et juridictionnelles qui lui sont soumis par le gouvernement. Ces réponses sont données par voie d'avis. Par ce rôle, cet engrenage de la Cour suprême contribue à la légitimation et au renforcement des actes des autorités administratives à la fois comme instigatrice et comme éclaireur.

En outre, elle aide le gouvernement au moyen des avis à relever ses erreurs sur les projets de lois qui risquent être rejetés au moment de leur examen par l'Assemblée nationale ou annulés par le contrôle de constitutionnalité devant le juge constitutionnel[343].

---

[343] Le juge constitutionnel béninois connait la constitutionnalité des actes législatifs, ce contrôle peut être à priori (avant la promulgation), soit à postériori (après la promulgation de la loi) par voie d'action ou par voie d'exception conformément aux articles (voir les articles 114, 117, 120, 121, 122, 123 et de la Constitution Béninoise)

Enfin, l'intervention des plusieurs acteurs au processus de l'élaboration des normes juridiques est une vertu, pour l'Etat de droit, car elle permet l'amélioration de la qualité de la législation. Par le moyen de la rédaction et de la modification du projet des normes du gouvernement, comme nous avions vu pour le cas de la France et de la Belgique, la norme juridique subit un contrôle en amont par le juge et, par conséquent, elle permet de résoudre à l'avance le conflit des normes.

En somme, le juge administratif est un véritable conseiller du gouvernement. Il est, en effet, un bras sécurisé de ce dernier lorsqu'il éprouve des difficultés sur toutes les questions administratives et juridictionnelles[344]. Ces conseils lui sont profitables pour éviter la contrariété des actes pris par les pouvoirs publics aux autres normes juridiques et à l'intérêt général ou individuel.

Dans cette optique, la Cour Suprême interprète la Constitution ou la loi (au sens large) pour éclairer les pouvoirs publics en rapport avec la question qui lui a été posée. En l'associant à l'élaboration et à la modification des projets des actes législatifs et réglementaires[345], la chambre administrative de la Cour suprême, participe à l'amélioration de la qualité de droit au Bénin. Mais le juge administratif assure également le contrôle de la légalité.

B. La chambre administrative de la Cour suprême assure le contrôle de la légalité

Assurer le contrôle de la légalité est une réalité protéiforme, pour atteindre le but, plusieurs actions sont posées par juge administratif suprême. A cet effet, ce dernier vise, d'une part, à établir l'équilibre entre l'administration et les particuliers, en garantissant les droits et libertés de chacun, et d'autre part, d'éviter la contrariété des normes juridiques au sein de l'Etat, en retirant les normes et décisions illégales ou entachées d'excès de pouvoir, avec comme but de restaurer l'ordre public ou de préserver l'intérêt général.

D'une manière générale, la chambre administrative de la Cour suprême béninoise exerce cette fonction par le moyen de la conformité des décisions administratives et juridictionnelles aux normes juridiques (1), à travers le contentieux de l'annulation et de la cassation (2), dont l'étendue ainsi que l'exécution méritent d'être précisées (3).

---

344 Article 132 al. 1er de la Constitution en vigueur en République du Bénin.
345 Art. 132 al.2 de la Constitution précitée.

1. Le juge administratif assure la conformité des décisions administratives et juridictionnelles aux normes juridiques

Au cours de l'examen de cette mission du juge administratif suprême, deux concepts méritent d'être préalablement éclairés, il s'agit d'une part, des actes administratifs ainsi que la loi, d'autre part. En effet, en face du silence de la loi voire de la jurisprudence au sujet de sa définition[346], par *actes administratifs*, on entend toutes les décisions administratives unilatérales prises par les autorités administratives publiques ou privées dans l'exécution de leurs fonctions administratives.

Sont exclus du contrôle de légalité, les actes législatifs et règlementaires qui sont annulables par le juge constitutionnel[347] et les circulaires (interprétatives), en tant qu'elles ne font qu'expliciter ou fixer les modalités d'application des lois et règlements, ne sont pas des décisions administratives, sauf s'il est avéré que, au-delà de la simple interprétation de la loi, elles contiennent de véritables décisions administratives faisant d'elles des actes administratifs authentiques susceptibles de faire grief[348]. Mais aussi les actes dits de gouvernement ne sont pas contrôlables par le juge administratif[349].

En ce qui concerne la loi, elle est comprise au sens large et au sens strict. Au sens large du terme, la chambre administrative de la Cour suprême n'est pas le juge de la constitutionnalité, cette mission est confiée au juge constitutionnel. Réciproquement, avec la Cour constitutionnelle, elle se déclare donc constamment incompétente à examiner les moyens de droit des requérants tirés de la violation de la Constitution. Néanmoins, à l'instar de la pratique jurisprudentielle française[350], elle peut se permettre de contrôler, à titre de contrôle de légalité, la conformité à la Constitution lorsque aucune loi ne s'interpose entre l'acte administratif concerné et la Constitution.

La chambre administrative de la Cour suprême, comme tout autre juge administratif béninois, assure le contrôle du respect des traités et accords internationaux. Aux termes de l'article 147 de la Constitution du 11 décembre 1990 toujours en vigueur, « *les traités ou accords régulièrement ratifiés ont, dès leur publication, une autorité supérieure à celle des lois, sous réserve, pour chaque accord ou traité, de son application par l'autre partie* ».

---

346 P-L FRIER ; J. PETIT, *Droit administratif, op.ci.* P.408.

347 Art. 117 al. 3 de la constitution béninoise du 11 décembre 1990, op.cit. p.29.

348 L. YUMA BIABA, le manuel de droit administratif général, Ed. CEDI, Kinshasa 2012, p.55.

349 *Idem.* p. 112.

350 C.E. 08 janvier 1972, Conseil transitoire des lettres de Paris, p. 90).

Comme il a été approuvé par les congressistes de 2010, « *cette compétence se justifie d'autant plus que tout en ayant une autorité supérieure à celle des lois, les traités et accords internationaux n'ont pas valeur constitutionnelle. Ils sont négociés et signés par le pouvoir exécutif, et leur ratification qui les intègre au droit interne béninois est l'œuvre du même exécutif, plus précisément du Président de la République qui, aux termes de l'article 41 de la Constitution, est garant, entre autres, des traités et accords internationaux* »[351].

Dans le respect strict de la loi, la chambre administrative de la Cour suprême béninoise assure la légalité au sens strict des actes administratifs, il s'agit là de la compétence classique de tout juge administratif. Outre la conformité des actes administratifs à la loi, le juge, dans son contrôle de la qualification juridique des faits, pratique un contrôle de proportionnalité entre les motifs d'une décision administrative et le contenu de cette décision. Enfin, le juge administratif béninois, par ses arrêts de cassation, en matière administrative qui sont non susceptibles d'aucun recours, veille au contrôle normatif et disciplinaire sur les décisions rendues par les juridictions inférieures.

Par ce rôle, la chambre administrative de la Cour suprême vise à uniformiser les règles juridiques. Après en avoir vérifié la conformité, le juge administratif aura deux possibilités, soit valider la décision, si elle est conforme à la loi, soit l'annuler, ce dernier élément implique une autre mission.

2. *La chambre administrative de la Cour suprême, juge de contentieux d'annulation*

Le recours pour excès de pouvoir selon Théodor Enone Ebon a été longtemps considéré comme le recours de légalité, l'expression qui peut réduire les champs des règles que l'acte administratif doit respecter aux seules lois stricto sensu[352].

Or, poursuit-il, en utilisant l'expression « bloc de légalité », le juge béninois englobe ainsi toutes les normes en vigueur au Bénin. Ce qui

---

[351] Le contrôle des actes administratifs par les Cours et tribunaux administratifs10ème congrès de l'association internationale des hautes juridictions administratives (aihja), Sydney – mars 2010, op.cit. p.13.

[352] T. Enone Eboh, Le délai dans le Contentieux de l'excès de pouvoir au Bénin, Université nationale du Bénin 2004 www. Memoireonlin.com (Consulté le 26 Avril 2020)

signifie que l'autorité administrative est obligée de se conformer aux différents éléments de l'ordre juridique lorsqu'il veut édicter sa décision[353]

Le contentieux d'annulation est un contentieux objectif qui est le rôle traditionnel de tout juge administratif. Après l'examen de la conformité d'une décision administrative par chambre administrative de la Cour suprême, et que ladite décision s'avère illégale, la conséquence est toute logique que cette décision doit être annulée.

Nous avions vu plus haut l'étendue de la compétence de la chambre administrative de la Cour suprême dans cette matière, il s'agit généralement des actes pris en délibéré au conseil des ministres qu'elle examine en premier et en dernier ressort ainsi que les décisions rendues en premier ressort par les organismes privés à caractère juridictionnel.

Dans le cadre de ce rôle, la chambre administrative du Conseil d'Etat exerce la mission de la consolidation de l'Etat de droit, en soumettant l'administration au droit. Mais aussi, elle restaure l'ordre public troublé par la violation de la loi, en prônant le retour à la légalité.

Outre l'annulation, plusieurs autres questions se posent auxquelles l'intervention du juge administratif est indispensable. En effet, l'exécution d'une décision prise conformément à la loi peut causer un dommage exceptionnel ou moral à une personne. Dans ce cas, la responsabilité civile de l'administration ou de la puissance publique sur l'acte sera-t-elle engagée par le juge béninois ? En outre, une décision administrative illégale entraine souvent des préjudices au requérant, mais l'administration ou l'auteur de l'acte peut refuser d'exécuter la décision en dépit de cette annulation, le juge administratif doit-t-il s'arrêter là, où doit-t-il poursuivre l'exécution de sa décision ? Qu'est doit faire le juge administratif lorsqu'une décision annulé a causé préjudice au requérant ?

Les réponses à toutes ces questions seront trouvées dans l'examen du rôle du juge administratif suprême, dans la suite du développement.

3. *L'étendue de contrôle de légalité et l'exécution des décisions administratives*

Contrairement au Conseil d'Etat français et au Conseil d'Etat belge, la chambre administrative de de la Cour suprême du bénin n'est pas en principe, le juge des actions en responsabilités civile contre la puissance publique en cas de préjudice exceptionnel matériel ou moral, cette mission

---

353 T. Enone Eboh, Le délai dans le Contentieux de l'excès de pouvoir au Bénin, *op.cit.*

est révolue exclusivement aux tribunaux judiciaires[354]. Elle ne reconnait non plus les actions en responsabilité civile pour préjudice causé par une décision entachée d'illégalité ou de l'excès de pouvoir.

En matière du recours pour excès de pouvoir qui s'inscrit dans le cadre de pur contentieux de l'annulation, le rôle de la chambre administrative béninoise, à l'opposé des Conseils d'Etat français et belge, s'arrête à l'annulation de la décision administrative contestée. Il ne va pas jusqu'à modifier ou réformer la décision illégale. Ce rôle incombera à l'administration qui, ne pouvant plus faire application de sa décision annulée par le juge, n'a d'autre ressource que de tirer les conséquences de l'annulation contentieuse en modifiant la décision dans le sens d'une correction de l'illégalité sanctionnée.

A l'inverse, le juge administratif béninois rejoint ses homologues dans le cas du plein contentieux, ainsi appelé justement parce que caractérisé par l'étendue des pouvoirs du juge administratif. Celui-ci non seulement annule la décision contestée mais, en outre, la modifie ou la réforme. En d'autres termes, le juge Administratif annule la décision illégale et la remplace par sa propre décision dont il impose l'application à l'administration.

L'illustration parfaite de ce type de contentieux, c'est le contentieux électoral. Saisi par un justiciable en contestation d'une élection, le juge administratif, ici juge électoral, en faisant droit à la protestation, peut non seulement annuler l'élection contestée, mais également procéder à la réformation des procès-verbaux de résultats et proclamer lui-même le candidat régulièrement élu[355].

Concernant les moyens dont dispose le juge administratif béninois pour imposer à l'administration, l'exécution de ses décisions auxquelles celle-ci ne se conformerait pas spontanément, deux situations s'observent, entre l'ancien régime et le nouveau régime. En effet, sous le régime de l'ordonnance n° 21/PR du 26 avril 1966 régissant naguère la procédure devant la Cour suprême, le juge administratif manquait manifestement de moyens de pression sur l'Administration en vue de la contraindre à exécuter ses décisions ; on observait l'absence du juge administratif dans l'exécution desdites décisions.

En cas d'inexécution des décisions du juge administratif, le justiciable béninois ne disposait que de deux possibilités : soit recourir auprès

---

354 Art. 37 al. 2 1 de la loi n°2004-07 du 23 octobre 2007 portant composition, organisation, fonctionnement et attributions de la cour suprême, op.cit.9.

355 Art.120 de la loi n°2007-25 du 23 novembre 2007 portant règles générales pour les élections en République du Bénin.

du juge administratif pour solliciter une condamnation pécuniaire de l'Administration récalcitrante, soit procéder par voie d'arrangement avec l'Agent judiciaire du Trésor lorsque, face à une condamnation pécuniaire prononcée contre elle, l'Administration évoque des difficultés financières pour ne pas exécuter ou pur retarder l'exécution.

En vue de pallier ces réelles difficultés privant pratiquement d'intérêt les décisions de justice, le législateur a doté le pays de la nouvelle loi n° 2004-20 du 17 août 2007 fixant les règles de procédures applicables devant les formations juridictionnelles de la Cour suprême. Il y est prévu des moyens de contrainte de l'administration, notamment sous forme d'astreintes et d'amendes.

Dès lors, en cas d'inexécution d'une décision rendue par la Cour Suprême, la chambre devant laquelle la décision est en cause peut, *même d'office*, prononcer une astreinte contre les personnes physiques ou morales de droit privé, les organismes de droit privé chargés de la gestion d'un service public, les personnes physiques qui représentent l'Administration et qui, de façon manifeste, bloquent ou retardent l'exécution d'une décision, aux fins d'en assurer l'exécution[356].

Cependant, l'exemption[357] faite à toute condamnation (sous peine d'une amande de 500. 000fc), des personnes morales de droit public ou des personnes de droit privé chargée de la gestion d'un service public, en raison de l'inexécution totale ou partielle ou de l'exécution tardive d'une décision de justice est un contrepoids qui fragilise la portée de cette exécution à l'égard de l'administration récalcitrante.

De tout ce qui précède, les missions essentielles de la juridiction administrative suprême peuvent se résumer à sept (7) points suivants :

- *exercer un contrôle normatif et disciplinaire sur les décisions rendues par les juridictions inférieures ;*
- *gérer les contentieux des élections locales ;*
- *sanctionner en cas de violation de la loi les actes et les comportements de l'Administration ;*
- *rendre, en matière judiciaire, administrative et des comptes de l'Etat, des arrêts non susceptibles des recours ;*
- *donner des avis sur les projets de lois avant leur transmission à l'Assemblée Nationale ;*

---

[356]Art. 23 de la loi n° 2004-20 du 17 août 2007 fixant les règles de procédures applicables devant les formations juridictionnelles de la Cour suprême, op.cit. p.4.
[357] *Idem*. Art. 126.

- *donner des avis juridiques et conseiller le gouvernement, généralement sur les projets de textes soumis à son appréciation ;*
- *veiller au respect de la légalité en vue de l'enracinement de l'Etat de droit et de la consolidation de la démocratie*[358].

Cela étant précisé, nous examinons, dans le chapitre suivant, de quelle manière la chambre administrative de la Cour suprême exerce ces missions essentielles que le législateur lui a confiées.

§2. *La chambre administrative de la Cour suprême béninoise dans l'exercice de ses missions essentielles*

A l'instar des autres juridictions administratives suprêmes concernées par l'étude, la section administrative du Cour suprême béninoise comme nous l'avions vu plus haut exerce des activités à la fois contentieuses(A) et consultatives(B), dont nous allons respectivement examiner quelque cas.

A. *La pratique des activités contentieuses par de la Section administrative de la C.S.B.*

L'analyse des cas pratiques qui résultent de l'activisme de la section administrative de la Cour suprême béninoise (S.A. C.S.B.) porte sur quelques arrêts rendus par celle-ci en matière de contentieux d'excès de pouvoir (1) mais aussi en matière de contentieux de pleine juridiction (2).

1. *Quelques arrêts rendus par la C.A.C.S .B. en contentieux de l'excès de pouvoirs*

En matière foncière ou immobilière, la Cour suprême a annulé, en 2002 , l'arrêté pris par le Préfet du département n°2/37/DEP-ATL/SP de 1996 attribuant à titre onéreux la parcelle ''V'' du lot 2158 du lotissement du quartier Mènontin-Kindonou d'une superficie de 438 m² à monsieur BATOSI Léonard, au motif de la violation de la légalité par le préfet de département, car ladite parcelle appartenait à autrui qui n'est autre que le requérant OGOUBIYI[359].

Par Contre, la même Cour a jugé irrecevable le recours de de Madame Rufine Adjin née Gbaguidi contre l'arrêté préfectoral n°2/487/DP-ATL du 05 Septembre 1995 pour cause de forclusion de délai. En effet, dans

---

[359] C.S.R.B., n°31/CA du 15 Juin 2000, Affaire OGOUBIYI C/République du Bénin, www. juricaf.org (Consulté le 20 mars 2020).

l'une des motivations de la Cour, *« considérant que la requérante a formalisé son recours gracieux le 14 septembre 2000 soit environ quatre (4) ans qu'elle ait eu connaissance de cette décision qui lui fait grief ; qu'il y a lieu de constater, en application de l'article 68 de l'Ordonnance ° 21/PR du 26 avril 1966 citée ci-dessus et en vertu du principe de la connaissance acquise, la forclusion de la requérante et de déclarer son recours irrecevable »*[360].

2. *Quelques arrêts rendus par la C.A.C.B. en contentieux de pleine juridiction*

En matière de *Sursis à l'exécution* dans l'affaire collectivité B Ae Ah X H., C/Préfet de lé Atlantique[361] , la chambre administrative de la Cour suprême a rejeté au fond la demande de la requérante pour défaut de l'une des deux conditions cumulatives requises par la loi.

A titre de rappel, les requérants ont introduit leur requête le 09 avril 2002, pour solliciter à la Haute juridiction le Sursis à l'exécution de l'arrêté préfectoral n°02/DEP-ATL /CAB/SAD du 06 Mars 2002 portant retrait et attribution des parcelles.

Précédée d'une demande principale du recours en plein contentieux, les requérants plaident au juge de sursoir l'exécution dudit arrêté préfectoral par lequel le Préfet de l'Atlantique a retiré des parcelles de terrain à certains de leurs acquéreurs pour les attribuer à titre de dédommagement à l'église Nazareth d'Avotrou de l'Eglise protestante Méthodiste du Bénin Conférence. Les requérants fondèrent leur demande sur le fait que la mise en œuvre de l'arrêté préfectoral précité entrainerait pour l'Etat béninois le paiement d'indemnités substantielles aux acquéreurs concernés.

Dans certaines de ses motivations, la chambre administrative s'est prononcée comme suit : « *Considérant que l'article 73 de l'alinéa 2 de l'ordonnance n°21/PR du 26 avril 1966 déjà citée dispose « Le sursis à l'exécution ne peut être accordé que si les moyens invoqués paraissent sérieux et si le préjudice encouru par le requérant est irréparable ; qu'il résulte que le sursis à l'exécution d'une décision administrative ne peut être poncé par la Cour suprême que dans des cas exceptionnels et à la double condition que*

[360] C.S.J., C.A. 31/CA du 03 mai 2007, Affaire Rufine Adjin née Gaudi C/Préfet de l'atlantique, répertoire de la République du Bénin, www. juricaf.org (Consulté le 20 mars 2020).

[361] C.S.J., C.A. n° 32 du 03 mai 2007, répertoire de la République du Bénin, www. juricaf.org (Consulté le 20 mars 2020).

les moyens évoqués paraissent sérieux et que le préjudice encouru par le requérant soit irréparable ».

Enfin, le même juge poursuit en ces termes : « *Considérant qu'il apparait à la lecture du dossier que le moyen invoqué par les requérants parait sérieux du fait des sommes substantielles que l'Etat béninois serait amener à verser à titres d'indemnisation aux légitimes propriétaires spoliés au cas où la décision préfectorale n°92-56/CA viendrai à être annulée* ;

Considérant cependant que la preuve de l'insolvabilité de l'Etat béninois face à la conséquence pécuniaire résultant des actes de son Administration n'est pas rapportée, celui-ci étant, à même de réparer en dédommageant les administrés dépossédés ; qu'en tout état de cause, le préjudice qu'encourent les acquéreurs des parcelles près de la requérante, du fait de l'administration n'est nullement irréparable ».

Il a été jugé qu'« il n'appartient pas au juge de l'Administration d'enjoindre à celle-ci de prendre une décision. Les conclusions tendant à la condamnation de l'Etat au paiement de dommages-intérêts ne peuvent être présentées directement devant la Cour suprême mais relèvent en premier ressort de la compétence du tribunal administratif[362].

En revanche, dans *l'affaire BATOSSI Leonard contre l'Etat béninois* [363], la chambre administrative avait condamné l'Etat béninois pour préjudice matériel causé à un citoyen par la décision du préfet de l'atlantique.

En guise de rappel, monsieur Ninko, avocat à la Cour d'appel de Cotonou avait introduit la requête en date du 21nov. 2000, laquelle fut enregistrée au greffe de la Cour le 27 nov.2000, sous le n°1210/GCS. En effet, Mr. BATOSSI Leonard, Officier d'aviation, par le biais de son conseil monsieur Ninko, avocat à la Cour d'appel de Cotonou, a introduit un recours de plein contentieux contre l'Etat béninois aux fins d'obtenir le paiement de la somme évaluée à trente-six millions sept cent quatre-vingt-dix-sept mille cent seize francs CFA, dommages-intérêts contre le Préfet de l'Atlantique qui lui a vendu une parcelle d'autrui et sur laquelle il a érigé une construction à matériaux définitifs.

Dans certaines des motivations de la Cour de séant, nous avons noté que : « *Considérant que l'exécution de l'arrêt rendu par la chambre administrative de la Cour suprême a annulé des titres d'occupation de la parcelle querellée par Mr. BATOSSI emporte des préjudices certains pour ce*

---

[362] C.S., C.A. n°2 du 6 Avril 1963, Affaire Sur Martin Victorin C/Etat du Dahomey, Cour Suprême ; arrêt 1963-04-06 ; 2 www.ahjucaf.org

[363] C.S., C.A. n°30 du 3 Mai 2007, répertoire République du Benin

dernier... Considérant que la Cour dispose d'éléments suffisants au dossier pour fixer à vingt millions de franc toute cause de préjudices confondus le montant de l'indemnisation à payer à Mr. BATOSSI du fait de l'annulation de ses titres d'occupation de la parcelle acquise de l'administration à titre onéreux »[364].

En outre, en matière d'exécution des décisions par l'Administration, le juge a considéré que le refus d'exécuter d'une décision la condamnant « *constitue une faute susceptible d'engager la responsabilité de l'Administration* »[365].

B. *La pratique des activités consultatives par de la Section administrative de la C.S.B*

La Chambre administrative de la Cour suprême a exercé depuis très longtemps les activités consultatives. Plusieurs avis ont été très profitables aux autorités administratives, qu'il importe d'examiner les activités consultatives de celle-ci en matière d'avis motivés pour des questions administratives et juridictionnelles (1), mais aussi en matière de la rédaction ou de la modification des projets des textes juridiques (2).

1. *La chambre administrative de la Cour suprême en matière d'avis motivés*

La Cour suprême a été consultée pour donner des avis motivés sur le projet de lois portant loi organique sur le Conseil Economique et Social[366]. La Cour suprême réunie en assemblée plénière, après avoir dégagé l'observation préliminaire, avait ensuite soulevé d'autres observations pertinentes liées à la forme et au fond. Il importe d'énumérer quelques-unes.

En effet, la Cour a relevé à titre préliminaire que « *La loi no92-010 du 16 juillet 1992 portant loi organique sur le Conseil Economique et Sociale est toujours en vigueur alors que le projet de loi soumis à la Cour*

---

364 C.S., C.A. n°30 du 3 Mai 2007, répertoire République du Benin.

365 C.S. C.A. Bénin, Arrêt n°53/CA du 28 septembre 2000, AMOUSSOU Yaovi Antoine C/Ministre des Finances, Rec., Année 2000, Tome 2, pp. 413-420. Cité p.14.

366 Le projet de loi pris en vertu du décret n°2004-092 du 24 févier 2004, sur la saisine de la Cour suprême à la suite de la lettre n° 131- C/PR/CAB du 3 mai 2002 introduite par chef de l'Etat, et enregistré au Secrétariat de la Cour suprême le 6 mai 2002 sous le n°0054-C. www. aihja.org (consulté le 20 mars 2020).

Suprême concerne le même Conseil Economique et Social. Le présent projet de loi n'est pas accompagné d'un exposé des motifs »[367].

Sur le plan de la forme également, plusieurs observations liées aux erreurs de la rédaction ont été relevées par la Cour, nous pouvons citer notamment lorsque la Cour fait observé qu'« *Il est écrit à la première page : « Loi N°. '...portant Loi organique sur le Conseil Economique et Social ». Il est à remarquer que la Cour suprême ne donne pas son avis motivé sur des lois, mais sur des projets de lois ou sur des projets de loi organique. Lire : Projet de loi N » .... Portant loi organique sur le Conseil Economique et Social* »[368] ;

En outre, la même Cour a fait l'observation suivante : « Article 3 5è ligne : Ecrire Le minuscule pour loi. Dernière ligne de l'article 3 : écrire L minuscule pour loi » etc.

Quant au fond[369] la Cour avait dégagé deux observations dont la première porte sur l'article 16 et la seconde, laquelle sera reprise ci-dessous, porte sur l'article 19. Dans cette dernière, la Cour s'est exprimée en ces termes « *Article 19 : Ecrire : Les avis et rapports du Conseil Economique et Social sont publiés au journal officiel. Nous proposons cette formulation parce que :*

- *premièrement : Le Conseil Economique et Social donne obligatoirement son avis sur les projets de lois de programme à caractère économique, social, culturel, scientifique et technique ;*
- *deuxièmement : il peut, de sa propre initiative, sous forme de recommandations, attirer l'attention de l'Assemblée Nationale et du Gouvernement sur les réformes d'ordre économique et social qui lui paraissent conformes ou contraires à l'intérêt général* ».
-

2. *En matière d'élaboration et des modifications des normes juridiques*

Nous avions vu plus haut que la Cour suprême, conformément à la Constitution, peut être saisie par le chef de l'Etat pour être associée à l'élaboration et à la modification des projets des normes juridiques.

---

367 Avis motivé n° 001-C/PCS/DC/CAB/SP du 14 Javier 2003 de la Cour suprême sur le projet de loi organique sur le Conseil Economique et Social, p.1, www. aihja.org (consulté le 20 mars 2020).

368 Avis motivé n° 001-C/PCS/DC/CAB/SP du 14 Javier 2003 de la Cour suprême sur le projet de loi organique sur le Conseil Economique et Social, op.cit. p.2.

369 Idem. p.4.

Dans la mise en exergue de cette tâche, la Cour Suprême a sensiblement contribué, malheureusement, aucun exemple ne sera repris par l'étude à cause de manque des données et des sources fiables.

§3. *Les difficultés rencontrées par le Juge administratif suprême béninois dans l'exercice de ses missions et les perspectives.*

A l'instar des autres juges du monde, le juge administratif béninois est souvent confronté à deux enjeux majeurs, le premier est relatif à la légitimité et la seconde renvoie à l'efficacité des décisions rendues par celui-ci. Ces qualités sont cultivées à la fois par les propres efforts du juge, mais aussi par la qualité des textes juridiques qui lui donnent le soubassement.

Ainsi, l'étude des enjeux et défis du juge administratif béninois (A) ainsi que les perspectives(B) constituent le substrat de ce paragraphe.

A. Les enjeux et défis du juge administratif suprême béninois

Par son intervention au cours d'une conférence à l'université Catholique de Louvain sur les enjeux et défis du Conseil d'Etat de France, le Vice-président du Conseil d'Etat Français Jean Marc Sauvé[370] , parlant du Conseil d'Etat français, estime que : « *Pour pouvoir assumer pleinement son rôle social, le juge administratif doit, en effet, non seulement être légitime à le faire aux yeux de tous, mais aussi être efficace* ». C'est-à-dire, poursuit-il, « *disposer des pouvoirs adéquats pour assumer la mission qui lui est confiée de maintenir l'Etat de droit et de préserver l'intérêt général tout en veillant à la sauvegarde des libertés et des droits fondamentaux et avoir les moyens d'influencer l'Administration pour qu'elle soit soumise* »[371].

Ainsi, pour que le juge soit légitime et efficace, il doit cultiver une cautèle, en servant avec impartialité et avec toute indépendance (1), mais aussi il a besoin des matériels et des garanties juridiques de sa protection (2)

1. L'exploitation personnelle de l'impartialité et de l'indépendance accrues par le juge

Le juge administratif doit cultiver sa propre impartialité et sa propre indépendance. Pour ce faire, ce dernier doit investir son audace dans l'intérêt général. Le juge, dans sa recherche d'un équilibre satisfaisant entre

---

[370] Intervention de Jean-Marc Sauvé du 15 octobre 2013 à l'Université de Louvain, www. conseil-etat.fr (actualité (Consulté le 07 avril 2020).

[371] *Ibidem.*

les droits des victimes et les nécessités de l'action administrative[372], doit cultiver les qualités telles que l'éthique et l'équité lorsqu'il est appelé à trancher les litiges.

Le juge administratif doit se délier de tous les carcans des commandements des autorités politiques pour rendre justice sans détour. L'indépendance permet au juge d'imposer un comportement fondé sur la loi aux autorités administratives, aux administrés ainsi qu'aux tiers sans aucun moyen de pression provenant de l'extérieur. Il faut reconnaitre que les textes constitutionnels du monde et ceux des Etats africains préconisent toujours expressément l'indépendance entre le pouvoir judiciaire et les autres pouvoirs de telle sorte qu'un pouvoir ne puisse pas entraver un autre.

Cependant, cette prémonition constitutionnelle semble être une utopie sur le plan pratique, car l'on retrouve dans la plupart des cas une mainmise, même de manière latente, des autorités politiques qui ne cessent de tracer des lignes de conduites au juge. Ce qui est paradoxal à la conception de l'Etat de droit.

Considérant ces dangers auxquels peuvent être confrontés les magistrats dans l'exercice de leur fonction, il importe que ceux-ci soient dotés de la bonne moralité et de l'esprit patriotique pour rendre un service utile que l'Etat a besoin, en cultivant à tout prix leur propre indépendance. Cela nécessite la rigueur pour résister contre toute tentative d'harcèlement provenant de l'extérieur qui peut compromettre le bon fonctionnement de la justice administrative.

Mais, notons que le juge administratif, pour emprunter l'expression de Montesquieu[373], n'est que « *la bouche de la loi* », il n'a donc aucune place dans la création des normes[374], il est tout à fait vrai que l'efficacité du juge dépend aussi de la qualité de la législation du pays.

---

[372] P-L FRIER ; J. PETIT, *Droit administratif*, 12è éd. DOMAT, Paris 2019-2019, p.760.
[373] Montesquieu, Cité par P-L FRIER ; J. PETIT, *in Droit administratif*, op.cit. p.122.
[374] P-L FRIER ; J. PPETIT, Droit *administratif*, *op.cit.* p.122

2. L'amélioration de la qualité juridique est une garantie pour l'efficacité du juge

La conception mixte de la justice administrative utilisée aujourd'hui au Bénin semble être une solution adéquate selon ceux qui soutiennent cette thèse. Car, tout en conservant un droit administratif spécial, disent-ils, elle éviterait les difficultés liées aux conflits de compétence (qui ne seraient plus qu'une question interne) et les éventuelles discordances sur le fond puisque le tribunal suprême en chambre mixte adopterait une solution commune, s'imposant à tous[375]. Un modèle de ce type s'est développé en Espagne ou dans bon nombre de pays en voie de développement qui ont ainsi fait une sorte de synthèse entre les systèmes anglo-saxon et français avec comme argument [376].

Cependant, un tel modèle semble présenter plus d'inconvénients que d'avantages, il importe que la Cour suprême béninoise soit éclatée en deux hautes juridictions distinctes pour que l'autonomie de la juridiction administrative soit assurée. Une telle solution inviterait que les décisions rendues par le juge administratif ne soient plus censurées par un juge judiciaire ou autre n'ayant pas la maitrise de la matière. La spécificité reste la raison indubitable.

En ce qui concerne l'exécution des décisions administrative, la loi semble être un moyen qui galvanise l'insolvabilité de l'Administration ou un contrepoids contre la pression du juge sur l'Administration récalcitrante. Car, l'article 126 de la loi n° 2004-20 du 17 août 2007 fixant les règles de procédures applicables devant les formations juridictionnelles de la Cour suprême punit d'une amende pouvant aller jusqu'à cinq cent mille (500 000) francs, le fait d'avoir entraîné la condamnation d'une personne morale de droit public ou d'une personne de droit privé chargée de la gestion d'un service public, en raison de l'inexécution totale ou partielle ou de l'exécution tardive d'une décision de justice.

[375] P-L FRIER ; J. PPETIT, Droit *administratif, op.cit.,* p.671
[376] *Idem.*

Le prononcé de cette peine par la chambre des comptes de la Cour suprême « *rebelle à l'exécution de la décision*»[377].

A ce sujet, Ibrahim SALAMI[378] a estimé que « *les décisions d'annulation*
sont rarement exécutées dans un délai raisonnable et que seulement 5 % de celles-ci étaient exécutées dans les trois années suivant l'annulation ».

L'on observe plus souvent que la condition du délai du recours administratif préalable favorise plus souvent les manœuvres du juge qui, dans un cas, se trouve plus rigoureux et dans un autre plus souple.

Conclusion du chapitre 1

Le juge administratif béninois, en dépit de quelques difficultés liées à l'exécution des décisions rendues par lui-même et concernant la justice administrative en général, a dans la plupart des cas démontré qu'il est capable d'assurer la bonne moralité sur le comportement de la puissance publique.

A l'instar de l'autre juridiction administrative suprême concernée par l'étude, la Chambre administrative de la Cour suprême exerce sans doute des missions essentielles qui concourent à la consolidation de l'Etat de droit.

En matière consultative, non seulement il permet la bonne gouvernance du gouvernement par le recyclage des propositions des normes juridiques qu'il assure leur conformité aux normes supérieures préexistantes, il participe également à l'élaboration et à la modification de celle-ci lorsqu'elle est demandée à le faire.

---

[377] Le contrôle des actes administratifs par les Cours et tribunaux administratifs10ème congrès de l'association internationale des hautes juridictions administratives (aihja), Sydney – mars 2010, op.cit.17.

[378] D. Ibrahim SALAMI, « *Le recours pour excès de pouvoir : contribution à l'efficacité du procès administratif au Bénin* (1990-2010) », *Revue Béninoise des Sciences Juridiques et Administratives*, n° 25, 2011, Cité par B. D. COULYBALEY, in *le juge administratif, rempart de protection des citoyens contre l'administration en Afrique noire francophone* ?, op. cit. p.30.

En matière contentieuse également, elle exerce plusieurs missions dont la première catégorie se résume au contrôle de légalité, ce dernier s'applique par le contrôle d'annulation des actes ou décisions illégaux, mais aussi par l'interprétation de la conformité des normes juridiques. La chambre administrative de la Cour suprême par le moyen de la Section du Contentieux supprime l'ordonnancement juridique de l'Etat, tout acte ou toute décision pris en violation des normes juridiques par autorités administratives et juridictionnelles centrales.

La deuxième catégorie, quant à elle, concerne le contrôle de la responsabilité sur l'auteur de l'acte qui cause préjudice, en vue de maintenir ou sauvegarder les droits et libertés menacés par les éventuels troubles. Tout en reconnaissant l'exorbitance accordée à la puissance publique, l'application de la légalité par le juge apparait comme étant un contrepoids, car l'exorbitance ne signifie pas l'injustice ou une cause d'impunité. Le Juge administratif béninois est aussi artisan de l'Etat de droit au Bénin.

Chapitre II

La juridiction administrative suprême en République Démocratique du Coco (le Conseil d'Etat)

La République Démocratique du Congo, historiquement connue sous l'appellation de l'Etat Indépendant du Congo (E.I.C), fut la propriété privée du Roi LEOPOLD II entre 1885 et 1908[379]. Elle sera cédée par ce dernier à la Belgique en 1908, et dévient Congo-Belge, qui, accéda à l'indépendance le 30 Juin 1960. Puis, elle s'appela la République du Congo qui sera transformée ensuite en République du Zaïre en 1971 pour enfin devenir la République Démocratique du Congo depuis 1997.

Ce pays d'Afrique centrale a connu la justice administrative, conformément au droit coutumier[380] jusqu'à ce que ce dernier soit subrogé par le droit écrit français et belge lui transposé par sa colonie, la Belgique, juste après la Conférence de Berlin. Comme nous l'avions soulevé pour le cas de Bénin, la République Démocratique du Congo dispose, sans doute, des certains particularismes dans le fonctionnement judiciaire fondé sur son génie propre, en dépit du mimétisme institutionnel et constitutionnel[381] du droit français et belge.

L'efficacité d'une justice administrative tient à soumettre l'administration à la norme de droit, dans le but de garantir les droits des

---

[379] *Léopold II et l'Etat belge ont conclu un traité de cession le 28 Novembre 1907, ainsi qu'un arrêté royal, du 04 Novembre 1908 qui fixait au 15 Novembre de la même année la date à laquelle la Belgique exercerait son droit de souveraineté de l'ancien Etat Indépendant du Congo.*

[380] L'usage de la coutume n'était pas méconnu par l'homme Blanc, l'application de la coutume par les cours et tribunaux était reconnue par le texte. Notamment l'ordonnance de l'Administrateur général de 1886 qui fut considérée comme le fondement de la coutume comme source de droit, la coutume demeure, jusqu'à ce jour, une source de droit constitutionnellement consacrée.

[381] M. F. DARGENT, « *Les échec du mimétisme constitutionnel en Afrique francophone noire*, atelier n°4. PDF, www.droit constitutionnel.org, Consulté le 19/08/2019.

citoyens et de préserver l'intérêt général. Actuellement la République démocratique du Congo dispose d'une juridiction administrative suprême qui porte très récemment le nom du Conseil d'Etat[382], cette forme d'institution appelée de la même façon que ses homologues français et belge est l'œuvre du Constituant du 18 Février 2006.

Le Conseil d'Etat congolais est la plus haute juridiction de l'ordre des juridictions administratives. Dans sa physionomie actuelle, le Conseil d'Etat congolais ressemble de plus en plus au Conseil d'Etat français. Contrairement au Bénin, la R.D.C. avait abandonné l'ancienne pratique de l'unicité judiciaire, en embrassant avec désinvolture le dualisme judiciaire, historiquement utilisé en Afrique pour la première fois au Sénégal[383].

Ainsi, le Constituant congolais du 18 Février 2006, en créant cette forme d'institution, voulait répondre à un certain nombre de défis auxquels fut confronté le pays. Dans cette optique, l'étude de missions essentielles confiées à cette institution s'avère très intéressante en vue de briser le spécisme ou le doute sur cette forme d'institution. Il sera question d'analyser les avancées ou les inconvénients de celle-ci dans la mise en exergue des fonctions qui lui sont confiées.

Le Conseil d'Etat congolais serait- il aussi classé parmi les juges auxquels s'interrogeait autrefois Babakame D. COULIBALEY, que « *le juge administratif, rempart de protection des citoyens contre l'Administration en Afrique noire francophone* ? » ou encore, serait-il un véritable porteur du salut dont le peuple a besoin ?

Par ailleurs, la justice administrative congolaise a longtemps œuvré dans le cadre du monisme judiciaire, depuis son accession à l'indépendance jusqu'à l'adoption de la Constitution du 18 Février 2006 qui a instauré la séparation stricte des pouvoirs. L'étude trouve également son intérêt dans l'examen de cette forme d'institution dans les deux époques distinctes.

---

[382] L'appellation Conseil d'Etat que porte la juridiction administrative suprême de la République Démocratique du Congo est purement récent, c'est-à-dire à partir de la Constitution du 18 Février 2006, historiquement, elle fut comme la pratique des beaucoup d'Etats africains, une chambre de la Cour suprême de Justice.

[383]La loi n° 92-29 du 30 mai 1992 avait supprimé la Cour suprême sénégalaise, celle-ci était remplacée par la création de trois haute juridictions distinctes, régies chacune par sa loi organique propre, à savoir : le Conseil constitutionnel, le Conseil d'Etat et la Cour de cassation. Cette pratique sera abandonnée par l'actuelle Constitution sénégalaise pour revenir à la Cour suprême de Justice.

Enfin, conformément à l'objet de l'étude, nous allons à chaque fois qu'il faut, relever les éléments de rapprochement et ceux de distanciation entre la juridiction administrative suprême de la République Démocratique du Congo et celles des autres Etats concernés par l'Etude.

Pour ce faire, nous allons suivre le même schéma que celui tracé au cours de l'examen des chapitres précédents, en abordant d'abord, par le moyen de l'étude de l'historique, de l'évolution et du contexte socio-politique du Conseil d'Etat congolais (section I), ensuite nous allons décrire sa structure organique et fonctionnelle ainsi que ses attributions (Section II) selon sa forme actuelle, pour enfin examiner les actions du Conseil d'Etat congolais dans l'exercice de ces missions essentielles (section III).

Section I : Historique, évolution et contexte socio-politique de la création du Conseil d'Etat congolais

La notion du Conseil d'Etat est très récente en droit positif congolais, l'histoire de ce concept ne saurait être tracée que par analogie aux Conseils d'Etat français et belge, en se fondant sur l'approche dialectique par rapport aux compétences similaires accordées dans le temps à n'importe quel organe de ce pays.

La réalité empirique démontre que l'existence de l'Administration a comme corolaire la création d'un juge administratif chargé à assurer le contrôle de celle-ci, même si le juge administratif n'est pas la seule autorité qui exerce ce contrôle, car on trouve aussi le contrôle hiérarchique ou de tutelle et des organes spéciaux qui peuvent aussi en assurer.

La notion de la justice administrative en général, et celle du Conseil d'Etat en particulier, a connu des multiples mutations depuis les temps antiques jusqu'à ce jour. L'étude de son évolution devient un moyen d'éclairage pour comprendre les missions essentielles révolues à celui-ci par le Constituant.

Enfin, la création d'un organe de l'Etat a pour finalité d'effectuer une tâche précise, celle-ci présente dans son essence une difficulté à résoudre, c'est ainsi que nous devons étudier concernant le contexte socio-politique de la Création du Conseil d'Etat en République Démocratique du Congo.

Pour ce faire, nous allons préalablement étudier le Conseil d'Etat congolais à travers son historique (§1) ensuite nous allons voir l'évolution séculière (§2) de celui-ci, avant d'examiner le contexte sociopolitique de sa création (§3).

§1. *Historique du Conseil d'Etat congolais*

Nous l'avions clairement relevé ci-dessus que le concept *conseil d'Etat* n'est pas d'origine congolaise, elle tire, en effet, son fondement en France après la révolution au roi. Se fondant sur les compétences et les modalités d'exercice du Conseil d'Etat français, plusieurs Etats du monde se sont servis de celui-là comme modèle et ont, par la suite, attribué cette appellation à leurs juridictions administratives suprêmes. Tel est le cas de la Belgique depuis 1946, et de la R.D.C., récemment en 2006.

L'histoire de la justice administrative congolaise en général, et particulièrement, celle de la juridiction administrative suprême, tire ses origines depuis l'existence de sociétés traditionnelles négro-africaines. VUNDUAWE-te-PEMAKO, montre clairement « *qu'il existait en effet, une multitude des sociétés politiques comme par exemple les royaumes Kongo, Kuba et l'empire Lunda ainsi que diverses chefferies à travers ce que deviendra traditionnellement l'E.I.C*[384].

C'est la raison pour laquelle l'auteur cité ci-dessus poursuit en opinant qu'« *Il est par conséquent présomptueux d'affirmer la non existence d'une organisation politique avant l'arrivée des blancs, et la parfaite organisation de la société Kuba en est l'expression. D'autre part, certaines sociétés ont atteint un stade de développement proche de celui d'un Etat et c'est précisément le cas de la société Kongo qui avait sa Constitution coutumière*[385].

Cependant, le caractère oral, le manque d'archives suffisantes, ainsi que la diversité de ces sociétés dotées des coutumes propres et distinctes rendent la recherche fastidieuse pour remonter jusqu'à ce temps l'histoire de la Juridiction administrative suprême en droit Congolais. Ainsi l'historique de cette forme d'institution sera étudié suivant deux périodes distinctes, il s'agit d'une part, du Conseil d'Etat avant l'indépendance (A), et du Conseil d'Etat après l'indépendance(B).

1. *Le Conseil d'Etat d'avant l'indépendance*

L'étude de la juridiction administrative suprême congolaise commence par l'occupation officielle de cette partie de la terre par les blancs. Elle sera étudiée distinctement selon deux époques, en commençant par le Conseil d'Etat pendant l'E.I.C, (a) pour aboutir à la période du Congo belge (b).

---

[384] F. VUNDUAWE te PEMAKO, *Traité de droit administratif*, op.cit. p.111.
[385] *Ibidem*.

a. *Le Conseil d'Etat pendant l'Etat indépendant du Congo (E.I.C)*

L'Etat indépendant du Congo (E.I.C.) a existé de 1885 à 1908. Pendant ce temps, le pays fut en union personnelle avec le royaume de la Belgique et dirigé par son Roi souverain Léopold II, Roi des belges qui adhérait à l'Acte général de la Conférence de Berlin du 26 février 1885[386]. Malheureusement, le roi lui-même n'a jamais visité le pays, laissant celui-ci entre les mains du secrétaire d'Etat, des administrateurs généraux et tant d'autres autorités politico-administratives de l'époque, tous placés sous le haut commandement du roi à partir du Royaume de la Belgique.

Le Conseil d'Etat congolais sera à cette époque le Conseil de législation belge qui devrait jouer le rôle, car les deux entités furent gérées par un seul Roi.

Mais, très précisément, l'origine du Conseil d'Etat de l'E.I.C. n'a existé que par *« un décret du 16 avril 1889 institua à Bruxelles un Conseil supérieur de l'Etat Indépendant du Congo, dont les attributions judiciaires d'appel et de cassation s'augmentaient de celles d'un conseil de législation. Les membres du Conseil Supérieur étaient appelés aussi à donner leur avis sur les questions dont le Roi croyait devoir les saisir »*[387]. On remarque clairement que celui-ci avait la double casquette comme la forme actuelle, cette institution ayant des fonctions consultatives et celles contentieuses.

A cette époque, il existait certes une justice administrative, soit par le droit écrit que conformément à la coutume. Voyons à présent cette forme d'institution à l'époque du Congo belge.

b. *Le Conseil d'Etat pendant le Congo belge.*

La Belgique acquiert la souveraineté sur le Congo en vertu du traité de cession et de l'acte additionnel signés par les gouvernements belge et

---

386 V. studies, L'ordre *juridique colonial belge en Afrique centrale, éléments d'histoire,* Recueil d'études, Eds: E. Lamy & L. De Clerck, Bruxelles, 2004, P.11. Disponible en version PDF www.

387 J. VANHOVE. — *Histoire du Ministère des Colonies.* — Bxl., ARSOM, 1968, 168 p., 4 photos, br. (Mém. 1ère Cl., coll. in 8°, n. série, t. 35.3).PDF, p. 11, disponible sur http://www.kaowarsom.be/documents/MEMOIRES_VERHANDELINGEN/Sciences_morales_politique/Hum.Sc.(NS)_T.XXXV,3_VANHOVE%20J._Histoire%20du%20minist%C3%A8re%20des%20colonies_1968.pdf.

congolais le 28 novembre 1907 et le 5 mars 1908, et approuvés par le parlement belge le 20 août et le 9 septembre 1908[388].

Pendant cette période des ministères de colonies, il existait des institutions similaires au Conseil d'Etat, on peut citer le cas de Conseil colonial. Le Conseil colonial, institué par la Charte coloniale, délibère sur toutes les questions que lui soumet le Roi. Sauf en cas d'urgence, il doit être consulté sur tous les projets de décret, la compétence de ce dernier fut accrue à un rôle technique qui est celui d'assister le ministre sans le contrôler par l'effet de la loi du 21 août1925 qui soumet Ruanda-Urundi aux lois du Congo Belge[389].

On retrouve également dans un projet de loi, soumis au Roi depuis 1914, qui prônait la création d'un conseiller juridique, lequel serait chargé de faire rapport sur les projets de lois, de décrets ou de règlements élaborés par les services de l'administration centrale. Il serait appelé de surcroît à connaître des affaires contentieuses[390] .

Les compétences de ce conseiller juridique furent réaffirmées par l'arrêté royal du 31 Mai 1928 qui, laissant au conseil juridique les attributions qu'il avait depuis la réforme de 1914. Ce fonctionnaire était chargé de faire rapport sur les projets de lois ou de décrets élaborés par le service du ministère, d'examiner la légalité de l'opportunité de projets de règlements d'administration générale et d'étudier les affaires contentieuses que le ministre lui soumettait[391].

Le conseil juridique fut en 1953[392] transformé en un emploi « d'inspecteur général du service juridique », pour des raisons jugées valables à l'époque. La mission du nouvel inspecteur général était essentiellement celle d'un jurisconsulte : il disait le droit. Mais il ne participait qu'à titre exceptionnel à l'élaboration de la législation et, à fortiori, il ne faisait pas la coordination des textes existants[393].

C'est ainsi que le ministre A. Bruisseret fut amené à proposer la création d'un emploi de légiste[394], à confier aussi à un juriste de valeur

---

[388] V. studies, L'ordre *juridique colonial belge en Afrique centrale éléments d'histoire, op.cit.p.26.*

[389] Idem. p.30.

[390] J. VANHOVE. — *Histoire du Ministère des Colonies, op.cit. p.29.*

[391] *Idem*. p.42.

[392] Arrêté royal du 8 décembre 1953, J. VANHOVE, dans — *Histoire du Ministère des Colonies, op.cit. p.100.*

[393] VANHOVE, dans — *Histoire du Ministère des Colonies, op.cit. p.100.*

[394] Arrêté royal du 29 avril 1957.

éprouvée. A ce dernier incombait en effet le soin de faire la toilette juridique — afin d'en vérifier la légalité des projets de décrets et d'arrêtés royaux ou ministériels, qu'ils fussent organiques ou réglementaires. Le ministre justifiant l'ajout de cet autre poste, en opinant que « la tâche qui devait lui incomber n'était actuellement remplie par personne, car l'inspecteur général du service juridique ne pouvait manifestement pas s'en occuper, son temps étant absorbé par les multiples consultations qu'il devait donner sur les différents problèmes relevant de l'activité du département »[395].

En référence du Conseil d'Etat belge, le Ministre ajouta « *en soulignant aussi que, par exemple, ces deux aspects distincts d'une même activité juridique avaient été dissociés l'un de l'autre au sein du Conseil d'Etat qui comprend une section de législation à côté d'une section de contentieux* »[396].

Une réforme importante de cette institution a eu lieu en 1957 avec la création consécutive des Conseils consultatifs : Conseil de gouvernement, Députation permanente, Conseils de province ; Conseils de territoire. Elles préludaient à une africanisation progressive des institutions, sans discrimination raciale[397]. En 1958 l'Etat belge adopte une loi le 15 Avril 1958, par le moyen de laquelle la Compétence du Conseil d'Etat belge fut étendue à la colonie du Congo belge, la juridiction administrative créée par cette loi étaient compétente pour connaitre l'annulation des décisions des autorités administratives[398]. Enfin, cette période sera clôturée par la création de Conseil de législation sur base de la loi du 21 mars 1959, ce dernier n'a pu subsister pour longtemps, car il fut supprimé par la loi fondamentale.

Il fallait attendre l'indépendance politique qui devait doter le pays des véritables institutions.

B. *Le Conseil d'Etat après l'indépendance.*

L'étude de l'histoire du Conseil d'Etat d'après l'accession à l'indépendance politique sera subdivisée en deux parties, il s'agira d'une part, de la période allant du 30 Juin 1960 à 2006 et, de 2006 à ce jour, d'autre part.

---

[395] J. VANHOVE, dans — *Histoire du Ministère des Colonies, op.cit. p.100.*

[396] *Idem. p.101.*

[397] Arrêté royal du 21 janvier 1957, cité par J. VANHOVE, dans — *Histoire du Ministère des Colonies, op.cit. p.113.*

[398] Botakile Batanga, Précis du contentieux administratif congolais, T.1., Ed. Academia Louvain-la-Neuve 2014, p.15.

a. *Le Conseil d'Etat congolais de la période allant du 30 Juin 1960 à 2006.*

La République Démocratique du Congo, proclamée Etat souverain et indépendant le 30 Juin 1960, fut régie par la loi fondamentale du 19 Mai 1960. Celle-ci fut élaborée et promulguée par le gouvernement belge[399]. Elle a créé une Cour constitutionnelle composée d'une chambre de constitutionnalité, d'une chambre des conflits ainsi que d'une chambre d'administration[400].

L'article 230 de cette loi fondamentale conférait à la chambre de constitutionnalité la compétence consultative, en dépit de sa compétence traditionnelle de la constitutionnalité des normes juridiques. La chambre d'administration ne disposait que des compétences contentieuses résiduaires en matière de réparation des préjudices exceptionnels moral ou matériel contre la puissance publique ainsi que l'annulation des actes ou des décisions administratives contentieuses des autorités administratives entachées d'illégalité ou d'excès de pouvoir[401].

La loi fondamentale, tout en abrogeant[402] la loi du 18 Octobre 1908 dans son formant révisé à l'époque, sur le gouvernement du Congo Belge, ainsi que la loi du 21 Mars 1959 portant institution du Conseil d'Etat au Cogo belge maintient à même temps la loi du 15 Avril 1958 qui avait étendu la compétence du Conseil d'Etat belge à la colonie du Congo. Ce dernier devrait, conformément à l'article 253 de la loi fondamentale, faire office de la Cour constitutionnelle en attendant l'installation effective de celle-ci.

Malheureusement, comme l'affirme clairement VUNDUAWE, en soulignant l'exemple d'arrêt MAHAMBA[403], que, *« pour des raisons politiques, notamment la dégradation des relations diplomatiques entre le Congo et la Belgique, le Conseil d'Etat belge n'a pu jouer le rôle du juge administratif de transition pour le compte de l'Etat du Congo ».*

---

[399] A. MBATA BETUKUMESU, « Les suprématie de la Constitution, l'indépendance du pouvoir judiciaire et la bonne gouvernance en République Démocratique du Congo », www.idgpa.org, PDF, p.3, (Consulté le 20/08/ 2017).

[400] Art. 226 de la loi fondamentale du 19 Mai 1960, op.cit. p.33.

[401] Art. 236 de la loi fondamentale du 19 Mai 1960, op.cit.33.

[402] *Idem.*, art. 259, p.38.

[403] Saisie d'un cas de succession de pouvoir coutumier réalisé dans le territoire de Walikale (Nord-Kivu), le Conseil d'Etat belge décida, dans l'arrêt Mahamba, qu'il était dans l'impossibilité de rendre un arrêt pour un Etat étranger, VUNDUAWE te PEMAKO, *Traité de droit administratif*, op.cit.p.851.

En outre, cette rupture des relations diplomatiques avait poussé le Constituant congolais d'adopter une loi constitutionnelle du 18 Juillet 1963[404], pour retirer aux institutions belges susmentionnées les attributions qu'elle détenait depuis la loi fondamentale. Il y a eu donc abrogation pure et simple des articles précités de la loi fondamentale[405].

La Constitution congolaise du 1er Août 1964[406], autrement appelé la Constitution de Luluabourg, avait prévu dans son article 125 la création d'une Cour suprême de justice comprenant deux sections : la section judiciaire et la section administrative. Cette dernière ne disposait que des compétences contentieuses, la compétence consultative au regard de la Constitution de 1964 n'était attribuée à aucun juge quand bien même que celle-ci non plus n'a été installée.

Si le Conseil d'Etat belge ne pouvait pas exercer ses compétences au Congo, la Cour constitutionnelle prévue par la loi fondamentale et la Cour suprême prévue par la Constitution de 1964, elles aussi n'ont jamais existé. Voilà pourquoi Felix VUNDUAWE conclut avec raison « *qu'il y avait en réalité, entre la période de 1960 à 1968, absence effective de juridiction administrative au Congo* »[407].

Le Congo sera doté d'une justice administrative effective et autonome à compter de l'installation[408] d'une Cour suprême et des chambres administratives d'appel créées par la Constitution du 24 Juin 1967, ainsi que la réforme judiciaire intervenue le 10 Juillet 1963[409].

Depuis 1969, il existait effectivement une section administrative de la Cour suprême de justice, ainsi qu'une section administrative au sein de chacune des Cours d'appel qui furent installées à l'époque, il s'agit des Cours d'appel de Léopoldville (actuellement Kinshasa), d'Elisabethville (aujourd'hui Lubumbashi), et de Stanleyville (transformée à Kisangani)[410]. Mais actuellement, il existe deux cours d'appel au niveau de la capitale de

---

404 Voir la loi constitutionnelle du 18 Juillet 1963 portant modification de la loi fondamentale du 19 Mai 1960, relative aux structures de l'Etat, M.C, n°18, 15 septembre 1963, pp 423-425, note de VUNDUAWE te PEMAKO, *Traité de droit administratif*, op.cit. p.111.

405 VUNDUAWE te PEMAKO, *Traité de droit administratif*, op.cit.

406 La Constitution du 1er Août 1964, M.C. n° spécial p.22.

407 VUNDUAWE, *Traité de droit administratif*, op.cit.11.

408 La cérémonie officielle d'installation des premiers magistrats appelés à composer cette haute juridiction a eu lieu le 23 NOVEMBRE 1968 sous la présidence du J.D. MOBUTU in VUNDUAWE, *Traité de droit administratif*, op.cit.852.

409 Cette réforme a eu lieu par l'ordonnance-loi n°68-248 du 10 Juillet 1968 portant code de l'organisation de la compétence judiciaire.

410 VUNDUAWE te PEMAKO, *Traité de droit administratif*, op.cit. p.53.

Kinshasa et 25 autres Cours d'appel, soit une Cour d'appel par province, telles que prévues par la loi de 1982 portant la procédure devant la Cour suprême de justice (actuellement abrogée).

Selon l'article 60 al.2 de la Constitution de 1967[411], la section administrative de la Cour suprême de justice était le juge de contentieux administratif en premier et dernier ressort pour des actes, décisions, et règlements des autorités administratives centrales, le juge d'appel des décisions rendues en premier ressort par les sections administratives, les Cours d'appel et le juge. Elle disposait au regard de la disposition précitée, une compétence résiduaire concernant les demandes d'indemnité relative à la réparation d'un dommage exceptionnel matériel ou moral résultant d'une mesure ordonnée par les autorités de la République.

Nous remarquons également que le Constituant de 1967, à l'instar de son prédécesseur, n'a confié initialement à aucune juridiction la compétence consultative en matière d'élaboration de projets des normes juridiques. Cependant, cette compétence ne sera consacrée que plus tard, premièrement, par « la modification de l'article 60 de la Constitution de 1967 opérée par la loi constitutionnelle n°72-008 du 3 juillet 1972 qui a doté la Cour Suprême de Justice d'une troisième section , celle de législation, compétente de donner des avis consultatifs sur les projets ou propositions de lois et les projets d'ordonnances-lois ainsi que sur les projets d'ordonnances et d'arrêtés à caractère règlementaire »[412]. Deuxièmement, par la loi de 1982 portant code de l'organisation et compétences judiciaires[413]. Mais aussi par l'art. 96 al.4 l'acte portant dispositions constitutionnelles relatives à la période de la transition (qui du reste ne fut promulgué)[414] et par l'art. 110 al.4 de la dernière révision de la Constitution de 1967 par la loi n°93-001 du 02 avril 1993 portant acte constitutionnel harmonisé relatif à la période de la transition que la fonction législative trouvera son fondement constitutionnelle[415].

---

[411] La Constitution congolaise du 24 Juin 1967.

[412] J-M. MBOKO DJ'ANDIMA, *Le droit congolais des services publics*, op.cit. p.396.

[413]Voir l'art. 159 de l'ordonnance-loi 82-020 du 31 mars 1982 portant code de l'organisation et de la compétence judiciaire, JOZ, n°7, du 1er avril 1982, www.leganet.cd, (Consulté le 25/.05/2020).

[414]Acte Constitutionnel du 4 Aout 1992 portant disposition constitutionnelle de la R.D.C n'a jamais été promulgué pour des raisons jugées valables par le Président de la République.

[415]Selon le professeur VUNDUAWE te PEMAKO, la Constitution de de 1967 a été révisée environ quatorze fois dont cinq révisions de forme, la révision matérialisée par la loi n°0093-001 du 2 avril 1993 est, selon lui, la toute dernière (F. VUNDUAWE te PEMAKO, Traité de droit administratif op.cit. pp.196-197).

Dès lors, la fonction consultative retrouve sa base constitutionnelle depuis la loi constitutionnelle de 1972 et l'acte portant dispositions constitutionnelles relatives à la période de la transition, passant par l'acte constitutionnel de la transition du 09 avril 1994 et sa révision de 1995, sans compter les différents décrets constitutionnels de 1997 à 2000 jusqu'à la Constitution, de la transition du 04 avril 2003[416].

L'on constate que la Cour Suprême de Justice a connu une évolution depuis longtemps en passant deux chambres à trois, il s'agit de la chambre judiciaire, de la chambre administrative et de la chambre de constitutionnalité. En dépit des nombreuses révisions et changements constitutionnels intervenus à l'époque, la Cour suprême de justice subsistât jusqu'à la troisième République.

b. Le Conseil d'Etat congolais de 2006 à ce jour

Depuis très longtemps, la doctrine a prôné l'éclatement de la Cour suprême de justice en plusieurs hautes juridictions. A cet égard, le professeur Vunduawe cite par exemple son collègue Mboyo Epenge, qui selon lui, a estimé que « *la concentration des pouvoirs judiciaires aux mains d'une seul personne, à l'instar de la Cour Suprême de Justice était une erreur grave et préjudiciable à la bonne administration d'une justice, saine et bonne justice* »[417].Cette idée fut concrétisée par le Constituant du 18 Février 2006 qui a créée deux ordres de juridictions distincts comprenant d'une part, l'ordre des juridictions administratives et l'ordre de la juridiction judiciaire, d'autre part, la Cour Constitutionnelle et des juridictions spécialisées.

Parmi les innovations apportées par la Constitution du 18 février 2006, nous remarquons une désunion d'avec l'ancienne coutume fondée sur le monisme judiciaire depuis l'accession du pays à l'indépendance politique du 30 Juin 1960, en adoptant avec des raisons précises le dualisme judiciaire dans la nouvelle ère.

En effet, l'ordre des juridictions administratives comprend en son sein des tribunaux administratifs, des cours administratives d'appel et les juridictions administratives spécialisées, tous coiffés par le Conseil d'Etat. Pour la première fois, depuis l'histoire du pays, la Juridiction Administrative

---

[416] Voir l'art. 150 al.5 de la Constitution de la transition du 04 avril 2003, www.droit congolais.info, (consulté le 20 avril 2020).

[417]B-B. MBOYO EPENGE EA LONGILA, *La mégarde des modèles. Constituions euro-occidentales et l'élaboration d'une Constitution Zaïroise de développement véritablement interniste, Annales de la Faculté de droit,* vol. xxv. P.U.Z. Août 1996, cité par F. VUNDUAWE te PEMAKO, *in Traité de droit administratif,* op.cit. p.853.

suprême puisse porter le nom du Conseil d'Etat de la même manière qu'en Belgique et en France.

Cependant, il faut signaler que pendant très longtemps cette juridiction a demeuré comme une simple prémonition textuelle, il ne fut effectivement installé que tardivement, c'est-à-dire, en décembre 2018[418]. Ce qui signifie que, pendant tout ce temps, c'est la section administrative de la Cour suprême de justice qui faisait office du Conseil d'Etat.

D'ailleurs, jusqu'à ce jour, les Cours administratives d'appel prévues par ladite Constitution et la loi organique du 2013 demeurent des sections administratives au sein des Cours d'appel, tel est aussi les cas pour les tribunaux administratifs dont les compétences sont assurées par les tribunaux de grande instance en attendant leur installation effective.

§2. *Evolution du Conseil d'Etat congolais*

En réalité, l'historique que nous venons de tracer devrait en principe vider la substance même de la question de l'évolution de cette institution. Néanmoins, l'évolution nous aidera à distinguer de manière brève la perception du Conseil d'Etat dans les différentes époques. En effet, la juridiction administrative congolaise, à l'instar des juridictions des autres pays que nous avions examinées, a évolué différemment suivant le gré du temps. Nous allons voir à quoi ressemblait cette juridiction selon deux étapes : la première étape dite ancienne commence de 1885 à 1968 (A), tandis que la deuxième étape qui est ressente court de 1969 à ce jour(B).

A. L'évolution ancienne du Conseil d'Etat

Pendant le temps du Conseil Supérieur de l'Etat Indépendant du Congo qui avait son siège à Bruxelles, il est certes vrai que l'on puisse parler de la vraie existence de la juridiction administrative suprême. Par ailleurs, plusieurs traits pourraient mettre en question l'efficacité de cette dernière. Il s'agit notamment de la distance qui séparait l'institution avec les requérants qui habitaient le Congo qui furent dans l'impossibilité d'arriver en Belgique, et aucun autre moyen internet ne fut disposé.

---

[418] La cérémonie solennelle de la prestation de serment des soixante-quatorze (74) hauts magistrats de la Cour de cassation et du Conseil d'Etat ainsi que des parquets généraux près de cette haute juridiction a eu lieu le 27 Décembre 2018 devant le Président de la République Joseph Kabila au palais de la nation dans la commune de Gombe à Kinshasa, www. médiacongo.net (consulté le 15 mai 2020). Tandis que les activités du Conseil d'Etat ont effectivement demeuré le mercredi 20 février 2019 par la prestation de serment d'entrée en fonction d'une trentaine des greffiers, voir le démarrage des activités du Conseil d'Etat, www.radiookapi.com (Consulté le 20 mai 2020).

A l'époque du Congo Belge, pays d'outre-mer de la Belgique par contre, il a existé plusieurs organes qui pourraient être qualifiés de Conseils d'Etat. Pour reprendre ce que nous avions vu au cours de l'examen de l'historique, nous pouvons citer : le Conseil colonial, le conseil juridique, l'inspecteur général de service juridique, le légiste, le Conseil de législation etc…

Nonobstant des compétences contentieuses à la plupart de ces institutions, aucun résultat escompté ne fut obtenu. Ainsi, pour reprendre les termes du professeur Vunduawe, « toutes ces institutions n'étaient que tributaires »[419]. Par contre, en matière consultative, l'on ne saurait infirmer que ces institutions n'ont pas efficacement joué leur rôle, car des ministères de colonie et le Roi bénéficiaient sans doute de leurs expériences pour l'élaboration des textes applicables au Congo.

Si depuis 1885 jusqu' à 1960, (hormis le Conseil Supérieur qui n'a jamais existé aussi au Congo), l'étude de différentes institutions portant sur le Conseil d'Etat qui se sont succédées, a révélé la quasi-inexistence du contentieux administratif, cela n'est pas pour autant de la fonction consultative. En effet, il existait des organes juridiques dont l'intelligence a été associée par voie d'avis et de Conseil, dans l'élaboration et la coordination des normes juridiques importantes de l'Etat.

Malgré leur évolution en vaille que vaille, ces institutions ont également nourri des bons conseils juridiques aux ministres coloniaux et au Roi à chaque fois qu'elles furent demandées à le faire. Ces institutions se ressemblaient à l'époque au Conseil de législation avant la création du Conseil d'Etat en Belgique. Quant à la période de 1960 à 1968, l'existence du Conseil d'Etat ou de toute autre institution similaire n'a été signalée que dans le texte, car l'exercice de l'activité n'existait pas.

En conclusion, cette période est qualifiée d'ancienne à cause du caractère tributaire ainsi que l'absence, sur le plan effectif, du Conseil d'Etat. Cette période s'oppose à celle de la mise en place effective de la Cour Suprême de Justice.

B. L'évolution récente du Conseil d'Etat

La vraie histoire de la juridiction administrative, commence avec la mise en œuvre effective de la section administrative de la Cour suprême de justice. Celle-ci ne pouvait non plus exercer valablement ses fonctions à cause du manque de l'indépendance sur le plan pratique auquel fut confronté le pouvoir judiciaire en général. En effet, personne ne pouvait imaginer

---

[419] F. VUNDUAWE te PEMAKO, Traité de droit administratif, op.cit. p.852.

l'existence effective de la justice dans un régime dictatorial où toutes les institutions du pays furent des composants d'un parti-Etat, Mouvement Populaire de la Révolution, parti cher du Chef de l'Etat Mobutu.

Depuis que la Cour suprême de justice était créée par la Constitution de 1967, passant par l'acte constitutionnel de 1994 et le décret-loi constitutionnel de 1997 jusqu'à la Constitution de la transition de 2003, la juridiction administrative fonctionnait dans le cadre du monisme judiciaire.

En 2006 par contre, le Constituant avait abandonné l'ancienne pratique pour créer un ordre autonome de juridictions administratives comprenant des juridictions de droit communs (les tribunaux administratifs, cours administratifs d'appel), et les juridictions administratives spécialisées (notamment la Cour de compte, les juridictions administratives disciplinaires etc..) coiffées toutes par le Conseil d'Etat. Ce dernier ne dispose que des compétences d'attribution en sa qualité de juge de droit commun en premier et dernier ressort et en appel, il a beaucoup des compétences en matière de cassation de toutes les décisions rendues en dernier ressort par toutes les juridictions administratives inférieures.

En outre, la Compétence en matière consultative, qui fut longtemps du seul apanage de la chambre législative de la Cour suprême de justice, est étendue à toutes les juridictions administratives de droit commun. Ce qui apparait comme l'une des innovations apportées par cette dernière réforme judiciaire. D'ores et déjà, le Conseil d'Etat intervient par avis de conformité des projets des normes juridiques de l'exécutif, et avis d'interprétation de toutes les questions de droit qui présentent des difficultés devant le pouvoir public central.

Cependant, depuis sa création en 2006, l'installation officielle du Conseil d'Etat congolais n'aura eu lieu qu'à la fin de l'année 2018. Nous en tirerons profit du contexte socio-politique de sa création dans le paragraphe suivant.

§3. *Le contexte socio-politique de la création du Conseil d'Etat congolais*

Avant de comprendre le contexte socio-politique de la création du Conseil d'Etat actuel (B) en République Démocratique du Congo, il est important de faire un rétropédalage au sujet du contexte socio-politique de la création des juridictions administratives ayant précédées celle-ci (A).

A. Le contexte socio-politique de la création de l'ordre juridictionnel unique

Comme nous le savons, toutes les institutions que nous avions qualifiées de Conseil d'Etat avant 2006 ont œuvré dans le cadre du monisme judiciaire, autrement dit, la juridiction administrative constituait surement un rouage d'une haute Cour.

L'on proclame souvent les avantages du monisme judiciaire, certains arguments ont été avancés au moment de l'examen du premier chapitre de cette partie. Ainsi, en ce qui concerne les avantages de cette forme d'organisation juridictionnelle en République démocratique du Congo, il sera important d'en préciser quelques-uns.

La motivation première de l'Etat congolais à l'instar des autres Etats africains envoi de développement, à l'égard du monisme judiciaire est justifiée pour des raisons économiques. En effet, selon les tenants de ce système, « *la juridiction unique réalise une économie de moyens* »[420], car, ce modèle est réputé moins couteux, *les mêmes moyens humains et matériels servent à la justice administrative, à la justice constitutionnelle et à la justice judiciaire*[421]. Se faisant, une même institution composée des mêmes animateurs peut connaitre des affaires judiciaires et administratives, en effet, moins des personnels et d'institutions, moins de dépenses.

La seconde motivation est fondée en raison de l'unicité de l'interprétation de décisions judiciaires[422]. En effet, la multiplicité des ordres de juridictions peut entrainer les contrariétés jurisprudentielles. L'on remarque bien longtemps que le droit administratif est évolutif, toutes ces raisons sont devenues aussi surannées, car il y a plus d'inconvénients de ce système que des avantages, découvrons cela dans le point suivant.

B. Le contexte socio-politique de la création d'un ordre de juridiction autonome

La création d'un ordre des juridictions de l'ordre administrative distinct de l'ordre des juridictions administratives est un contraste de l'unicité judicaire longtemps existée en République démocratique du Congo. Le renoncement de ce système traditionnel est justifié par des nombreuses raisons ayant pour finalité d'améliorer la qualité de justice et du droit.

Premièrement, les impératifs de la mondialisation qui préconisent la séparation stricte des pouvoirs pour la bonne administration de la justice. En

---

[420] L. FOUGÈRE, « Les Cours suprêmes d'Afrique, un témoignage », in G. CONAC (dir.),p. 80.cité par A. NYALUMA MULAGANO, *Les modes alternatifs de règlement des conflits : à la recherche d'une clé d'accès à la justice administrative congolaise,* Dissertation présentée en vue de l'obtention du titre de Docteur en Sciences juridiques, Université catholique de Louvain, 2014 p.18.

[421] *Ibidem.*

[422]*Ibidem.*

effet, des arguments avancés en faveur d'une juridiction unique ne tiennent plus debout, car l'on ne saurait priver les citoyens d'un droit aussi légitime qui est celui de faire valoir sa cause devant le juge qui maitrise bien la règle sous prétexte des frais que l'on puisse débourser pour payer les personnels de justice aussi nombreux soient-ils. En outre, la diversité des ordres de juridictions n'a pas forcement pour effet la contrariété jurisprudentielle, par contre chaque juridiction suprême assure toujours l'unité de décisions rendues par les juridictions inférieures dans le strict respect de la loi.

Enfin, il existe des mécanismes interinstitutionnels de la collaboration, notamment les questions préjudicielles d'une juridiction vers une autre même dans deux ordres distincts. Les raisons qui justifient l'éclatement de la Cour suprême de justice en plusieurs juridictions distinctes qui ont été longtemps préconisées par les juristes[423], en vue de rompre avec le système applicable en Belgique et en France jugé tributaire[424], sont aujourd'hui abandonnées expressément car l'autonomie juridictionnelle est ancrée dans l'exposé de motif de la Constitution du 18 février 2006.

La première raison est fondée sur le souci de l'établissement de l'Etat de droit. L'on considère que le dysfonctionnement de la justice constitue l'épine dorsale de la bonne gouvernance ainsi que d'une démocratie apaisée qui ont comme corollaire le progrès social et le développement économique du pays.

Car, ayant longtemps évolué dans un contexte des crises chroniques de légitimité dans un régime dictatorial, la République démocratique du Congo s'est inscrite dans un processus de la démocratisation pour mettre fin à la corruption, à l'absolutisme et à toute sorte d'impunité. Ainsi donc, l'amélioration de la qualité de la justice permet de restaurer la confiance de la population nationale vis-à-vis des institutions judiciaires jadis considérées comme des instruments de légitimation des actions illégales ou non des autorités politiques.

---

[423] Notamment de son retour d'une participation à une conférence tenue à de Dakar, au Sénégal, sur le système judiciaire, explique F. VUNDUAWE, le Professeur Marcel LIHAU et le Doyen Antoine Rubens, proposent la création d'une Cour suprême de Justice à côté d'une cour Constitutionnelle. Cette Cour Suprême de Justice devrait connaitre de toutes les questions administratives (contentieux administratifs) et judiciaires (cassation). VUNDUAWE-te-PEMAKO, Traité de droit administratif, op.cit. p.115.

[424] VUNDUWE te- PEMAop.cit. p.115.

Sur le plan de l'aménagement technique, plusieurs raisons ont conduit le législateur au choix de cette forme d'institution. Il s'agit donc, de l'efficacité, de la spécialité et de la célérité de traitement des dossiers.

a. L'efficacité

L'efficacité tient compte du résultat que l'on droit obtenir dans le traitement des dossiers judiciaire, l'ordre administratif autonome permet à assurer une bonne justice dont les citoyens ont besoin. Toute partie requérante vise généralement un résultat derrière sa demande en justice, comme dit-on souvent « pas d'action sans intérêt ». Cependant, si sa demande n'a pas été traitée objectivement, elle va perdre confiance à la justice. En réalité, le juge n'est pas tenu de satisfaire aux caprices de la partie requérante pour qu'il trouve nécessairement un gain de cause, mais il doit prouver qu'il a tort ou raison d'agir devant lui.

L'efficacité de la justice administrative préserve aussi l'administration, en éclairant toutes les questions juridiques obscures mais aussi en écartant les mauvaises règles au sein de celles-ci. Comme l'on dit souvent : « juger *l'administration, c'est aussi administrer* ». En matière consultative aussi l'efficacité est observée à travers l'amélioration de la qualité de droit, car les praticiens du droit se confrontent souvent aux difficultés liées dans l'application d'une loi obscure ou incongrue, en obtenant leur avis avant la mise en œuvre d'une loi, est un acquis important pour la justice dont le peuple a besoin.

b. La spécialité

La spécialité renvoie à l'exclusivité des matières dans le traitement du dossier, elle est le corollaire de la séparation stricte des pouvoirs. Pour qu'un dossier judiciaire soit bien traité, il convient qu'il soit soumis au juge qui a la maitrise de la matière et non au généraliste ou à l'à-peu-priste, car il s'agit de droit soit de l'administration, soit celui de l'administré qui est mise en jeux. L'existence du droit administratif n'est plus un secret pour personne, il existe également des règles de fond et de forme propres applicables à l'administration active et aux administrés, lesquelles règles exigent dans leur application un juge initié pour bien dire le droit.

c. La célérité

La promptitude dans le traitement des dossiers judiciaires est un souci de chaque requérant, dans la mesure où il a toujours été impatient de voir ses intérêts être défendus à temps. L'on avait longtemps décrié au sujet des inconvénients constatés par la lenteur de la justice. Pour manifester le mépris, certains Etats comme la France, le Bénin et autres ont érige en une faute réparable dans leurs textes ce genre de comportement et c'est l'Etat qui est toujours civilement responsable.

C'est vrai qu'une juridiction peut traiter un dossier dans un délai excessif pour la faute propre des juges, mais la plupart des cas résultent de l'encombrement des dossiers devant un seul juge qui entraine comme conséquence beaucoup d'arriérés. Cette dernière difficulté en France a été résolue par la création des juridictions inférieures de l'ordre administratif qui ont permis la décentralisation des pouvoirs pour que les dossiers soient traités de plus vite que possible.

Nous l'avions constaté aussi pour le cas de la Belgique qui a résolu le problème en créant beaucoup de juridictions spécialisées qui ont déchargé la haute Cour administrative. L'expérience de ces deux Etats avec des résultats positifs a inspiré sans doute le Constituant congolais dans le seul but d'améliorer la qualité de la justice considérée comme gage de la bonne gouvernance.

Ainsi, au cours d'une interview avec un journaliste juste après son installation, le Président du Conseil d'Etat F. VUNDUAWE te PEMAKO[425] s'exprime à ces termes : « *Désormais avec l'arrivée du Conseil d'Etat dans l'arène judiciaire en R.D. Congo, l'épée qu'il fallait pour la fin de l'impunité et le règne du régime de l'arbitraire est là, pour crédibiliser l'Etat, protéger ses intérêts mais aussi et surtout, recréer la confiance chez les citoyens, victimes d'actes règlementaires et décisions aux lois de la République* ».

En résumé, le Conseil d'Etat congolais a été créé pour l'existence d'une administration active ainsi que pour permettre aux administrés de comprendre la norme juridique, pour assurer l'amélioration de la qualité des décisions de la justice administrative à laquelle le peuple a toujours recours pour un traitement rapide des dossiers. Mais aussi pour assurer un contrôle de conformité projets des normes, des décisions ou actes de l'exécutif aux normes hiérarchiques. Au-delà de tous ces éléments, la bonne justice serait un acquis dans la bonne gouvernance et le développement économique et culturel du pays.

A présent, nous pouvons décrire l'organisation, le fonctionnement et les attributions de cette haute institution du pays telle qu'elle se présente actuellement.

[425]www. digitalcongo.net (consulté le 20/05/2020).

Section II : De la structure organique et fonctionnelle, des attributions et de la procédure devant le Conseil d'Etat congolais

Le Conseil d'Etat congolais est la plus haute juridiction dans l'ordre des juridictions administratives au même titre que la Cour de cassation dans l'ordre des juridictions judiciaires. La loi organique sur l'organisation, la compétence et le fonctionnement des juridictions de l'ordre administratif prévue par la Constitution du 18 Février 2006 tant entendue a été déjà rendue publique depuis 2016, cela infère que toutes les dispositions antérieures contraires à celle-ci sont abrogées[426].

Dans le cadre de cette étude, nous allons principalement examiner la situation de la Juridiction administrative suprême qui est le Conseil d'Etat, les autres juridictions ne seront invoquées qu'à titre complémentaire. Ainsi, avant de parcourir les champs de missions confiées par le législateur au Conseil d'Etat ainsi que l'exercice de celles-ci par ce dernier, il importe d'examiner d'abord le fonctionnement du Conseil d'Etat (§1) ses attributions (§2), avant l'examen de son fonctionnement (§3).

§1. *La structure organique et fonctionnelle du Conseil d'Etat congolais*

Nous allons examiner préalablement l'organisation générale du Conseil d'Etat(A) avant d'analyser de quelle manière il fonctionnement(B).

A. L'organisation générale de l'actuel Conseil d'Etat congolais

Le Conseil d'Etat est une grande institution constituée des plusieurs organes, parmi lesquels nous pouvons citer : le Premier Président du Conseil d'Etat (a), les sections et les chambres (b), l'assemblée plénière(c), le bureau (d), du greffe(e), le Ministère public (f) et le Conseil référendaire.

a. Le premier président du Conseil d'Etat

Le premier président est chargé de l'administration de la police au sein du Conseil d'Etat, il est l'organe de gestion de personnel du greffe mis à la disposition du Conseil d'Etat, et du budget de fonctionnement alloué aux juridictions de l'ordre administratif et répartit les affaires entre deux sections ou entre deux chambres (Art. 54 de la loi organique du 2016). Il en est l'ordonnateur délégué.

[426] Art. 407, de la loi organique n°16/027 du 15 octobre 2016 portant organisation, compétence et fonctionnement des juridictions de l'ordre administratif, J.O de la R.D.C., n° spécial 18- octobre 2016, Kinshasa, p.97.

b. Les sections et les chambres du conseil d'Etat

A l'instar des Conseils d'Etat français et belge, le Conseil d'Etat congolais comprend deux sections, dont l'une consultative et l'autre contentieuse, à l'intérieur desquelles l'on retrouve respectivement des différentes chambres. Chacune des sections comprend un président de section, des présidents des chambres et des conseillers.

La section consultative contient en son sein trois chambres[427] ci-après énumérées :

1. la chambre des avis ;
2. la chambre d'interprétation des textes ;
3. la chambre d'étude et d'inspection permanente.

La section du contentieux, par contre, comprend six chambres d'instruction et des jugements des affaires[428] que voici :

1. *la chambre de l'administration*, chargée de contentieux de légalité et de la réparation du dommage exceptionnel ;
2. *la Chambre des finances et de fiscalité*, chargée du contentieux fiscal, para -fiscal et douanier ainsi que du contentieux des finances publiques, des marchés et des travaux publics du pouvoir central ;
3. *la chambre des affaires sociales,* chargée de conflits de carrière des agents et fonctionnaires de l'Etat, en ce compris les litiges liés aux retraites, aux pensions, aux rémunérations et aux avantages sociaux ;
4. *la chambre des élections, des formations politiques et des organismes professionnels,* chargée du contentieux des élections autres que les élections présidentielles et législatives ainsi que du contentieux lié à l'organisation, au fonctionnement et au financement des partis et regroupements politiques ou des organismes professionnels ;
5. *la chambre des matières économiques*, chargée du règlement des conflits à caractère économique ou technique et de ceux liés à la concurrence, enfin ;
6. *la chambre des affaires générales*, chargée du règlement de toutes les matières non expressément attribuées à d'autres chambres organisées par la même loi.

---

[427] Art. 52 de la loi organique n°16/027 du 15 octobre 2016 portant organisation, compétence et fonctionnement des juridictions de l'ordre administratif, op.cit. p.15.

[428] Art. 48 de la loi organique n°16/027 du 15 octobre 2016 portant organisation, compétence et fonctionnement des juridictions de l'ordre administratif, op. cit.p.13.

c. L'Assemblée plénière

L'assemblée plénière du Conseil d'Etat est composée de tous les magistrats du Conseil d'Etat sous la supervision du premier président du Conseil d'Etat[429]. Elle délibère sur toutes les questions intéressant l'ensemble du Conseil d'Etat ou, en cas de nécessité, sur toutes les questions relevant d'une section ou d'une chambre. L'alinéa 2 de l'article 53 de la loi organique de 2016 dispose que l'assemblée plénière siège, de plein droit en cas de revirement de la jurisprudence, de déclinatoire de juridiction ou lorsqu'il y a lieu de se prononcer, par arrêt, sur une question de principe.

d. Le greffe et le service d'huissier du Conseil d'Etat

Il existe un greffe au sein du Conseil d'Etat, comprenant le greffier en chef, des greffiers principaux, des greffiers et des huissiers[430]. Ces agents du Conseil d'Etat sont tous régis par le statut du personnel de carrière des services publics de l'État.

Le greffier assiste le juge dans les actes et procès-verbaux de son ministère ; il les signe avec lui. Il écrit ce qui est prononcé ou dicté par le juge et dresse acte de diverses formalités dont l'accomplissement doit être constaté et conserve les minutes, registres et tous les actes afférents à la juridiction près laquelle il est établi. Il délivre les grosses expéditions et extraits des jugements ou d'ordonnances[431]. En revanche, les huissiers sont chargés du service intérieur des juridictions administratives et de la signification des exploits. Ils sont désignés par le Premier Président parmi les agents des services publics de l'État mis à leur disposition (Art. 31 de la loi n°16/027 du 15 Octobre 2016).

e. Du bureau du Conseil d'Etat

Le bureau du Conseil d'Etat a comme base légale l'article 58 de la loi du 206 sur les juridictions de l'ordre administratif, ce bureau est composé du Premier président, du Procureur général, des présidents et des premiers avocats généraux. Ce bureau est un organe de réflexion et de décision mis à la disposition du premier président et du procureur général pour la gestion efficiente et harmonieuse du Conseil d'État ainsi que pour celle des autres juridictions administratives. Bien que n'ayant pas des compétences juridictionnelles, le bureau dispose des compétences[432], entre autre :

---

[429] Art. 53, *Idem*. p.15.

[430] Art. 55 de la loi organique n°16/027 du 15 octobre 2016 portant organisation, compétence et fonctionnement des juridictions de l'ordre administratif, op.cit. p.16.

[431] Art. 29 al.2 *Idem*

[432] Art. 59 de la loi organique n°16/027 du 15 octobre 2016 portant organisation, compétence et fonctionnement des juridictions de l'ordre administratif, op. cit. p16.

- approuver le règlement intérieur du Conseil d'État ;

- établir, à la fin de chaque année, un rapport complet du Conseil d'État, et des autres juridictions administratives inférieures de droit commun et des parquets qui y sont rattachés à l'attention du président du Conseil supérieur de la magistrature qui en transmet une copie au ministre ayant la justice dans ses attributions.

f. *Du ministère public*

Le législateur avait prévu l'institution d'un parquet près chaque juridiction de l'ordre administratif (Art.32 de la loi organique de 2016), il est composé des magistrats qui sont appelés les officiers du Ministère public. Dans cette optique, il existe un parquet général près le Conseil d'Etat. Celui-ci est constitué d'un procureur général près le Conseil d'État, assisté d'un ou de plusieurs premiers avocats généraux et d'un ou de plusieurs avocats généraux[433].

Le procureur général est le chef du parquet, soit lui-même, soit les autres magistrats (les premiers avocats généraux et les avocats généraux) placés sous sa surveillance et sa direction, exerce les fonctions du Ministère public. Il prononce une mercuriale à l'audience solennelle de la rentrée du Conseil d'État. Il peut, s'il le juge nécessaire, siéger sans voix délibérative, aux audiences ordinaires du Conseil d'État.

g. *Les conseillers référendaires*

L'alinéa 2 de l'article 144 de la loi n°16/027 du 15 Octobre 2016 portant organisation, compétence et fonctionnement des juridictions de l'ordre administratif dispose que *: « tout magistrat du parquet et du siège ayant au moins le rang égal à celui de conseiller à la cour administrative d'appel et tout juriste non magistrat, choisi sur le mérite de ses publications ou sur base de son expérience en matière juridique, judiciaire, administrative, financière, fiscale et douanière, par le Conseil supérieur de la magistrature, peut être affecté au Conseil d'État en qualité de conseiller référendaire pour une durée de trois ans renouvelable une fois ».*

L'alinéa 3 de l'article précité ajoute que les conseillers référendaires ont pour tâche d'assister les magistrats du Conseil d'État dans l'accomplissement de leur mission.

---

433 Art. 36 de la loi organique n°16/027 du 15 octobre 2016 portant organisation, compétence et fonctionnement des juridictions de l'ordre administratif, op.cit. p.10.

B. Fonctionnement du Conseil d'Etat

Nous allons voir le cadre d'exercice de ces compétences(a), les membres du Conseil d'Etat (b), et leurs conditions d'accès à la fonction(c) et quelques notions en rapport avec le statut de ses membres(d).

a. Le cadre d'exercice

Le siège du Conseil d'État est situé dans la capitale de la République démocratique du Congo. Toutefois, en cas de nécessité, le Conseil d'État peut siéger en tout autre lieu du territoire national. Elle exerce ses compétences à toute l'étendue du territoire national.

b. Les membres du Conseil d'Etat

Les membres du Conseil d'Etat se différent des autres personnels qui œuvrent au sein de cette institution. Ils sont composés d'un premier président, des présidents et des conseillers. Ils sont des membres sédentaires du Conseil d'Etat. A ceux-là s'ajoutent les conseillers référendaires qui ont une durée bien déterminée au sein du Conseil d'Etat.

Nous avions vu plus haut l'étendue du pouvoir du Premier président. Cependant, le président de la section répartit les affaires lui confiées par le premier président entre les chambres, après avoir accompli, s'il y a lieu, les actes d'instruction nécessaires à la mise en état de la cause (Art. 147 al.1 de la loi organique de 2016).

L'alinéa 2 de l'article 147 de la même loi ajoute que « *les affaires urgentes sont directement confiées aux chambres par le premier président, lesquelles en assurent l'instruction et la mise en état* ». Les présidents des chambres ainsi que d'autres conseillers d'Etat délibèrent avec les membres ayant pris part à l'instruction de la cause. Comme c'est la pratique en droit français et belge, un Conseiller d'une autre chambre peut suppléer pour compléter la composition[434].

c. Les conditions d'exercice de la profession

L'alinéa 1 de l'article 406 de la loi organique du 2016 sur les juridictions de l'ordre administratif prévoit qu'« À titre exceptionnel, sur proposition du Conseil supérieur de la magistrature, il y est procédé par des recrutements sur titre dans les 15 années de l'installation des juridictions de l'ordre administratif.

[434] Art. 49 al. 3 de la loi organique n°16/027 du 15 octobre 2016 portant organisation, compétence et fonctionnement des juridictions de l'ordre administratif, op.cit. p.14.

L'alinéa deux du même article précité précise que « En cas de recrutement sur titre, les candidats magistrats sont choisis pour le Conseil d'État parmi les titulaires au moins du grade de docteur en droit ou parmi les avocats de plus de quinze ans d'expérience professionnelle, et pour les cours administratives d'appel et les tribunaux administratifs, parmi les titulaires au moins du grade de diplômé d'études supérieures en droit ou parmi les avocats d'au moins dix ans et cinq ans d'expérience professionnelle respectivement. Comme toute autre magistrat, les conseillers d'Etat sont soumis à la prestation de sèment dans la forme et les conditions prévues par la loi.

d. Quelques notions en rapport avec le statut des membres du Conseiller d'Etat

Les membres du Conseil d'Etat sont des magistrats, leur statut est régi par la loi portant le statut des restes des magistrats. Comme tout autre magistrat du siège, les conseillers d'Etat sont inamovibles, c'est-à-dire qu'ils ne peuvent être remplacés que par une nomination nouvelle ou à sa demande ou par rotation motivée décidée par le Conseil supérieure de la magistrature[435].

Pendant la durée de sa fonction, tout magistrat est placé dans l'une des positions suivantes : l'activité de service, le congé, le détachement et la disponibilité[436]. Comme tout autre magistrat, les conseillers d'Etat sont soumis au régime disciplinaire, des incompatibilités, de la retraite et de la pension[437]. Enfin, un magistrat ayant longtemps exercé des fonctions peut obtenir un titre honorariat ou d'éméritat. En effet, l'honorariat est le droit pour un ancien magistrat de porter, après la cessation définitive de ses fonctions, le titre de son dernier grade au moment où intervient la fin de sa carrière. A l'inverse, L'éméritat est le droit pour un ancien magistrat de continuer à bénéficier de son dernier traitement d'activité.

§2. *Des attributions du Conseil d'Etat congolais*

A l'instar du Conseil d'Etat belge et celui de la France, le Conseil d'Etat congolais dispose des attributions consultatives(A), ainsi que des attributions contentieuses (B) lesquelles nous allons respectivement examiner.

[435] Voir l'article 150 al. 4 et 14 de la loi organique n° 06/020 du 10 octobre 2006 portant statut des magistrats, 49è Année J.O., Kinshasa le 25 Octobre 2006, p.6.

[436] Art. 28 de la loi organique n° 06/020 du 10 octobre 2006 portant statut des magistrats, op.cit. p.8.

[437] Voir les articles 47 à 82 de la loi organique n° 06/020 du 10 octobre 2006 portant statut des magistrats, op.cit. p.14 à 20.

A. Les attributions consultatives du Conseil d'Etat

Depuis très longtemps l'activité consultative était dans état d'inertie en République démocratique du Congo. A vrai dire, depuis son accession l'indépendance jusqu'à 1982, cette fonction n'a jamais été exercée par le juge administratif congolais. En dépit de la sanguinolente dirhée constitutionnelle[438], cette mission qui fut jadis confiée à la Cour constitutionnelle, qui n'a jamais été installée, par la loi fondamentale n'apparaissait plus à la Constitution[439] jusqu'à 1992.

Elle eut comme base juridique l'article 159 de la loi n°82-020 du 31 mars 1982 portant code de l'organisation et de la compétence judiciaires qui disposait que : « La section de législation de la Cour suprême de Justice donne des avis consultatifs sur les projets ou propositions de lois ou d'actes réglementaires qui lui sont soumis ainsi que sur les difficultés d'interprétation des textes »[440].

Notons que cette mission s'est répandue à toutes les juridictions ordinaires de l'ordre administratif par la loi organique n°16/027 du 15 octobre 2016 portant organisation, compétence et fonctionnement des juridictions de l'ordre administratif, la fonction consultative est devenue vraisemblablement en R.D.C. comme en France. Ainsi, la fonction consultative est assumée par la section consultative du Conseil d'Etat qui agit par voie d'avis motivés.

Aux termes de l'article 82 alinéa Premier de l'organique de 2016 sur les juridictions de l'ordre administratif : « *la section consultative du Conseil d'État est compétente pour donner des avis motivés sur la régularité juridique de tout projet ou de toute proposition d'acte législatif, règlement ou décision dont elle est saisie par les autorités du pouvoir central ainsi que par celles des organismes placés sous leur tutelle* ». L'alinéa 2 de cet article renchérit qu'« *elle se prononce sur les difficultés d'interprétation des textes juridiques* ».

En outre, la section consultative est compétente pour donner des avis motivés sur la légalité ou sur la constitutionnalité des dispositions des textes sur lesquelles elle est consultée et, s'il y a lieu, sur la pertinence des moyens juridiques retenus pour atteindre les objectifs que les autorités administratives

---

438 A. MBATA B. MANGU, La Suprématie de la Constitution, l'indépendance du pouvoir judiciaire et la bonne gouvernance en République Démocratique du Congo, https:// idgpa.org, IDGPA…PDF, p.1. (Consulté le 20/112020).

439 VUNDUAWE te PEMAKO, op.cit 115.

440 BOTAKILE, *Contentieux administratif* congolais, éd. 2014, op.cit. p.53.

centrales se sont assignées, en tenant compte des contraintes inhérentes à l'action administrative[441].

Elle répond également aux questions qui soulèvent une difficulté d'interprétation des textes juridiques devant une juridiction ou une autorité administrative centrale et attire l'attention des pouvoirs publics sur les réformes qui paraissent souhaitables pour l'intérêt général (art. 84 al. 2 de la loi organique n°16/027).

Le premier volet de cette compétence consiste à conseiller les autorités publiques, en assurant la conformité des projets ou propositions des normes juridiques avant leur mise en vigueur à l'ordonnancement juridique général[442]. Concernant le deuxième volet, le juge administratif se limite à donner des éclaircissements sur une question de droit qui présente des difficultés devant les autorités publiques conformément aux normes juridiques en vigueur.[443]

Comme c'est le cas pour toutes les autres juridictions administratives suprêmes examinées par l'étude, le Conseil d'Etat congolais assure enfin la mission permanente d'inspection à l'égard des juridictions administratives inférieures, sous l'autorité du premier président du Conseil d'État, par son président, assisté des autres membres de ladite section (art. 84 al.2 de la loi organique n°16/027).

Par ailleurs, l'on constate avec acrimonie que le législateur n'a pas prévu des hypothèses où la consultation du Conseil d'Etat serait obligatoire, contrairement aux autres Etats que nous avions examinés. Néanmoins, la loi prévoit que « les règles de compétence des juridictions de l'ordre administratif sont d'ordre public »[444], en réalité ce caractère impératif de ces règles n'est possible qu'à l'égard du juge qui est tenu d'examiner la demande à chaque fois qu'il est saisi sous peine de déni de justice[445]. Par contre, les autorités centrales ne sont pas tenues de consulter le Conseil d'Etat, elles apprécient de leur plein gré s'il y a lieu ou non de porter sa demande devant celui-ci.

---

[441] Art. 83 de la loi organique n°16/027 du 15 octobre 2016 portant organisation, compétence et fonctionnement des juridictions de l'ordre administratif, op.cit. p.20

[442] BOTAKILE ATANGANA, *Contentieux administratif congolais, op.cit.*, p.154.

[443] *Ibidem.*

[444] Art. 81. de la loi organique n°16/027 du 15 octobre 2016 portant organisation, compétence et fonctionnement des juridictions de l'ordre administratif, op.cit. p.20.

[445] *Idem.*, art. 390. P.92.

B. *La compétence contentieuse ou administrative du Conseil d'Etat congolais*

Si la compétence consultative du Conseil d'Etat semble être nouvelle en raison de sa léthargie par le législateur, à un certain moment de l'histoire, la compétence contentieuse reste effectivement sédentaire depuis 1969 en République Démocratique du Congo. Mais, il faut noter par ailleurs que les compétences du Conseil d'Etat se sont plutôt renforcées par la loi organique de 2016 avec comme objectif de répondre aux exigences tant des citoyens que de la bonne justice du pays. Dans ce cas, le Conseil d'Etat dispose des compétences en tant juge des voies de recours extraordinaires (a), en tant que juge d'appel(b), ensuite, en premier et dernier ressort (c), enfin, à titre exceptionnel en matière de constitutionnalité (d).

a. *Le Conseil d'Etat juge des voies de recours extraordinaires*

Par les voies de recours extraordinaires en matière administrative, on peut citer le contentieux de cassation, les pourvois en révision, les prises à partie ainsi que les règlements des juges. La compétence de cassation ainsi que de celle révision est consubstantielle à toute juridiction suprême d'un ordre juridictionnel au sein de l'Etat.

Ainsi, l'article 87 al.1 de la loi organique de 2016 sur les juridictions de l'ordre administratif dispose que « *la section du contentieux connaît des pourvois en cassation, pour violation de la Constitution, du traité international dûment ratifié, de la loi, de l'édit, de la coutume, des principes généraux de droit et du règlement dirigés contre les arrêts et jugements des juridictions administratives de droit commun ou contre les décisions des juridictions administratives spécialisées* ».

Comme nous le savons, le juge de cassation ne connait pas le fond de l'affaire, par contre elle se limite à vérifier les erreurs de droit pour droit, bref il est le juge des jugements et arrêts rendus en premier et dernier ressort par les juges administratifs inférieurs, ces juges peuvent relever des juridictions du droit commun que celles spécialisées.

En revanche, lorsqu'un jugement est coulé de la force de la chose jugée, la révision reste l'ultime voie de recours pour le requérant désespéré qui a découvert un élément nouveau qui prouve son innocence, lorsqu'une telle demande se présente, le Conseil d'Etat est compétent pour rouvrir la cause. Ensuite, la procédure de prise à partie est ouverte pour sanctionner le comportement immoral d'un magistrat ou d'un agent de justice qui commet soit le dol, soit le déni de justice, dans le fonctionnement de l'appareil judiciaire. Enfin, le règlement des parties n'est en soit une voie de recours extraordinaire, elle consiste à résoudre le conflit de compétence lorsque deux ou plusieurs juridictions compétentes sont saisies sur la même affaire par les mêmes parties. Le Conseil d'Etat détermine quel juge sera compétent pour connaitre l'affaire au sein de l'ordre des juridictions administratives.

b. Le Conseil d'Etat, juge d'appel

La section du Conseil d'Etat est compétente pour connaitre l'appel de tous les arrêts et décisions rendus en première instance par les cours administratives d'appel (art. 155 al. 2 de la Constitution). Au niveau de l'appel, le Conseil d'Etat agit comme juge de droit commun pour connaitre en dernier ressort toutes les matières contentieuses qui relèvent initialement de la Compétence de la Cour administrative. Cette compétence consacrée à la fois par la Constitution et par la loi organique a failli être mise en marge par la loi électorale[446] qui attribue à la Cour d'appel la Compétence en premier et dernier ressort pour les recours en annulation des élections législatives provinciales.

Cette antinomie entre les différents textes juridiques pourrait se justifier par le principe « le spécial déroge au général », or dans un Etat de droit constitutionnel comme la R.D.C., la loi doit être formellement et matériellement compatible à la Constitution, en cas d'opposition la Constitution considérée comme la norme n° 1 prime sur la loi, soit considérée comme la norme n°2[447].

C'est ce qui a posé problème dans l'affaire Stéphane MUKUMADI contre la CENI[448], le Conseil d'Etat s'est déclaré compétent pour connaitre le recours en appel contre la Cour d'appel du Sankuru qui a rejeté la candidature de MUKUMADI pour faute de nationalité. Le Conseil d'Etat a infirmé au niveau de l'appel la décision rendue par la Cour d'appel, en validant la candidature du requérant.

Pour fonder sa compétence la Cour a fait application de l'alinéa 2 de l'article 155 de la Constitution ainsi que l'article 86 de la loi organique, tout en ignorant l'article 27 de la loi électorale[449]. Dans cette décision, aussi protectrice des droits du requérant, le juge devrait en principe saisir la Cour constitutionnelle pour une question préjudicielle. Car écarter une disposition

---

446 Art. 27 de la loi électorale de la R.D.C.

447 L. Favori et alli., Droit constitutionnel, 17è éd. Dalloz, Paris 201 p.69.

448 C.E. REA 002 du 27 Février 2019, Affaire Stéphane MUKUMADI C/La CENI, inédit.

449 L'art. 27 al.4 De la loi n° 17/013 du 24 décembre 2017 modifiant et complétant la loi n°06/006 du 09 Mars 2006 portant organisation des élections présidentielle, législatives, provinciales, urbaines, municipales et locales telle que modifiée à ce jour, J.O. de la R.D.C. n° spécial du 29 décembre 2017, Kinshasa, p.

de la légale inconstitutionnelle et contradictoire à la loi organique semble être un contrôle administratif de la loi qui du reste ne relève pas de sa compétence.

c. *Les compétences du Conseil d'Etat en premier et dernier ressort*

La section contentieuse du Conseil d'Etat dispose pas mal des compétences en tant que juge du premier et dernier ressort. En effet, elle puise certaines compétences directement de la Constitution et ou dans la loi organique n°16/027 du 15 octobre 2016 portant organisation, compétence et fonctionnement des juridictions de l'ordre administratif.

Ainsi, l'article 155 al.1 de l'actuelle Constitution dispose ce qui suit : *« sans préjudice ces autres compétences lui reconnait la Constitution ou la loi, le Conseil d'Etat connait, en premier et dernier ressort, des recours pour violation de la loi, formés contre les actes, règlements, décisions des autorités administratives centrales »*. Dans le même ordre d'idées, l'al. 2. de l'article 85 de la loi organique renchérit que *« sans préjudice des autres compétences que lui reconnaît la Constitution ou la présente loi organique, la section du contentieux du Conseil d'État connaît, en premier et dernier ressort, des recours en annulation pour violation de la loi, de l'édit ou du règlement, formés contre les actes, règlements ou décisions des autorités administratives centrales ou contre ceux des organismes publics placés sous leur tutelle ainsi que ceux des organes nationaux des ordres professionnels »*.

En outre, le Conseil d'Etat congolais, à l'instar des Conseils d'Etat belge et français, contrairement à la section administrative béninoise, connait à titre résiduaire des demandes d'indemnité relatives à la réparation d'un dommage exceptionnel, matériel ou moral résultat d'une mesure prise ou ordonnée par les autorités de la République, qu'il se prononce en équité en tenant compte de toute circonstance d'intérêt public ou privé[450]. L'article 89 de la loi organique sur les juridictions de l'ordre administratif donne des précisions à propos des autorités dont il est question, il s'agit des autorités du pouvoir central, des provinces, des entités territoriales décentralisées ainsi que des organismes publics placés sous leur tutelle. A cela s'ajoute également la compétence de connaitre des actions en responsabilité dirigées contre l'État pour une durée excessive de la procédure devant une juridiction de l'ordre administratif.

Enfin, le Conseil d'Etat applique également le principe général « qui peut le plus peu le moins », il s'agit notamment, lorsque le Conseil d'État

[450] Art. 155 al. 3 de la loi n°11/002 du 20 Janvier 2011 portant révision de certains articles de la Constitution de la République démocratique du Congo du 18 Février 2006, op.cit. p.53.

est saisi d'une affaire relevant de sa compétence en premier et dernier ressort, ou comme juge d'appel, il est également compétent pour connaître des demandes connexes relevant normalement de la compétence en premier ressort d'un tribunal administratif ou d'une cour administrative d'appel.

A l'inverse lorsqu'un tribunal administratif ou une Cour administrative d'appel est saisie des demandes soit relevant de sa compétence mais, connexes à des affaires portées devant le Conseil d'Etat et relevant, selon le cas du premier ou du dernier ressort de celui-ci, soit encore, distinctes mais connexes relevant les unes de sa compétence et les autres de la compétence en premier et dernier ressort du Conseil d'État, la juridiction concernée renvoie l'ensemble de ces demandes au Conseil d'État[451].

En résumé, le Conseil d'Etat dispose de beaucoup de compétences tant en matière consultative qu'en matière contentieuse. En effet, il donne des avis à chaque fois qu'il est saisi par le gouvernement dans l'élaboration des projets de normes juridiques et répond à toutes les préoccupations des autorités administratives et juridictionnelles centrales concernant la légalité ou la constitutionnalité.

En matière contentieuse, elle connait soit en cassation ou révision, soit en appel, soit encore en premier et dernier ressort les contentieux administratifs d'origine diverse. Il s'agit notamment des contentieux d'annulation, de contentieux d'excès de pouvoir, de contentieux de pleine juridiction, de contentieux électoral, de contentieux fiscal, de contentieux des finances, de contentieux social etc. Il connait aussi à titre résiduaire des demandes de réparation contre la puissance publique. Notons également que le Conseil d'Etat peut, même à titre exceptionnel, connaitre de contentieux constitutionnel. Découvrons le dans les lignes qui suivent.

d. La compétence du conseil d'Etat en contentieux constitutionnel

Le Conseil d'Etat n'est pas en principe, le juge de constitutionnalité des normes juridiques, cette mission a été confiée, conformément au principe de séparation des pouvoirs, au juge constitutionnel[452]. Cependant, la loi limite la compétence de ce dernier au seul contrôle des actes législatifs ainsi qu'aux actes réglementaires. L'on observe que pour les autres normes juridiques (actes ou décisions administratifs) qui ne rentrent pas dans la catégorie de

---

[451] Voir la lecture combinée des articles 92 et 93 de la loi organique n°16/027 du 15 octobre 2016 portant organisation, compétence et fonctionnement des juridictions de l'ordre administratif, op.cit. p.24.

[452] Art. 161 et 162 de la Constitution en vigueur.

celles citées ci-haut et qui violeraient la Constituions reviennent automatiquement à la compétence du juge administratif.

Ce contrôle de constitutionnalité des actes ou décisions des autorités administratives est considéré par Botakile, comme Contrôle de légalité au sens large[453] par le juge administratif. Cette position est justifiée par la loi organique de 2016 sur les juridictions de l'ordre administratif qui dispose que « *la section du contentieux connaît des pourvois en cassation, pour violation de la Constitution, du traité international dûment ratifié, de la loi, de l'édit, de la coutume, des principes généraux de droit et du règlement dirigés contre les arrêts et jugements des juridictions administratives de droit commun ou contre les décisions des juridictions administratives spécialisées visées à l'article 2 alinéa 3 de la présente loi organique* »[454].

Si cette disposition de la loi organique de 2016 sur les juridictions administratives pouvait trouver sa raison d'être à l'égard des décisions juridictionnelles contraires à la Constitution, nous observons avec amertume, la contrariété entre la même loi et la Constitution dans ses dispositions des articles 161 et 162, en conférant, la compétence de constitutionnalité des actes et règlements pris par les autorités administratives urbaines et locales et ceux des organismes publics placés sous leur tutelle, aux tribunaux administratifs.

En effet, aux termes de l'article 104 alinéa 1er de cette loi organique qui dispose que : *« la section du contentieux du tribunal administratif est compétente pour connaître des recours en annulation, pour violation de la Constitution, du traité dûment ratifié, de la loi, de l'édit et du règlement, formés contre les actes, règlements ou décisions des autorités du territoire, de la ville, de la commune, du secteur ou de la chefferie ainsi que contre ceux des organismes publics placés sous leur tutelle. Elle se prononce soit en suspension, soit en annulation desdits actes, règlements ou décisions ».*

Notons que cette compétence n'est pas expressément reconnue ni à la Cour d'appel ni au Conseil d'Etat par la même loi organique, par contre, celle-ci prévoit que : « *les décisions rendues en première instance par les tribunaux administratifs sont appelables devant la Cour administrative d'appel, et sont en leur tour cassables devant le Conseil d'Etat* »[455].

---

453 BOTAKILE ATANGANA, op. cit.p.40.

454 Art. 87 alinéa 1er de la loi organique n°16/027 du 15 octobre 2016 portant organisation, compétence et fonctionnement des juridictions de l'ordre administratif, op.cit. p26.

455 Voir les articles 86 et 87 de la loi organique n°16/027 du 15 octobre 2016 portant organisation, compétence et fonctionnement des juridictions de l'ordre administratif, op.cit. p26 pp.25 et 26.

Cela infère qu'un acte ou un règlement pris par les autorités urbaines et locales attaqués en inconstitutionnalité par le tribunal administratif rend compétente la Cour administrative d'appel du ressort qui doit statuer en tant que juge de droit commun ce contentieux constitutionnel et, par conséquent, la même affaire peut être portée devant la Conseil d'Etat pour statuer en cassation.

Nous estimons que c'est par inadvertance que le législateur du 2016 avait inséré le concept « recours pour violation de la Constitution » dans l'article 104 précité, car cette disposition semble contredire l'article 228 de la même loi qui veut que lorsqu'une exception d'inconstitutionnalité d'un acte législatif ou administratif est soulevée par ou devant une juridiction de l'ordre administratif, celle-ci sursoit à statuer et saisit obligatoirement la Cour constitutionnelle et, doit subordonner sa décision à la position de celle-ci. Telle est la pratique de la question préjudicielle appliquée par le juge administratif français.

Ainsi, dans un Etat comme la R.D.C., où la séparation des pouvoirs est observée, confier expressément la compétence d'appréciation ou de la conformité d'un acte réglementaire à la Constitution à un juge autre que le juge constitutionnel, semble violer le principe de spécialité et pèche à la conception moderne de l'Etat de droit prévue par la Constitution du 18 Février 2006. En Conséquence, il y a le risque d'entrainer une fausse interprétation qui violerait les droits des personnes garantis par les textes juridiques.

De tout ce qui précède, nous sommes d'avis que la justice constitutionnelle soit décentralisée pour rapprocher les justiciables au juge constitutionnel dans un pays continent comme la R.D.C. Surtout, en raison des difficultés matérielles et techniques auxquelles se confrontent les justiciables éloignés de la capitale du pays qui ne savent pas comment attaquer les actes et règlements pris en violation de la Constitution par certaines autorités administratives urbaines et locales et ceux des organismes publics placés sous leur tutelle.

Néanmoins, cette décentralisation de la justice constitutionnelle qui pourrait rencontrer les désidératas des milliers de Congolais ne peut s'opérer que par la création des juridictions constitutionnelles autonomes comprenant des juges sensés maitriser à l'espèce la matière. Cela permet de rencontrer le souhait exprimé par le constituant de 2006 qui a voulu que le pays soit doté de trois ordres des juridictions[456]en créant un ordre constitutionnel composé des juridictions de l'échelon local jusqu' au niveau central. Mais aussi de rendre accessible la justice constitutionnelle aux

[456] Exposé de motif de la Constitution du 18 Févier 2006

citoyens victimes des actes ou règlements inconstitutionnels de la puissance publique.

A présent, il nous reste de voir de quelle manière le Conseil d'Etat exerce les compétences lui attribuées par-là les textes au moyen de l'examen de la procédure.

§3. *La procédure devant le Conseil d'Etat congolais*

En réalité, la procédure devant le Conseil d'Etat ne relève qu'à titre complémentaire. Dans le cadre de cette étude, elle trouve son importance en raison des certains aménagements tant entendus par la doctrine pour l'amélioration de la justice administrative. Dans cette optique, il faut rappeler qu'il existe plusieurs types des procédures devant le Conseil d'Etat qui peuvent être étudiées selon deux sous-groupes. Nous allons d'abord examiner la procédure en matière consultative(A) avant d'aborder la procédure en matière contentieuse (B).

A. La procédure consultative devant le Conseil d'Etat congolais

La procédure devant la section contentieuse commence par la saisine du tribunal. Ainsi, nous verrons d'abord l'instruction préalable(a) avant le traitement final du dossier(b).

a. Instruction préalable de la demande d'avis ou d'interprétation

En effet, pour toute demande d'avis ou d'interprétation des textes, le Conseil d'Etat, à l'instar des autres juridictions administratives de droit commun, est saisi par voie de requête. Celle-ci émane respectivement de l'autorité habilitée à prendre l'acte législatif ou administratif, en cas de demande d'avis, et par l'autorité qui a pris l'initiative, en cas de l'interprétation du texte[457].

Dans ces conditions, l'on comprend vite que, la qualité du demandeur qui, doit être soit une autorité du pouvoir central ou celle de l'organisme placé sous la tutelle des autorités du pouvoir central est la seule condition.

La requête doit contenir sous peine d'irrecevabilité : l'identité et l'adresse des parties, l'exposé des faits et des moyens ainsi que les conclusions, l'indication de la décision dont la rétractation, la modification ou le retrait est demandé et l'indication des dispositions du traité international, de la loi ou du

[457] *Idem.*, art. 123 et 130. pp.32 et 34.

règlement, ainsi que de la coutume ou du principe général du droit, dont la violation est invoquée.[458] Dès sa réception, la requête est enrôlée par le greffier et communiquée sans délai au chef de la juridiction aux fins de désignation d'un rapporteur à qui le greffier remettra en suite le dossier (art.124 al.1 de la loi organique n°16/027 du 15 octobre 2016).

Le rapporteur est désigné par le Président du Conseil d'Etat parmi les magistrats de la section consultative. Il est autorisé de prendre contact avec tous les services intéressés par la requête ainsi qu'avec les mandataires de l'autorité requérante, afin d'obtenir tout renseignement ou tout document de nature à éclairer la juridiction sur l'objet de la requête[459]. Il peut aussi requérir le service d'un ou plusieurs experts dont le taux éventuel des honoraires est fixé par l'ordonnance du chef de la juridiction.

Après avoir vérifié la conformité de l'acte aux normes juridiques du pays, le rapporteur peut émettre des avis sur la rédaction de l'acte et sur ses effets par rapport à l'ordonnancement juridique dans un rapport auquel il joint, le cas échéant, le texte du projet de la norme juridique sur laquelle porte son avis (Voir l'art. 124 al. 3 et 4 de la loi organique n°16/027 du 15 octobre 2016).

b. Traitement final du dossier

Après avoir fini son travail, le rapporteur transmet de nouveau le dossier au Président du Conseil d'Etat, ce dernier doit fixer la date à laquelle l'affaire sera examinée, laquelle sera notifiée au Ministère public et à l'autorité requérante par les soins du greffier. Le dossier est examiné par les magistrats de la section consultative, et du parquet près le Conseil d'Etat réuni en assemblée mixte, l'avis motivé est donné à la majorité des magistrats présents à la séance (art.126 de la loi organique n°16/027 du 15 octobre 2016). En ce qui concerne le déroulement de l'instance, la section consultative tient, en principe, une séance par semaine et, en cas d'urgence, des séances supplémentaires. Les débats en assemblée mixte se déroulent de la manière suivante[460]:

1. à l'appel de la cause, le président de la section donne lecture de la requête ;

2. il passe la parole au rapporteur. Celui-ci donne la lecture du rapport et du texte supplétif du projet ou de la proposition à examiner ;

---

[458] Arts. 135 et 369, de la Constitution du 18 Février 2006 telle que modifiée et révisée à ce jour, op.cit., pp.35 et 87.
[459] *Idem.*, art.124 al.2, p.32.
[460] *Idem.*, art.127, p.3 ».

4. la parole est ensuite donnée d'abord à la partie requérante et, enfin, aux autres membres de l'assemblée ;

5. le greffier dresse le procès-verbal de la séance.

L'article 128 de la loi organique de 2016 sur les juridictions de l'ordre administratif dispose qu'« e*n cours de séance, l'assemblée mixte peut désigner un expert ou constituer une commission chargée d'étudier un problème particulier et de faire rapport devant elle* ».

Cependant, il faut noter enfin que *« la teneur de l'avis motivé de la section consultative est constituée par le résultat final obtenu à l'issue des débats et consigné dans le procès-verbal... et rédigé et signé par le chef de la juridiction, le président de la section consultative, le chef de l'office et par le greffier de la séance »*[461]. La procédure de la demande d'avis est la même que celle de la demande de l'interprétation de texte.

Au terme de l'article 133 al. 2 et 3 de la loi organique de 2016 sur les juridictions de l'ordre administratif, l'avis du Conseil d'Etat est donné, dans le délai maximum d'un mois à dater de la réception de la requête et notifié sans délai à l'autorité requérante et au ministère public par le greffier avec, le cas échéant, le texte supplétif proposé par la juridiction. Enfin, les avis du Conseil d'État sont publiés au Bulletin des arrêts et jugements des juridictions de l'ordre administratif.

B. La procédure contentieuse devant le Conseil d'Etat congolais

Contrairement à la section consultative qui est régie par une procédure très simpliste, la Section contentieuse du Conseil d'Etat dispose des procédures complexes et bigarrées. Celles-ci peuvent être réparties en deux types des procédures, il s'agit de la procédure contentieuse proprement dite(a) et des procédures contentieuses spéciales (b).

a. La procédure contentieuse proprement dite

Nous verrons d'abord l'introduction d'instance (1) avant l'instruction et le déroulement de l'instance (2).

[461] Art.129 de la loi organique n°16/027 du 15 octobre 2016 portant organisation, compétence et fonctionnement des juridictions de l'ordre administratif, op.cit. pp.32 et 34.

1. L'introduction d'instance devant le Conseil d'Etat

La section contentieuse du Conseil d'Etat est saisie soit *par requête* ou acte d'appel des parties, soit par *réquisitoire* du ministère public près la juridiction concernée.

Tout en justifiant sa capacité juridique, la partie requérante agit dans son intérêt personnel ou collectif lorsqu'elle est mandatée par une communauté. La requête ou l'acte d'appel, *contient l'identité* et *l'adresse des parties*, l'exposé *des faits* et *des moyens* ainsi que *les conclusions*. Elle est accompagnée de la copie de l'acte, du règlement ou de la décision administrative attaquée ainsi que de la preuve du dépôt du recours administratif préalable.

Le ministère public introduit son réquisitoire dans l'intérêt général et, en particulier, pour la protection des droits et libertés fondamentaux des personnes, dans ce cas il contient l'identité et l'adresse de l'officier instrumentant, l'exposé des faits et des moyens ainsi que les conclusions. Il est accompagné de la copie de l'acte, du règlement ou de la décision administrative attaquée. En cas de défaut de l'acte, du règlement ou de la décision attaquée, le récépissé du dépôt à la poste du recours administratif préalable ou du dépôt par porteur dudit recours est joint à la requête ou au réquisitoire[462].

La signature : la requête et le réquisitoire doivent être signés, lorsque la requête provient d'un particulier, elle est signée par le requérant, si la partie requérante est une association des personnes physiques ou morales, chacune d'elles signe la requête.

A contrario, lorsque les requêtes, les mémoires en réponse et les recours en intervention présentés au nom de l'État sont signés, selon le cas, pour le pouvoir central, par le ministre ayant la justice dans ses attributions ou son délégué, pour les provinces, par le gouverneur de province ou son délégué, et pour les entités territoriales décentralisées, par le maire, le bourgmestre, le chef de secteur ou de chefferie ou leurs délégués.

---

[462] Art. 137 de la loi organique n°16/027 du 15 octobre 2016 portant organisation, compétence et fonctionnement des juridictions de l'ordre administratif, op.cit. p.35.

Du dépôt de la requête ou du réquisitoire : les requêtes, les réquisitoires et en général toutes les productions des parties sont adressées au chef de la juridiction et déposés au greffe de la section du contentieux (art 143 al.2 la loi organique n°16/027 du 15 octobre 2016). Et sont inscrits, à leur réception, sur le registre d'ordre qui est tenu au greffe, ce dernier délivre aux parties un certificat qui constate le dépôt de la requête ou de l'appel au greffe. Sur la demande de ces parties, il certifie le dépôt de différents mémoires (Art. 147).

Frais de Consignation : l'article 239 al. 1 de l'organique n°16/027 du 15 octobre 2016 dispose qu'« *aucune affaire n'est portée au rôle d'une juridiction de l'ordre administratif sur requête d'une partie sans la consignation préalable d'une provision dont le montant est fixé par la législation en la matière, sauf dispense de consignation accordée suivant les modalités prévues à l'article 241 de la présente loi organique* ». Sauf pour les indigents, le défaut de cette obligation à l'expiration de délai entraine soit la radiation de l'affaire, soit le classement définitif, lorsqu'il s'agit d'un pourvoi en cassation (Art. 239 al. 3 et 4 de l'organique n°16/027 du 15 octobre 2016).

Des conditions du délai d'action : le requérant dispose d'un délai de 3 mois à dater de la publicité de l'acte, du règlement ou de la décision mise en cause pour exercer son recours administratif qui peut être soit gracieux (lorsqu' il est introduit devant l'auteur de l'acte), soit encore hiérarchique ou de tutelle (lorsqu'il est introduit respectivement chez celui qui exerce l'autorité hiérarchique ou tutélaire). Dans ce cas, l'auteur de l'acte saisi est tenu de répondre à sa demande dans les trois mois à compter du dépôt du recours, mais, en cas du rejet exprès dans ce délai de trois mois ou en cas de silence de l'autorité à l'expiration de ce délai vaut rejet.

La décision expresse ou implicite de rejet du recours administratif ouvre à nouveau le cours d'un délai de trois mois au cours duquel le requérant doit saisir le Conseil d'Etat, sous peine de forclusion, sauf lorsqu'il est prouvé que le requérant est à distance, un délai supplémentaire de distance, à raison de deux (2) jours par cent kilomètres, peut s'ajouter au délai initial[463].

---

[463] Voir les Articles 150 et 151 de la loi organique n°16/027 du 15 octobre 2016 portant organisation, compétence et fonctionnement des juridictions de l'ordre administratif, op.cit. pp.32 et 38.

En ce qui concerne l'appel ce délai est de deux mois à dater de la signification contre la partie qui l'a initié et contre celle qui l'a reçu.

De la représentation des parties : le ministère d'avocat est en principe facultatif. Cependant, ce principe souffre de certaines exceptions. Il s'agit notamment, en matière de plein contentieux sous peine d'irrecevabilité, le recours au ministère d'avocat est obligatoire sauf dans le cas précis sous-cités[464] :

1. *concernant les litiges en matière de travaux publics, de contrats relatifs au domaine public, de contravention de grande voirie ;*
2. *en cas de litiges en matière d'impôts directs et indirects, de la taxe sur la valeur ajoutée et des taxes assimilées ;*
3. *pour les litiges d'ordre individuel concernant les fonctionnaires ou agents de l'État et des autres personnes ou collectivités publiques ;*
4. *pour les litiges en matière de pensions ;*
5. *concernant les litiges dans lesquels le défendeur est une collectivité territoriale ou un établissement public en relevant ;*
6. *à l'égard des demandes d'exécution d'un jugement définitif.*

En matière de la révision et l'appel devant le Conseil d'État sont, à peine d'irrecevabilité, les recours formulés par un avocat sauf en cas:

1. *de l'excès de pouvoir ;*
2. *de litiges en matière électorale ;*
3. *de litiges concernant la concession ou le refus de pension et ;*
4. *de litiges d'ordre individuel concernant les fonctionnaires ou agents de l'État et des autres personnes ou collectivités publiques.*

[464] Art. 161 al. 1 et 2de la loi organique n°16/027 du 15 octobre 2016 portant organisation, compétence et fonctionnement des juridictions de l'ordre administratif, op.cit. p.41.

Enfin, les pourvois en cassation ne peuvent être introduits que par les avocats près le Conseil d'État.

2. De l'instruction et déroulement de l'instance devant le Conseil d'Etat

L'instruction commence par la désignation du rapporteur par le président du Conseil d'Etat, c'est à ce rapporteur que revient le devoir de l'instruction à l'issue de laquelle il rédige un rapport sur l'affaire. Ce rapport est transmis à la chambre, avec les documents datés et signés obtenus conformément à l'article 179 de l'actuelle loi organique.

La procédure devant le Conseil d'Etat est écrite, orale et contradictoire, toutes les pièces et les mémoires sont communiqués aux parties et au tribunal, par le truchement du greffe, dans les formes et délais prévus par la loi organique pendant l'instruction.

A la clôture de l'instruction, la date de l'audience est fixée par ordonnance du Président du Conseil d'Etat et communiquée aux parties par le moyen de lettres recommandées ou par porteur, avec accusé de réception, 15 jours au moins avant la date d'audience (voir l'art.184 de la loi organique n°16/027 du 15 octobre 2016).

Le Conseil d'Etat peut procéder à tout moyen d'investigation pour la bonne marche de l'affaire, il procède soit par expertise, soit par enquête. Au cours de l'instruction, le Conseil d'Etat peut recevoir des incidents, notamment les demandes incidentes, de l'intervention volontaire, des contestations de pièce, du désistement, de la reprise de l'instance en cas de décès du requérant, de la litispendance et de la connexité, des renvois de juridiction pour cause de sûreté publique ou de suspicion légitime, exceptions d'inconstitutionnalité auxquelles le Conseil toutes affaires cessantes en attendant la décision du juge constitutionnel statue. Toutes ces demandes sont traitées par le Conseil d'Etat conformément à la loi organique de 2016.

En ce qui concerne la procédure du jugement de l'affaire, il faut commencer d'abord par l'inscription aux rôles des affaires par le président du Conseil d'Etat, les rôles des affaires sont affichés devant la salle d'audience (art. 229 et 230 de loi organique de 2016).

Les audiences de la section du contentieux sont publiques, à moins que cette publicité ne soit jugée dangereuse pour l'ordre public ou les bonnes mœurs. Dans ce cas, la composition ordonne le huis clos par une décision motivée *(ar.232 de la loi* n°16/027 du 15 octobre 2016). Les débats se déroulent de la manière suivante : le requérant expose ses moyens ; la partie adverse présente ses observations ; le ministère public donne son avis ; la juridiction clôt les débats et prend l'affaire en délibéré. Le greffier du siège dresse le procès-verbal de l'audience (art.233 *de la loi* n°16/027 du 15 octobre 2016).

Les arrêts définitifs sont, à la diligence du greffier, publiés dans les mêmes formes que les actes, règlements ou décisions annulés. Les arrêts et jugements sont notifiés aux parties par les soins du greffier, et sont exécutoire de plein droit. Pendant le déroulement plusieurs techniques sont appliquées pour garantir l'impartialité des magistrats, il s'agit notamment du déport ou de la récusation, de la prise à partie.

b. des procédures contentieuses spéciales

Nous verrons préalablement la procédure de médiation et de conciliation (1) avant de voir la procédure en matière d'urgence et d'exécution des décisions du Conseil d'Etat (2).

1. La procédure de la médiation et de conciliation

La médiation et la conciliation sont des modalités alternatives de résolution des conflits, en vertu desquelles le juge administratif procède, à la demande des parties, à une démarche extra-judiciaire pour trouver une solution de commun accord entre les parties dans un différend porté par devers lui.

Pour aboutir à une telle solution, il existe une procédure qui est organisée. En effet, la médiation ou la conciliation se déroule dans un délai de 3 mois à compter du jour de l'introduction de la requête. Lorsque l'arrangement intervenu entre parties est constaté et coulé dans une décision d'expédient par contre, en cas d'échec, le dossier suit son cours normal et sera examiné conformément aux dispositions de la loi organique de 2016(art.277 al.3 et 4).

Le législateur congolais s'est enfin servi de l'expérience à l'issue de nombreux avantages qu'offre la pratique de négociation longtemps appliquée en France et en Belgique. Cette pratique n'est pas seulement d'origine étrangère, car la palabre africaine véhiculerait l'idée d'une justice conciliante centrée sur les parties et non sur les règles de procédure[465].

2. La procédure en matière d'urgence et d'exécution des décisions du Conseil d'Etat congolais

Nous allons d'abord parler de la procédure d'urgence devant le Conseil d'Etat(a), avant d'examiner la procédure d'exécution des décisions rendues par celui-ci(b).

a. La procédure d'urgence ou d'extrême urgence devant le Conseil d'Etat

La procédure d'urgence est évoquée en matière des référés d'une part, et de sursis à exécution d'autre part.

1. La procédure de référé

Avant d'aborder la procédure, il importe d'élucider la notion par le moyen de la définition des référés généraux ainsi que l'énumération des autres différents types de référés. En effet, on parle du référé c'est soit lorsqu'une décision administrative fait l'objet d'une requête en annulation ou en réformation, qu'il existe un doute sérieux quant à sa légalité et qu'il y a urgence, soit lorsqu'une décision administrative porte gravement atteinte et de manière manifestement illégale à une liberté publique et/ou fondamentale, soit encore, lorsqu'une décision administrative porte gravement atteinte et de manière manifestement illégale à une liberté publique et/ou fondamentale[466].

Lorsque l'une de ces trois hypothèses se présente la partie lésée peut saisir le juge de référé pour que celui-ci puisse respectivement ordonner la suspension de la décision administrative attaquée, ordonner toute mesure

---

[465] Y. EKOUÉ AMAÏZO, « Médiation africaine : vers un système d'autorégulation de la paix », http://www.afrology.com, consulté le 8 février 2013, p. 1 ; M. PARADELLE, « Lorsque la norme juridique fait fi des températures. La restauration de l'harmonie communautaire au fondement des traditions juridiques égyptienne, rwandaise et inuit », *R.D.I.D.C.*, 3/2012, p. 369 cité par A. NYALUMA MULAGANO, thèse précité, op.cit. p.13

[466] Cette définition est tirée de la combinaison des articles 282, 283 et 284 de la loi organique n°16/027 du 15 octobre 2016 portant organisation, compétence et fonctionnement des juridictions de l'ordre administratif, op.cit. p.69.

nécessaire à la sauvegarde de la liberté ou ordonner toutes mesures utiles à la préservation de la situation des parties à l'avenir[467].

Le législateur congolais tire de l'expérience de son homologue français qui a consacré plusieurs formes de référés compartimentés en trois groupes. Le premier groupe comprend des référés généraux qui comprennent en son sein, *le référé- suspension, le référé-liberté, le référé-exécution et le référé-conservatoire.* Le deuxième groupe, par contre, recouvre des référés particuliers, parmi lesquels nous trouvons *le référé-constat et le référé-instruction et le référé prévision*[468]. *Enfin, le troisième groupe concerne les référés* spéciaux qui comprennent, le *référé précontractuel des marchés publics, référé douanier, référé fiscal et référé sur déféré*[469]

Notons que les référés spéciaux et particuliers disposent chacun une définition propre et, le cas échéant, des procédures propres conformément à la loi organique de 2016, celles-ci malheureusement ne seront pas prises en compte par l'étude. Cela étant précisé, l'étude de la procédure de référé consiste à la désignation de son juge, sa saisine, le déroulement de l'affaire ainsi que les voies de recours.

Sans s'étendre sur la matière, la compétence matérielle du juge de référé est en principe, déterminée par le litige principal, ce qui revient à dire que c'est le même juge devant qui doit être traité le litige principal est seul compétent pour connaitre la demande en référé concernant le fond de l'affaire en cause.

Cela est mentionné expressément à l'article 280 de la loi organique de 2016 qui dispose ce qui suit : *La compétence matérielle du juge des référés se détermine par celle du litige principal auquel se rapporte au fond la demande de mesure en référé.* Cette procédure varie respectivement suivant que nous sommes devant la procédure de référés généraux, de référés particuliers ainsi de référés spéciaux.

---

[467] Voir la lecture combinée des articles 282, 283 et 284 de la loi organique n°16/027 du 15 octobre 2016 portant organisation, compétence et fonctionnement des juridictions de l'ordre administratif, op.cit. p.69.

[468] Voir les articles 297-299 de la loi organique de 2016 sur les juridictions de l'ordre administratif, op.cit.

[469] Idem. articles 308-320.

En matière de référés généraux, la désignation du juge de référé est faite par le président de la section contentieuse du Conseil d'Etat, le juge de référé statue en juge unique dans la chambre du Conseil qu'il rend des mesures provisoires et ne statue pas sur la demande principale. Il se prononce par voie d'ordonnance dans les 8 jours ou et 48 heures (Art.283 al.2 de la loi organique de 2016), en cas de référé-liberté, de la saisine conformément aux dispositions de la présente loi organique.

Il est saisi par voie de *requête* introduite par les parties. Cette requête fait état de l'urgence des mesures sollicitées, elle doit être distincte de la demande principale et doit être introduite, en principe au même moment ou après la demande Principale sauf dérogation expresse prévue par la loi à chaque type de référé, à l'occurrence le cas de référé instruction dont la demande peut être introduite même avant celle du litige principal. La requête pour la demande en référé contient toutes les mentions requises à la requête de la demande principale. Il s'agit notamment, de l'identité et l'adresse des parties, de l'exposé des faits et des moyens ainsi que des conclusions (Voir les Arts. 135 al.2, et 87 de la loi organique n°16/027 du 15 octobre 2016).

La procédure des référés est contradictoire, écrite et orale, sauf si le juge renvoie la question à une formation collégiale. L''audience se déroule devant le juge unique sans les conclusions du ministère public (art. 285 al. 1 et 3 de la loi organique n°16/027 du 15 octobre 2016). Le défaut de la production des pièces supplémentaire n'est pas une cause d'irrecevabilité en matière de référé. Cependant, le ministère d'avocat pour tous les référés généraux est obligatoire, sauf pour le référé-liberté (arts. 288 et 290 de la loi organique n°16/027 du 15 octobre 2016.

2. La procédure du sursis à exécution

Cette mesure est prise lorsque le Conseil d'Etat statue en appel ou en cassation, il peut ordonner le sursis à exécution du jugement ou de l'arrêt attaqué si les moyens invoqués paraissent, en l'état de l'instruction, sérieux et de nature à justifier l'annulation, la réformation ou l'infirmation du jugement ou de l'arrêt attaqué ou si l'exécution d'un jugement ou d'un arrêt risque d'exposer l'appelant ou l'auteur du pourvoi à la perte d'une somme qui ne devrait pas rester à sa charge dans le cas où ses conclusions d'appel ou de cassation seraient accueillies[470].

La demande tendant à l'obtention d'un sursis à exécution est présentée par une requête séparée, accompagnée d'une copie du recours ou du pourvoi sous peine d'irrecevabilité. L'instruction de la demande de sursis est poursuivie en extrême urgence et les délais accordés aux parties pour fournir leurs observations ne peuvent dépasser 8 jours et sont observés ; faute de quoi, il est passé outre, sans mise en demeure (Art. 325 al.1. de loi organique de 2016).

b. La procédure en exécution des décisions du Conseil d'Etat

Il existe un moyen prévu par le législateur pour contraindre l'Administration récalcitrante, il s'agit généralement de l'astreinte. En effet, l'article 329 de la loi organique n°16/027 du 15 octobre 2016 dispose ce qui suit : « *une administration publique peut être condamnée au paiement d'une astreinte : en cas d'inexécution de la décision prescrivant ledit paiement ; lorsque l'autorité a refusé de déférer à la mise en demeure de prendre une nouvelle décision ; en cas de silence de l'autorité, après l'expiration d'un délai de 30 jours suivant la mise en demeure* ».

La requête en vue de l'imposition d'une astreinte est signée par un avocat et contenue soit dans la requête initiale, soit dans une requête séparée. Outre les autres mentions ordinaires exigées à toute requête, elle contient : l'objet de la requête ainsi qu'un exposé de nature à établir le manquement de la partie adverse ; la preuve que le requérant a enjoint à l'autorité, par une lettre recommandée à la poste ou par notification par porteur, de prendre une nouvelle décision ; le cas échéant, une copie de la décision par laquelle il découle que l'administration a violé l'obligation d'astreinte découlant de l'arrêt d'annulation à laquelle elle a été condamnée.

Dans ce cas l'administration publique dispose d'un délai de 30 jours pour adresser au greffe une note d'observations en quatre exemplaires à laquelle est joint le dossier dont, un exemplaire est communiqué, sans délai, au requérant. Dès la réception de cette note, le greffier communique le dossier

---

470 Voir la lecture combinée des articles 321 et 322 de la loi organique n°16/027 du 15 octobre 2016 portant organisation, compétence et fonctionnement des juridictions de l'ordre administratif, op.cit. p.77.

au ministère public dans le 30 jour, celui-ci à son tour rédige un rapport sur l'affaire.

Le chef de la juridiction convoque les parties à comparaître devant la composition à bref délai et au plus tard dans les 10 jours de la réception du rapport. Un exemplaire de celui-ci est annexé à l'acte de convocation. La juridiction statue sans délai, les parties et le ministère public entendus

Le requérant ou son avocat et le représentant de l'Administration publique, dûment habilité, doivent être présents à l'audience ou dûment appelés. Si le requérant fait défaut, la demande sera rejetée. En cas de condamnation, le greffier transmet, sans délai, une copie de la requête au bénéficiaire de l'astreinte qui dispose d'un délai de 15 jours pour adresser une note d'observations établie en quatre exemplaires. Un exemplaire en est communiqué au requérant, sans délai, par le greffier. En conclusion, la procédure devant le Conseil d'Etat est, en principe, collégiale, contradictoire, écrite, orale, sauf les exceptions établies par la loi, mais toujours dans le strict respect de la loi.

Section III : Le Conseil d'Etat Congolais dans le cadre de l'exercice de ses missions essentielles, des contraintes et perspectives

A peu près soixante-dix ans de la déficience effective de la fonction consultative du Conseil d'Etat (la section administrative de la Cour suprême) congolais, cette fonction déterrée par le Constituant congolais de 2006 sera mise en exergue à la fin 2018. Cependant, le Conseil d'Etat congolais a toujours exercé des fonctions juridictionnelles.

Notons que la fonction la plus connue du Conseil d'Etat congolais est la fonction juridictionnelle, tandis que la fonction de donner des avis qui est aussi importante que la première n'était pas assez connue par l'opinion publique quand bien même qu'elle a toujours été consacrée dans les textes C'est dans cette optique qu'affirme avec raison Odon NSUMBU[471] que *« durant la longue existence, la Cour suprême de justice a rendu des milliers d'arrêts dans diverses matières juridiques telles que... le droit administratif... ».* Cette situation demeure jusqu'à ce jour, nous allons le découvrir plus loin au moment de la réévaluation de l'activisme du récent

[471] O. NSUMBU KABU, in *Cour suprême de Justice héritage de demi-siècle de jurisprudence*, les Anales Juridiques, Kinshasa, 2015 p.1.

Conseil d'Etat. Ainsi, il convient préalablement de tracer l'économie générale des missions essentielles (§1) auxquelles le législateur a confié au Conseil d'Etat, ensuite nous allons examiner quelques cas pratiques (§2) qui approuvent l'activisme du Conseil d'Etat, avant d'aborder les contraintes et perspectives relatives au Conseil d'Etat congolais (§3).

§1. *L'économie générale des missions essentielles du Conseil d'Etat congolais*

Comme nous l'avions relevé plus haut, l'actuel Conseil d'Etat exerce deux fonctions importantes à l'intérieur desquelles l'on retrouve plusieurs missions essentielles lui confiées par le législateur. La première fonction est consultative et la seconde contentieuse. Par ailleurs, même si la seconde est plus usuelle et plus traditionnelle en République démocratique du Congo, la première est récente, mais aussi importante dans la consolidation de l'Etat de droit. Nous allons, à cet effet, examiner les missions essentielles du Conseil d'Etat congolais qui découlent de la fonction consultative(A) avant d'examiner celles qu'il est appelé à exercer dans le cadre de sa fonction contentieuse(B).

A. *Les missions essentielles du Conseil d'Etat issues de sa fonction consultative*

Dans sa fonction consultative, le Conseil d'Etat dispose de deux missions principales, il est en effet conseil juridique des autorités administratives et juridictionnelles centrales (1) d'une part, et d'autre part, il veille au bon fonctionnement des juridictions de l'ordre administratif (2) par le moyen de la mission permanente d'inspection à l'égard des juridictions inférieures.

1. *Le Conseil d'Etat, conseil de certaines autorités centrales*

Dans cette mission, nous allons de prime abord étudier le Conseil d'Etat en tant que conseil des autorités centrales et des organismes décentralisés placés sous leur tutelle (a), avant de voir en quoi il est également conseil des autorités juridictionnelles (b).

a. Le Conseil d'Etat, conseil des autorités du pouvoir central et des organismes décentralisés placés sous leur tutelle

Dans cadre de cette mission, il faut tenir compte de quelles autorités il s'agit et de la nature de l'acte sur lequel le Conseil d'Etat doit interpréter ou émettre son avis. En effet, le législateur parle des autorités centrales sans préciser de manière claire de quelles autorités habilitées à consulter le Conseil d'Etat. Néanmoins, en se fondant sur la nature des projets des normes juridiques ou d'actes, cités par la loi organique, sur quoi s'étend la compétence du Conseil d'Etat, l'on pourrait citer le Président de la République, les membres du gouvernement que les parlementaires. On peut également ajouter dans la liste précitée, les dirigeants des organismes placés sous la tutelle des autorités administratives du pouvoir central.

Quant aux actes juridiques concernés, il s'agit de tout projet des normes juridiques pris à l'initiative des autorités centrales citées ci-dessus, il peut s'agir d'un projet ou d'une proposition d'acte législatif, d'un acte réglementaire, d'un règlement ou d'une décision administrative.

Une fois saisi, le Conseil d'Etat donne des avis motivés sur la régularité juridique de projets des normes juridiques avant leur examen au parlement ou avant leur mise en vigueur lorsqu'il s'agit d'un acte règlementaire ou une décision administrative. Dans ce cadre, le Conseil d'Etat remplit deux rôles distincts. Le premier consiste à donner des avis juridiques motivés sur la légalité ou sur la constitutionnalité des dispositions des textes pour lesquelles il est consulté et, s'il y a lieu, sur la pertinence des moyens juridiques retenus pour atteindre les objectifs que les autorités administratives centrales se sont assignées, en tenant compte des contraintes inhérentes à l'action administrative.[472]

Le second consiste à interpréter les textes juridiques à chaque fois qu'il est consulté. A ce titre, il répond à toutes les questions qui soulèvent une difficulté d'interprétation des textes juridiques concernés.

---

[472] Art. 83 de la loi organique n°16/027 du 15 octobre 2016 portant organisation, compétence et fonctionnement des juridictions de l'ordre administratif, op.cit. p.21.

b. *Le Conseil d'Etat éclaire les autorités juridictionnelles*

Les autorités administratives ne sont pas les seules à être confrontées aux difficultés d'interprétation des textes, car un juge administratif ou tout autre juge de l'ordre judiciaire, peut aussi éprouver une telle difficulté. Le Conseil d'Etat intervient, à cet effet, non comme une juge du contentieux, mais pour uniquement éclairer le juge du contentieux qui risque de faire une fausse interprétation dans son verdict qui, par conséquent, risque d'être censuré au niveau supérieur. Cette mission est très importante, car elle permet au juge de renforcer la légitimité de ces décisions lorsqu'il sait qu'il y a un organe spécifique pour la meilleure interprétation des textes juridiques.

En somme, par le moyen de ses conseils à l'égard des autorités administratives centrales, des autorités centrales et juridictionnelles, le Conseil d'Etat congolais assure la conformité des normes juridiques dans le strict respect de leur hiérarchie, et garantit la conformité des décisions des autorités centrales et juridictionnelles à la loi.

2. *Le Conseil d'Etat veille au bon fonctionnement des juridictions inférieures et améliore la qualité de droit*

La mission permanente d'inspection à l'égard des juridictions de l'ordre administratif permet d'assurer le bon fonctionnement de la justice administrative en général. En tant que juridiction suprême de cet ordre, le Conseil d'Etat doit s'informer au sujet des différents problèmes rencontrés par les juridictions inférieures en vue d'en tirer l'attention des pouvoirs publics sur les réformes à opérer.

Le Conseil d'Etat fait également des études pour l'amélioration de la qualité de la justice administrative à l'instar des autres Etats. C'est dans le même ordre d'idées que le professeur J-M. MBOKO soutient que « *La consultation de juridictions administratives à compétence générale participe du souci du constituant de garantir le respect de l'Etat de droit et la qualité logistique et formelle des textes et, par-là, la sécurité juridique* »[473]. Cette mission est appliquée à toutes les juridictions administratives des différents pays qui ont fait objet de cette étude.

---

[473] J-M. MBOKO DJ'ANDIMA, *Le droit congolais de services publics,* op.cit. p.398.

B. Les missions essentielles du Conseil d'Etat dans le cadre de sa fonction contentieuse

Le Conseil d'Etat dans sa fonction contentieuse exerce aussi plusieurs fonctions, celles-ci peuvent être réparties en quatre catégories ci-dessous citées :

1. il assure premièrement, le contrôle normatif des actes et de décisions des certaines autorités publiques par le moyen de l'annulation(a), ensuite ;
2. il exerce le contrôle normatif et disciplinaire sur les décisions rendues par les juridictions administratives inférieures(b), en outre ;
3. il connait certains contentieux électoraux(c), et enfin ;
4. il protège les droits et libertés des personnes par les contentieux d'indemnité(d).

a. Le Conseil d'Etat juge d'annulation des actes et décisions des autorités publiques

Dans ce bloc, le Conseil d'Etat, via la section du contentieux, répond à une seule mission qui est celle d'enraciner l'Etat de droit et de consolider la démocratie en veillant au respect de la légalité (au sens large) par le moyen des sanctions contre les actes, des règlements ou décisions de certaines autorités contraires aux normes juridiques supérieures.

Le Conseil d'Etat vérifie la conformité juridique sur le fond et à la forme, la compétence de l'auteur de l'acte, règlement ou décision, la conformité de ces derniers aux normes juridiques supérieures. A ce titre, il connait en premier et dernier ressort, des recours en annulation pour violation de la loi, de l'édit, du règlement, de la coutume et des principes généraux de droit, formés contre les actes, règlements ou décisions des autorités administratives centrales ou contre celles des organismes (décentralisés) placés sous leur tutelle ainsi que ceux des organes nationaux des ordres professionnels[474].

---

[474] Article 155 de la Constitution et 85 al.2 de de la loi organique n°16/027 du 15 octobre 2016 portant organisation, compétence et fonctionnement des juridictions de l'ordre administratif, op.cit. pp.21 et 22.

La violation de la loi, de l'édit, du règlement, de la coutume ou des principes généraux de droit, comprend en son sein : l'incompétence, l'excès de pouvoir, la fausse application, la fausse interprétation ou la non-conformité des normes citées ci-haut à l'acte, au règlement ou à la décision dont il a été fait application, la violation des formes substantielles ou des formes prescrites à peine de nullité des actes, la dénaturation des faits et des actes, la négation de la foi due aux actes[475].

b. *Le Conseil d'Etat exerce le contrôle normatif et disciplinaire sur les décisions rendues par les juridictions administratives inférieures*

Dans cette catégorie, le Conseil d'Etat exerce deux missions importantes. La première consiste au rétablissement de la légalité contre les mauvaises décisions rendues par les juges administratifs inférieurs lorsqu'il est saisi soit en appel, en cassation ou en révision. Tandis que la seconde mission est celle de rendre en matière, administrative, de finance, fiscale, électorale, sociale et autres, des arrêts non susceptibles de recours permettant à tracer la voie de l'unité de l'interprétation des règles juridiques[476] dans ce domaine.

Au niveau de l'appel, le Conseil d'Etat rend des arrêts non susceptibles de recours en tant que juge administratif du droit commun, pour toutes les affaires qui relèvent en premier ressort de la compétence de la Cour administrative d'appel (article 86 de la loi organique de 2016 sur les juridictions de l'ordre administratif).

En matière de cassation, le Conseil d'Etat est un juge des jugements. A ce titre, il juge à la fois la légalité ainsi que la constitutionnalité des arrêts et jugements des juridictions administratives du droit commun et ceux des juridictions administratives spécialisées. C'est ce qui ressort clairement de l'article 87 al.1 de la loi organique sur les juridictions de l'ordre administratif qui dispose que, « *la section du contentieux connaît des pourvois*

---

[475]Article 85 al.3 de de la loi organique n°16/027 du 15 octobre 2016 portant organisation, compétence et fonctionnement des juridictions de l'ordre administratif, op.cit. pp.21 et 22.

[476] N. Mayidika Ngimbi *; Essaie critique de la jurisprudence*, Anales d'arrêts de la Cours suprême de Justice 1969-1972, Kinshasa, 1972 ; n°32, p.27. Cité par O. NSUMBU KABU, in *Cour suprême de Justice héritage de demi-siècle de jurisprudence*, op.cit. p.10.

en cassation, pour violation de la Constitution, du traité international dûment ratifié, de la loi, de l'édit, de la coutume, des principes généraux de droit et du règlement dirigés contre les arrêts et jugements des juridictions administratives de droit commun ou contre les décisions des juridictions administratives spécialisées visées à l'article 2 alinéa 3 de la présente loi organique ».

En vue d'assurer la bonne marche de la justice administrative, le Conseil d'Etat connait également les demandes de révision ; de prise à partie des magistrats de l'ordre administratif ; des demandes en renvoi d'une cour administrative d'appel à une autre cour administrative d'appel ou d'une juridiction du ressort d'une cour administrative d'appel à une autre du ressort d'une autre cour administrative d'appel. Enfin; le Conseil d'Etat est l'autorité chargée de résoudre des conflits de compétences entre différentes juridictions de l'ordre administratif[477].

c. Le Conseil d'Etat connait certains contentieux électoraux

Etant juge de contentieux électoral, le Conseil d'Etat pérennise la démocratie et protège les droits et libertés des personnes. Cette mission du Conseil d'Etat ressort des dispositions de l'article 48 tiret 4 qui dispose ce qui suit « *la chambre des élections, des formations politiques et des organismes professionnels, chargée du contentieux des élections autres que les élections présidentielle et législatives ainsi que du contentieux lié à l'organisation, au fonctionnement et au financement des partis et regroupements politiques ou des organismes professionnels* ». Dans ce cadre, il connait le contentieux des résultats, de traitement des candidatures, des appels de décisions rendues par le juge d'appel en matière électorale etc.

d. Le Conseil d'Etat protège les droits et libertés des personnes par le moyen de plein contentieux

S'il est vrai que le contentieux d'annulation pour excès de pouvoir est un contentieux objectif dirigé contre un acte administratif qui a fait grief, le contentieux de l'indemnité est un contentieux subjectif qui vise

[477] Article 90 tiret 11 de la loi organique n°16/027 du 15 octobre 2016 portant organisation, compétence et fonctionnement des juridictions de l'ordre administratif, op.cit. p.24.

l'indemnisation de la personne lésée d'un préjudice causé par les services publics et leurs agents[478].

Cette mission qui consiste à établir la responsabilité de la puissance publique poursuit, selon Jean-Marie MBOKO Dj'ANDIMA[479], « *un double objectif : 1°) la protection des administrés ou usagers par la réparation des dommages provoqués par l'action de service public… ; 2°) la protection de l'Administration par la distinction du régime de la faute personnelle de l'agent ou de la faute détachable du service,…du régime de la faute de service liée à la mauvaise organisation ou au mauvais fonctionnement du service, culpa in vigilando* ». Une fois cette responsabilité établie le Conseil d'Etat alloue une indemnité réparatrice à la victime conformément aux articles 258 et 259 du Code civil congolais Livre III. Ainsi, le Constituant et le législateur congolais ont doté au Conseil d'Etat de la compétence de condamner en dommages et intérêts la puissance publique et, le cas échéant, le requérant dans plusieurs hypothèses. Il s'agit notamment :

1°) en ce qui concerne la lenteur de la justice, la loi dispose que « *la section du contentieux en cas des actions en responsabilité dirigées contre l'Etat pour la durée excessive de la procédure devant une juridiction de l'ordre administrative* »[480] ;

2°) en cas d'action téméraire ou vexatoire, le Conseil d'Etat connait des demandes reconventionnelles contre un recours manifestement abusif[481];

3°) en matière de réparation du préjudice causé par une acte, un règlement ou une décision illégale portée à titre principale et en même temps que la demande d'annulation[482] ;

4°) à titre résiduaire, des demandes d'indemnités relatives à la réparation d'un dommage exceptionnel matériel ou moral, résultant d'une

---

478 J-M. MBOKO Dj'ANDIMA, *Droit congolais des services publics,* op.cit. p.325.

479 *Idem*.p..332.

480 Art. 88 tirets 5 de la loi organique n°16/027 du 15 octobre 2016 portant organisation, compétence et fonctionnement des juridictions de l'ordre administratif, op.cit. p.23.

481 *Idem*. Art. 76. P.20

482 Art.80 5 de la loi organique n°16/027 du 15 octobre 2016 portant organisation, compétence et fonctionnement des juridictions de l'ordre administratif, op.cit. p.20.

mesure prise ou ordonnée par les autorités du pouvoir central, des provinces et des entités territoriales décentralisées ainsi des organismes publics placés sous leur tutelle[483].

En vue de permettre au Conseil d'Etat de bien répondre à cette mission, le législateur a fini par écouter les désidératas de la doctrine[484] qui s'est ongle et bec battu pour l'insertion dans l'arsenal juridique congolais les procédures d'urgence suspensives ou d'exécution des décisions administratives et la procédure de médiation et de conciliation qui jadis n'était que du *lege ferenda.*

De tout ce qui précède, les missions essentielles du Conseil d'Etat peuvent se résumer au nombre dix (10) que voici :

- ✓ *Donnez des avis juridiques motivés sur le projet des normes juridiques des autorités centrales et aux organismes décentralisés placés sous leur tutelle à chaque fois qu'il est consulté ;*
- ✓ *Faire l'interprétation des normes juridiques au profit des autorités politiques administratives et juridictionnelles centrales ainsi qu'aux organismes publics décentralisés placés sur leur tutelle ;*
- ✓ *Exercer une mission permanente à l'égard des juridictions administratives inférieures et faire des études sur le fonctionnement de la justice administrative ;*
- ✓ *Exercer un contrôle normatif et disciplinaire sur les décisions rendues par les juridictions inférieures ;*
- ✓ *Veiller au respect de la légalité en vue de l'enracinement de l'Etat de droit et de la consolidation de la Démocratie ;*
- ✓ *Sanctionner en cas de la violation de la loi, de la Coutume, de l'édit ou des principes généraux de droit, le comportement de l'administration active ou celui des autorités juridictionnelles de l'ordre administratif ;*

---

483 *Idem.* Art. 89 P.23.

484 J.M MBOKO DJ'ANDIMA, *Droit congolais des services publics,* op.cit., p.325 ; L. YUMA BIABA, *Manuel de droit administratif,* op.cit.p.238.

- ✓ *Rendre en matière administrative, sociale, de finance etc..., des arrêts susceptible d'aucun recours dans l'intérêt général ;*
- ✓ *Garantir les droits et libertés des personnes par le moyen de l'indemnisation des victimes de l'action du service publique et protéger les intérêts des particuliers contre les actes, les règlements ou décisions manifestement illégaux des autorités administratives par la procédure de référé ;*
- ✓ *Promouvoir la démocratie en gérant des contentieux des élections autres que les élections présidentielle et législatives ainsi que du contentieux lié à l'organisation, au fonctionnement et au financement des partis et regroupements politiques ou des organismes professionnels et enfin ;*
- ✓ *Faciliter et encourager la résolution des différends entre les parties par le moyen de la conciliation et de la médiation.*

Cela étant précisé, examinons à présent quelques dans lesquels le juge administratif suprême congolais a exercé ses missions essentielles telles que consacrées par les textes juridiques.

§2. *Quelques cas pratiques de l'exerce des missions essentielles par le Conseil d'Etat*

Tout ce que nous venons d'exposer plus haut n'étant que le souhait exprimé par le législateur ou le Constituant, ces missions ne pourront répondre aux attentes du législateur ou du Constituant et aux attentes des personnes bénéficiaires de celles-ci que dans le cas où le juge les met en application conformément aux prévisions des textes juridiques. Ainsi, étant donné que plusieurs réformes judiciaires sont intervenues à fil de l'évolution de temps, nous allons étudier les actions du Conseil d'Etat congolais suivant deux périodes distinctes. Il s'agit d'une part, pendant la période de l'unicité judiciaire et transitoire(A), avant la période de l'autonomie juridictionnelle(B).

A. Les actions du Conseil d'Etat pendant la période de l'unicité judiciaire et transitoire

La période de l'unicité judiciaire part de 1979 à 2006, période pendant laquelle la juridiction administrative suprême fut un engrenage de la Cour suprême de Justice qui comportait à elle-même tantôt deux hautes juridictions (la section administrative et la section judiciaire), tantôt trois hautes juridictions (la section administrative, la section judiciaire et la section de la constitutionnalité).

Par contre, la période transitoire commence en 2006, elle s'est clôturée en décembre 2018. Au cours de cette période, la Cour suprême, avec ses différentes sections, faisait office des trois hautes juridictions distinctes prévues par la Constitution du 18 Février 2006 jusqu'à l'installation effective de chacune de celles-là.

Notons que, pendant ce temps, la fonction consultative exercée par le juge semblait être un peu marginalisée, le rôle usuel de la Cour suprême fut plus remarqué en matière juridictionnelle. En effet, plusieurs décisions ont été rendues dans le cadre de la fonction contentieuse. Nous allons en examiner quelques-unes. Pour ce faire, nous verrons d'abord des arrêts en contentieux de l'annulation (1) ainsi qu'en plein contentieux (2).

1. Les arrêts rendus par la section administrative de la C.S.J. contentieux d'annulation

Nous allons examiner dans le cadre de cette partie consacrée aux arrêts relatifs à l'acte législatif(a), à l'excès de pouvoir (b), à la procédure (c)ainsi qu'en matière électorale (d).

a. Quelques arrêts de la Chambre administrative de la C.S.J. relatifs à la notion de l'acte législatif

Concernant la qualification de l'acte législatif, la section administrative du Conseil d'Etat s'est prononcé dans l'affaire *USORAL et alliés, Etienne Tshisekedi Wa Mulumba et consorts contre Monsieur le président de la République et consorts*[485], en effet, « *la Cour suprême de*

---

[485] C.S.J. R.A. 320, le 21 Août 1996, *Affaire* USORAL et alliés, Etienne Tshisekedi Wa Mulumba et consorts contre Monsieur le président de la République et consorts, *Revue analytique de jurisprudence du Congo*, Volume I, Fascicule unique, 1996,

Justice considère que les actes et procédures intervenus (sic) au Haut Conseil de la République-parlement de la transition pour la désignation et l'investiture du Premier Ministre sont des actes législatifs au sens de l'article 87 al.3 de l'ordonnance-loi relative à la procédure devant elle, car le vocable actes législatifs couvre non seulement les lois stricto sensu ou les textes ayant valeur de loi, mais aussi tout document ou acte émanant ou accompli dans l'exercice du pouvoir législatif ».

Cette interprétation de la Section administrative de la Cour suprême était corroborée plus tard par la section de constitutionnalité de la même Cour qui étend la notion de l'acte législatif à tout acte émanent de l'organe législatif à l'instar d'une résolution d'une assemblée provinciale[486] ou encore la motion de défiance d'une assemblée provinciale[487].

b. Quelques arrêts de la Chambre administrative de la Cour Suprême de Justice. en matière de l'excès de pouvoir

Nous allons voir des décisions du juge en matière immobilière ou foncière, et autres.

➢ *Les décisions en matière immobilière ou foncière*

Dans l'affaire Joseph Elie C/République du Zaïre[488], la Cour suprême de justice a jugé que « *à partir de l'entrée en vigueur de la loi n°73/021 du 20 Juillet 1973 portant régime général des bien, régime foncier et immobilier et régime des suretés, aucune action en annulation des actes ayant prononcé leur déchéance de droits fonciers et immobiliers n'est admise*

pp.51-57. Cité par O. NSUMBU KABU, *in Cour suprême de Justice héritage de demi-siècle de jurisprudence,* op.cit. P.*927.*

486 C.S.J., R. Const. 137/ TSR, 22 Octobre 2010 Affaire Roger Nsingi Mbemba C/Assemblée provinciale de Kinshasa, Les analyses juridiques, n°21, pp.50-55. Cité par O. NSUMBU KABU, *in Cour suprême de Justice héritage de demi-siècle de jurisprudence, p.927.*

487 C.S.J., R. Const. Cité par O. NSUMBU KABU, *in Cour suprême de Justice héritage de demi-siècle de jurisprudence,* op.cit. P.*928.*

488 C.S.J., R.A. 32, du 21 Juin 1979, Affaire Joseph Elie C/ la République du Zaïre, *Bulletin des arrêts de la Cour suprême de justice Année 1979*, 1984, pp.42-48, Cité par O. NSUMBU KABU, *in Cour suprême de Justice héritage de demi-siècle de jurisprudence,* op.cit. P.960.

au profit des anciens titulaires, et ce, conformément à l'article 394 de ladite loi ».

La Cour jugea en outre dans l'affaire L. et E. C/République du Zaïre[489] qu' « *est fondé un moyen d'annulation reprochant un arrêté du commissaire d'Etat aux affaires foncières d'avoir déclaré un immeuble abandonné en absence des conditions requises par la loi, s'il s'avère qu'en l'espèce aucune des conditions d'abandon prévue par l'ordonnance n°74-152 du 2 Juillet 1974 relative aux biens abandonnés ou insuffisamment mis en valeur n'était pas remplie ».*

Il a été également jugé que' « *est entaché d'excès de pouvoir et doit être annulé un arrêté du Commissaire d'Etat aux affaires foncières décidant le morcellement d'un terrain concédé et le retour au domaine privé de l'Etat de la partie déclarée insuffisamment mise en valeur, s'il s'avère que le Commissaire d'Etat s'est servi d'un tiers comme paravent pour s'attribuer cette partie de terrain »*[490].

Le même juge poursuit en jugeant que « *doit être annulé pour violation de la loi et excès de pouvoir un arrêté du Commissaire d'Etat aux affaires foncières le retour au domaine privé de l'Etat de la jouissance d'une partie d'un terrain concédé à perpétuité à un Zaïrois, en invoquant un motif contraire à la réalité, à savoir l'état d'abandon total dans lequel se trouvait cette partie du terrain, alors qu'un procès-verbal dressé par un Agent du Cadastre avait antérieurement constaté que la mise en valeur d'un terrain était insuffisante »*[491].

Dans le même ordre d'idées, la Cour suprême de Justice avait jugé qu' « *est fondé, le moyen pris de la violation des articles 2, 6 à 8 et 12 de l'ordonnance-loi n° 74-/152 du 2 Juillet 1974 sur les biens abandonnés par le Commissaire d'Etat aux affaires foncières ayant déclaré abandonné*

---

[489] C.S.J., R.A. 87 du 11 Juin 1982, L. et E. C/République du Zaïre, R.J.Z., 1983, p.18, Cité par O. NSUMBU KABU, *in Cour suprême de Justice héritage de demi-siècle de jurisprudence,* op.cit. P.960.

[490] C.S.J., R.A. 57 du 18 Novembre 1984, Affaire C.P.A-Zaïre C/ République du Zaïre, PP 50-51. Cité par O. NSUMBU KABU, *in Cour suprême de Justice héritage de demi-siècle de jurisprudence,* op.cit. P.960.

[491] C.S.J., R.A. 50 du 16 Décembre 1983, Affaire Ma. C/ République du Zaïre, R.J.Z., 1984, p.50. Cité par O. NSUMBU KABU, *in Cour suprême de Justice héritage de demi-siècle de jurisprudence,* op.cit. P.961.

l'immeuble du requérant lorsqu'il ressort des pièces du dossier que les droits fonciers y relatifs ont été confirmés conformément aux lois, que les impôts ont été régulièrement payés et qu'il lui a été régulièrement vendu par le premier propriétaire »[492].

Enfin, nous pouvons citer également *l'Affaire Kuba Kusuti Nsukami C/République du Zaïre*[493] dans lequel la Cour suprême de Justice avait jugé que *« ne viole pas l'article 33 du Code civil congolais livre III le Commissaire d'Etat aux affaires foncières qui après avoir abrogé l'arrêté de la déclaration d'abandon de la terre de distribution ayant servi de base au contrat de concession perpétuelle passé avec le requérant en annulation , n'a pas annulé ce contrat mais a tout simplement demandé au conservateur de prendre les dispositions utiles pour annuler les effets de l'arrêté et de la lettre d'attribution, étant donné que l'autorité gestionnaire des biens immeubles, c'est le conservateur qui doit prendre des dispositions utiles pour faire annuler un contrat s'il y a lieu »*.

➢ *Autres affaires*

En ce concerne la protection *de droits et libertés des personnes*, la Cour suprême de justice a jugé dans *l'affaire Témoins de Jéhovah C/ République du Zaïre*[494], qu' « *est fondé* pourtant(sic) entraine l'annulation de l'acte règlementaire incriminé, le moyen faisant grief audit *acte d'avoir violé la Constitution et d'autres dispositions légales en opérant le retrait de la personnalité civile à une* ASBL, *au motif qu'étant une secte, son activité menace de compromettre l'ordre public, car libellé ainsi sans indication des faits précis, acte ou activité jugés à l'espèce attentatoire à l'ordre ou à la tranquillité publics, cet acte n'est pas motivé. Il y a eu donc atteinte aux droits*

---

[492] C.S.J., R.A. 97 du 13 Juin 1987, Affaire Kamba Tshipay Wa Ntumba C/République du Zaïre, *Bulletin des arrêts de la Cour Suprême de Justice de 1985 à 1989*, Ed. 2002, pp. 159-161. Cité par O. NSUMBU KABU, *in Cour suprême de Justice héritage de demi-siècle de jurisprudence,* op.cit. P.961

[493] C.S.J., R.A. 92 du 8 Janvier 1993, *Revue analytique de jurisprudence du Congo*, Volume III, Fascicule II, 1998, pp.28-29. Cité par O. NSUMBU KABU, *in Cour suprême de Justice héritage de demi-siècle de jurisprudence,* op.cit. P.964.

[494]C.S.J., R.A. 266 du 8 Janvier 1993, Affaire Anciens membre effectifs de l'association sans but lucratif dénommée « Témoins de Jéhovah C/République du Zaïre, *Bulletin des arrêts de la Cour Suprême de Justice de 1990 à 1999*, Ed. 2003, pp. 78-82. Cité par O. NSUMBU KABU, *in Cour suprême de Justice héritage de demi-siècle de jurisprudence,* op.cit. P.964

garantis aux particuliers en violation des dispositions constitutionnelles de 1967 abrogées par l'acte portant dispositions constitutionnelles relatives à la période de transition dans en ses article 17, 18 et 27 ».

Notons, par ailleurs, que l'Affaire Anciens membres effectifs de l'ASBL dénommée « Témoins de Jéhovah C/République du Zaïre, fait couler de l'encre et de la salive. En effet, l'on observe un clivage au sein de la doctrine congolaise, plusieurs juristes[495] n'ont pas hésité d'exprimer leur mécontentement. Par contre, une partie de la doctrine[496] ne voit que le regain

---

[495] *Parmi les négativistes de cet arrêt, on peut citer notamment, Mabanga monga Mabanga, qui soutient que la section administrative de la Cour suprême a , dans cette affaire, tenté d'interpréter la Constitution, alors qu'elle était manifestement incompétente en la matière, seules les sections réunies étaient habilitées(Mabanga Monga Mabanga, Le contentieux constitutionnel congolais, E.U.A., Kinshasa, 1999, PP.69-70. ; Magistrat Esika Makambo Eso Bina soutient que la requête de l'annulation était tardive et aurait dit donc être déclarée irrecevable par la Cour suprême de Justice. Il relève que la requérante avait introduit auprès du Président de la République, cinq ans après sa notification, une réclamation tendant à avoir rapporté l'ordonnance ayant prononcé le retrait de la personnalité civile, Donc le requérant était manifestement hors délai... et conclut que la Cour suprême de justice a failli (dans cet affaire) à sa mission de dire le droit (Esika Makambo Eso Bina, « A propos de l'affaire Témoins de Jéhovah contre la République du Zaïre », Justice et Paix 1993, n° 12, pp.38, 39 et 42). Tous Cités par O. NSUMBU KABU, in Cour suprême de Justice héritage de demi-siècle de jurisprudence, op.cit. P.965. Dans le même ordre d'idées, reproche à la Cour suprême de justice de n'avoir pas fait usage de l'approche diachronique, car celle-ci aurait selon lui éviter l'interprétation abusive par la Cour suprême de Justice dans cette affaire. L'auteur explique en effet que, lorsque la Cour suprême dans un considèrent affirme que la Constitution du 24 Juin 1967 avait été implicitement abrogée par l'acte portant dispositions constitutionnelles relatives à la période de transition adoptée en 1992 par la Conférence nationale, elle était sortie de son rôle. Il ajoute que la section administrative de la Cour suprême de Justice n'est pas compétente pour apprécier la constitutionnalité des lois et poursuit-il que tel n'était pas l'objet de sa saisine et en se prononçant sur cette question, elle a statué* Ultra petit. *Dans sa conclusion l'auteur opine que, les juges de la Cour suprême de Justice avaient commis une erreur grave car ils devaient interpréter ce cas sur base de la Constitution de l'époque (VUNDUAWE te PEMAKO, Traité de droit administratif, op.cit. p.162-163).*

[496]*En ce qui concerne le positivistes de cette affaires, on peut citer notamment : Magistrat Dibunda Kambuinjui estime qu'il s'agissait à l'espèce du contrôle de la constitutionnalité d'un acte administratif, qui est à la Compétence de toute juridiction, mais non du contrôle de la constitutionnalité d'une loi ou d'un acte ayant force de loi, qui de la Compétence de la Cour Suprême de Justice, siégeant toutes sections réunies(Dibunda Kambuinji, note sous C.S.J., R.A., 266, 8 janvier 1993,* Affaire Anciens membre effectifs de l'association sans but lucratif dénommée

de la démocratie et de l'indépendance du Juge administratif dans un pays longtemps immergé à forte tradition autocratique[497]

En outre, il a été jugé, qu' « *est fondé et entraine l'annulation de la décision attaquée, le moyen tiré de la violation des articles 15 alinéa 3 de la Constitution et 7.1.b,c de la Charte africaine des droits de l'homme et des peuples en ce qu'elle a été prise par le gouverneur et sans que les requérants aient été préalablement entendus car, des statuts de cette Banque, il ressort que le Vice-gouverneur a agi sans avoir préalablement reçu délégation du*

« Témoins de Jéhovah C/République du Zaïre, R.J.Z., n°1 et 2 1993 p.17). ; Pour sa part, l'avocat Tshibangu Kalala Lamata estime que la sanction de la Cour suprême de Justice est d'autant plus justifiée que la procédure utilisée par le Président de la République donne à penser que sa décision *de dissoudre* l'ASBL *« Témoins de Jéhovah » semble avoir été dicté plus par un mobile de brimade politique que par un souci de servir l'intérêt général et protéger l'ordre public. La Cour suprême de Justice écrit-il, dopée par le vent de la liberté qui a suivi l'instauration de la démocratie pluraliste en Avril 1990, s'est sentie totalement libérée des multiples pesanteurs de la Deuxième République et s'est attaquée aux décisions du Président de la République sans crainte de représailles. Dans le cas examiné elle a effectivement rendu service au droit et à la Justice en protégeant les droits et libertés bafoués par les détenteurs de la puissance publique (Thhibangu Kalala Lamata, « La protection juridictionnelle des droits de l'homme dans la jurisprudence administrative de la Cour suprême de Justice-Etude de quelques arrêts », in R.J.Z., 1995, n°1-2-3 ? pp.5-13) ; en outre, on peut citer Mushigo-A-Gzsanga Kingombe , qui estime à son tour que la Cour suprême de Justice a montré que le pouvoir judiciaire est vraiment indépendant du pouvoir exécutif.(Mushigo-A-Gzsanga Kingombe, Le contentieux administratif dans le système juridique de la République démocratique du Congo,* Academia, Louvain-La-Neuve, 20à4, p.230) ; Enfin d'après Kaluba Dibwa, cette décision peut être considérée comme l'arrêt fondateur en matière de protection des droits humains, par rapport au courage des juges qui ont condamné, après avoir annulé l'ordonnance expropriant cette association sans but lucratif à caractère religieux , la République. Sans ambages dit-il, le juge administratif prenait sa liberté vis- à vis du pouvoir exécutif longtemps regardé comme le titulaire intégrale de la souveraineté nationale et dont les discours avaient force de loi(D. Kaluba Dibwa « *Le constitutionnalisme congolais : de la démocratie électorale à démocratie constitutionnelle* », in http://www. la-constitution-en-afrique-.org), Tous cité par *O. NSUMBU KABU, in Cour suprême de Justice héritage de demi-siècle de jurisprudence, op.cit. P.965-966.*

[497] P-G. NGONDANKOY-ea-LOOGYA, « Les contrôle en république démocratique du Congo : étude critiques d'un système de justice constitutionnelle dans un pays à force tradition autocratique », Thèse de doctorat en droit, Université catholique de Louvain, 2007-2008.

pouvoir par le Gouverneur et qu'en plus, aucun élément du dossier n'indique les requérants ont été entendus par les enquêteurs »[498].

En matière *de fixation de prix*, la Cour a également jugé qu' « *est fondé, et entraine annulation de l'arrêté attaqué pour excès de pouvoir, le grief fait au Ministre de l'économie d'avoir fixé les prix des services à l'importation, lorsque effectivement le Ministre précité a fixé ces prix sans consultation ni de l'OCC (Office congolais de Contrôle ni de l'ANEP (Association Nationale des entreprises du portefeuille) ni de la commission ayant fixé ces tarifs comme l'exigent les articles 1er et 3 de l'ordonnance-loi n°83/026 du 12 septembre 1983 modifiant le décret-loi du 20 mars 1961 sur les prix et l'article 15, 4° de la même ordonnance-loi »*[499].

En matière *forestière* , la Cour suprême a ainsi jugé qu' « *est fondé et l'arrêté attaqué encourt annulation, le moyen tiré de la violation de l'article 115 de la loi n°11/2002 du 29 Août 2002 portant code forestier fixant les conditions et la procédure de la déchéance des droits d'un exploitant forestier, en ce que le Ministre de l'environnement et de la Conservation de la nature a, par son arrêté critiqué déchu de ses droits d'exploitant forestier le requérant détenteur d'un permis de coupe de bois en cours de validité et ce, sans une mise en demeure préalable »*[500].

Il a été également jugé dans l'*affaire Société SOMICONGO contre la République Démocratique du Congo*[501] qu' : « *est fondé, le moyen tiré de l'excès de pouvoir dans le Chef du Ministère de l'environnement, conservation de la nature et tourisme, en ce que celui-ci a réhabilité la Convention octroyant la garantie d'approvisionnement, en matière ligneuse*

---

[498] C.S.J., R.A. 336, du 2 novembre 1990, Affaire Panzu Mavinga Pelot et Kandi Makwala C/Banque du Zaïre, *Bulletin des arrêts de la Cour Suprême de Justice de 190 à 1999*, Ed. 2003, pp. 40-44. cité par *O. NSUMBU KABU, in Cour suprême de Justice héritage de demi-siècle de jurisprudence, op.cit. P.965-966*

[499] C.S.J., R.A. 962 du 19 Juin 2009, Affaire Association Nationale des Entreprises du Portefeuille C/République du Congo, *Bulletin des arrêts de la Cour Suprême de Justice de 2004 à 2009*, t. II, Edition du service de documentation et d'Etude du Ministère de la Justice et Droits Humains, Kinshasa, 2010 pp. 192à196.

[500] C.S.J., R.A. 817 du 6 Juin 2007, Affaire Compagnie forestière de l'Equateur (C.F.E.) C/République Démocratique du Congo, *Bulletin des arrêts de la Cour Suprême de Justice de 2004 à 2009,* op.cit. pp.6 à 9.

[501] C.S.J., R.A. 977 du 2 décembre 2008, Affaire Compagnie forestière de l'Equateur (C.F.E.) C/République Démocratique du Congo, *Bulletin des arrêts de la Cour Suprême de Justice de 2004 à 2009,* op.cit. pp.111à113.

en faveur d'une société qui exploitait la concession querellée sur base d'une convention conclue sans production d'un avis de vacance forestière, ni d'un inventaire d'allocation forestière ni d'un rapport des services administratifs ni d'autorisation du gouverneur de Province ou de l'administration locale et ce, en violation des article 65 et 68 du code forestier ».

Concernant enfin *la note circulaire* , il a été jugé que : « *la note circulaire critiquée étant interprétative et ne contenant aucune décision, se limitant à préciser les modalités de paiement et la perception de la redevance annulées sur les concessions ordinaires instituées par l'article 7 alinéa 1er de l'ordonnance-loi n° 74/148 du 2 juillet 1974 portant mesure d'exécution de la loi dite foncière et ne constituant pas une décision, la requête introduite pour son annulation est irrecevable* » [502].

c. *Quelques arrêts de la Chambre administrative de la C.S.J. en matière procédurale*

Concernant la *réclamation préalable et le cas de force majeure*, il a été jugé dans l'affaire *OMENGELO OKOLE C/REPUBLIQUE DU ZAIRE*[503] que : « *bien que non introduite sous pli recommandé conformément* à *l'article 90 du code de procédure devant la Cour suprême de justice, la réclamation préalable est régulière si les pièces du dossier établissent qu'elle est effectivement parvenue au destinataire. Le point du départ du calcul du délai du dépôt d'une telle réclamation est sa date de réception par l'autorité compétente* ». Le même juge poursuit par contre, qu': « *est irrecevable, la requête en annulation introduite avec un retard justifié par l'ignorance de la loi ad hoc par le requérant, l'ignorance de la loi invoquée ne constituant pas un cas de force majeure* ».

---

[502] C.S.J., R.A. 991 du 10 mars 2009, Affaire Fédération des Entreprise du Congo C/République Démocratique du Congo, *Bulletin des arrêts de la Cour Suprême de Justice de 2004 à 2009,* op.cit. pp.1330à135.

[503] C.S.J., R.A. 51 du 25juillet 1980, Affaire *OMENGELO OKOLE C/REPUBLIQUE DU ZAIRE, Bulletin des arrêts de la Cour Suprême de Justice de 1980 à 1984,* Edition du service de documentation et d'Etude du Ministère de la Justice et Droits Humains, Kinshasa 2001, pp.67à 69.

Par contre, dans *l'affaire NGOSOLA KONGA MAKANDA C/République du Zaïre*[504], se fondant sur les articles 89 et 91 de l'ancien Code de procédure devant .Cour Suprême de Justice., le même juge se prononce comme suit : *«la requête en annulation des ordonnances du Président de la République est irrecevable si la réclamation du demandeur ne lui a pas été adressée sous pli recommandé à la poste avec accusé de réception »*.

En matière de *recours préalable*, il a été jugé dans l'affaire, *la Société GEMOTECK Ltd « S.P.R.L. » C/République démocratique du Congo*[505]*« entraine l'irrecevabilité de la requête en annulation de l'acte attaqué, la fin de non-recevoir soulevé d'office et tiré de la violation de l'article 88 de la procédure devant la Cour suprême de Justice, qu'ayant reçu signification de l'arrêt ayant déclaré sa requête antérieure irrecevable, la requérante qui réitère la même action au motif que la première procédure était incorrecte et qu'il fallait la corriger et annuler l'acte déféré n'a pas adressé un recours préalable pour la nouvelle requête à l'auteur dudit acte »*.

En matière *de connexité*, la Cour a ainsi jugé que : « *lorsque deux actions sont connexes, elles seront jointes pour la bonne administration de justice »*, elle poursuit dans les mêmes affaires en matière de *compétence du juge* que *« la décision de la Commission spéciale de l'Assemblée non soumise à la plénière de cette Assemblée et celles du Ministre des affaires foncières non soumise au Conseil des Ministres ne sont pas revêtues respectivement du caractère d'acte législatif et de caractère d'acte de gouvernement rendant ainsi la Cour Suprême de Justice compétente pour connaitre* l'annulation desdits *actes »*[506].

En matière de *défaut de qualité*, il a été jugé que « *la mutation par décès de la propriété immobilière ne s'opère que par un nouveau certificat d'enregistrement. Est irrecevable, pour défaut de qualité, l'action d'une*

---

[504] C.S.J., R.A. 43 du 18 avril et 1980, Affaire NGOSOLA KONGA MAKANDA C/République du Zaïre, *Bulletin des arrêts de la Cour Suprême de Justice de 1980 à 1984,* op.cit. pp. 50 à 51.

[505] C.S.J., R.A. 10 65 du 19 Juillet 2010, *Bulletin des arrêts de la Cour Suprême de Justice de 2010 à 2013*, Edition du service de documentation et d'Etude du Ministère de la Justice et Droits Humains, Kinshasa, 2014 pp. 66 à 69.

[506] C.S.J. R.A. 920/931 du 24 novembre 2008, affaires respectivement, Nouvelle Banque de Kinshasa « N.B.K », C/République démocratique du Congo ; DOkolo Doidika et Madame Dokolo Ndona C/N.B.K., *Bulletin des arrêts de la Cour Suprême de Justice de 2004 à 2009,* op.cit. pp.96 à 104.

partie tendant à l'annulation d'un arrêté départemental portant retour définitif du domaine de la république du Zaïre de biens fonciers lorsqu'elle n'a pas produit un nouveau certificat d'enregistrement l'investissant de la propriété litigieuse »[507] .

Dans le même ordre d'idées, « *a été déclarée irrecevable faute d'intérêt et de préjudice, la requête en tierce opposition introduite en violation de l'article 84 du code de procédure devant la Cour Suprême de justice par une personne qui n'est plus membre d'un parti politique*[508] ». Concernant le *défaut d'objet*, « *le recours en annulation sera déclaré sans objet lorsque la décision attaquée a été reportée* »[509]. Dans le même optique, la Cour jugea que « *le recours en annulation de l'ordonnance de révocation du requérant de ses grades et fonctions dans l'administration publique devient sans objet lorsqu'il a demandé de clôturé sa requête en produisant une photocopie de l'ordonnance qui, à la suite du recours administratif exercé à cette fin a rapporté celle portant sa révocation et l'a réintégré au sein des services publics de l'Etat à son grade et dans ses fonctions* »[510].

En matière de *consignation de frais,* le juge avait tranché que « *lorsqu'invitée à parfaire la consignation, la partie requérante ne s'exécute pas, l'affaire doit être rayée du rôle conformément aux prescrits de l'article 31 de l'ordonnance-loi n° 69/2 du 8 janvier 1969, relative à la procédure devant la Cour Suprême de Justice* »[511].

---

[507] C.S.J., R.A. 8/13 DU ,12 JAVIER 1974, Affaire Annie Rechman C/Etat, Zaïrois et Société G.M. Benatar Frères et Cie, Bulletin des arrêts de la Cours Suprême De justice 1974, Ed.1975, pp 6-9. Cité par *O. NSUMBU KABU, in Cour suprême de Justice héritage de demi-siècle de jurisprudence, op.cit.* P.946.

[508] C.S.J., R.A.826/876 du 21 Javier 2001, Affaire Mr Ngiesi mi Lusu C/ le parti national du renouveau pour le développement « PNRD », Bulletin des arrêts de la Cour Suprême de justice de 2010-2013, Edition du service de Documentation et d'Etudes du Ministère de la Justice et droits humains 2014.pp 99-101.

[509]CS.J., R.A.132 Du 25 Mars 1988, Affaire Société de Financement et de Commerce billecard et compagnie C/République du Zaïre et Scobelam, Bulletin des arrêts de la Cours Suprême De justice 1985 à 1989, Ed. 2002, pp.421-423 Cité page 945

[510]CS.J., R.A. 190 Du 22 Juin 1988, Affaire Nsobyi Miteu C/ République du Zaïre, *Bulletin des arrêts de la Cours Suprême De justice 1985 à 1989*, Ed. 2002, pp.431-433. *O. NSUMBU KABU, in Cour suprême de Justice héritage de demi-siècle de jurisprudence, op.cit. p.945.*

[511] C.S.J., R.A. 11 du 26 juin 1974, Affaire Sabac C/République du Zaïre, *Bulletin des arrêts de la Cour Suprême de justice 1974*, Ed. 1975, pp.185-186. Cité Par O.

En matière de *l'interprétation de l'arrêt, « la Cour statuant en interprétation de sa décision ayant dit non fondée la requête en intervention d'une partie, dit fondée celle en annulation d'une autre et annule, en conséquence, l'arrêté entrepris, constate au regard des motifs de ladite décision. L'annulation de l'arrêté est la résultante des irrégularités ayant entaché l'Assemblée générale élective des personnes chargées de la Direction de l'association notamment le défaut de la qualité dans leur chef lors de la convocation de l'Assemblée, celui de quorum requis des membres effectifs, raisons pour lesquelles il ne peut être tiré des conséquences de droit des résolutions de pareille assemblée »*[512].

d. *Quelques arrêts en matière électorale et des partis ou regroupements politiques*

La cour a jugé que' « *est fondé et entraine l'annulation de l'arrêté critiqué, le moyen déduit de la violation de l'article 14 alinéa 3 de la loi n° 04/002 du 15 mars 2004 portant organisation et fonctionnement des partis et regroupements politiques, en ce que le Ministre de l'Intérieur, Décentralisation et Sécurité en rejetant la demande d'enregistrement du requérant au-delà du délai de trente (30) jours ouvrables depuis le dépôt de ladite demande, a commis un excès de pouvoir et viole la disposition légale citée ci-haut qui prévoit que le Ministre de l' Intérieur dispose pour décider de trente (30) jours ouvrables à compter du dépôt de la demande d'enregistrement, passé ce délai, le parti politique est considéré comme enregistré est le Ministre est tenu de lui délivrer un arrêté d'enregistrement dans les quinze(15) jours, à défaut de récépissé du dépôt de la demande d'enregistrement en tient lieu* »[513].

NSUMBU KABU, in Cour suprême de Justice héritage de demi-siècle de jurisprudence, op.cit. 945.

[512] C.S.J., R.A. 338/95 du 28 novembre 1995, Affaire Fumu Mapanda Malamba C/République du Zaïre et Eglise du Saint-Esprit au Zaïre, Bulletin des arrêts de la Cour Suprême de Justice de 1990 à 1999, Ed. 2003, pp. 130-134. Cité par *O. NSUMBU KABU, in Cour suprême de Justice héritage de demi-siècle de jurisprudence, op.cit.* pp 988-989.

[513] C.S.J., R.A. 767 du 29 Octobre 2004, Affaire Convention des Institution démocratiques et sociales CX/République démocratique du Congo, Bulletin des arrêts de la Cour Suprême de Justice de 2004 à 2009, t. I, Ed. 2010, pp 54-57. O. NSUMBU KABU, *in Cour suprême de Justice héritage de demi-siècle de jurisprudence,* op.cit. P.978.

Par contre, il a était jugé qu' *« est irrecevable pour défaut d'intérêt dans le chef d'un parti politique, la requête en annulation introduite par ses partis politiques enregistrés qui ne peut pas agir en justice contre lui-même »*[514]

2. Les arrêts rendus par la Cour Suprême de Justice en matière de plein contentieux

En matière d'*indemnisation*, il a été jugé que *« la Cour Suprême peut connaitre de l'action en réparation du préjudice causé par une décision illégale en même temps que de celle d'une demande en annulation de cette décision et de la sorte allouer en équité en faveur de la requérante, outre l'annulation de la Décision entachée d'excès de pouvoir, des dommages-intérêts pour le préjudice matériel et moral subis »*[515].

A la suite de *l'affaire Témoins des Jéhovah contre la République du Zaïre* déjà citée, il a été jugé, en outre, que « *si la demanderesse a subi un préjudice matériel et moral certain résultant de la perte de ses biens suite à l'exécution d'un acte d'expropriation, une indemnité fixé forfaitairement, jugée équitable et satisfactoire, au titre de dommages-intérêts pour la replacer dans la situation où elle se trouvait avant la décision d'expropriation* »[516] .

Dans ce même ordre d'idées, la Cour a dit jugé que « *l'annulation de l'arrêté entrepris, lequel devra être considéré comme*

---

[514] CS.J., R.A. 748/750 du 3 mai 2004, Affaire Augustin Kikukama Bisamba Et consorts C/République démocratique du Congo et Célestin Luanghy, Bulletin des arrêts de la Cours Suprême De justice2004-2009, t. I, Ed.2010 pp.17-20. Cité par *O. NSUMBU KABU, in Cour suprême de Justice héritage de demi-siècle de jurisprudence, op.cit.* P.944.

[515] C.S.J., R.A. 39 du 21 juin 1978, Affaire Kapinga Baleja C/République du Zaïre, Bulletin des arrêts de la Cour Suprême de Justice de 1978, Ed. 1979, pp. 81-86. Cité par *O. NSUMBU KABU, in Cour suprême de Justice héritage de demi-siècle de jurisprudence, op.cit.* pp 987.

[516] 516C.S.J., R.A. 235 du 19 Févier 1993, Affaire commission de liquidation l'Ancienne Association sans but lucratif dénommée « Témoins de Jéhovah C/République du Zaïre, *Bulletin des arrêts de la Cour Suprême de Justice de 1990 à 1999*, Ed. 2003, pp.82-86. Cité par O. NSUMBU KABU, *in Cour suprême de Justice héritage de demi-siècle de jurisprudence,* op.cit. P.987.

n'ayant jamais existé, replace le requérant en annulation dans sa situation statutaire à date dudit arrêté »[517].

Dans la deuxième *affaire Kanyinda Nsumpi* C/ la R.D.C., il a été jugé qu'« *en vue de réparation intégrale du préjudice subi dans sa situation salariale par un agent public illégalement démis d'office de ses grades et fonctions, la Cour Suprême de Justice estime équitable de lui allouer à titre de dommages-intérêts, pour la période allant de la date de l'arrêté annulé à celle de l'exécution complète de son arrêt, une indemnité mensuelle équivalente au traitement mensuel payé à cette dernière date à l'agent le plus gradé qui avait le même salaire que le requérant en annulation à la date de l'arrêté annulé, sans préjudice des allocations familiales et autres avantages accordés aux agents durant leur carrière* »[518]

En sus, « *la Cour dit non établie, en raison de la possible de l'évaluation de leur nature, la demande de réparation pour préjudice matériel dont les éléments manquent des précisions. Elle dit en revanche établi le préjudice moral qui n'est pas évaluable, la réquisition ayant causé une souffrance indéniable aux demandeurs et leur alloue un montant forfaitaire de dommages-intérêts* »[519]. Enfin, la Cour a ainsi jugé qu' « *est fondée la demande en réparation pour préjudices subis, lorsque le requérant n'apporte pas la preuve des violences et sévices par lui subis, sa réhabilitation étant suffisante quant à ce*»[520].

---

[517] C.S.J., R.A. 271 du 9 janvier 1978, Affaire Kanyinda Nsumpi C/R.D.C., Revue analytique de la jurisprudence du Congo, V. III, Fascicule I, 19987, PP.10-14). Cité par O. NSUMBU KABU, *in Cour suprême de Justice héritage de demi-siècle de jurisprudence,* op.cit. P.987.

[518] *Ibidem.*

[519] C.S.J., R.A. 454 du 20 janvier 2003, Affaire Dangbele-A-Djinga et Consorts C/République Démocratique du Congo, Bulletin des arrêts de la Cour Suprême de Justice de 200 à 2003, Ed. 2004, pp209 à 217. Cité par O. NSUMBU KABU, *in Cour suprême de Justice héritage de demi-siècle de jurisprudence,* op.cit. P.988.

[520] C.S.J., R.A. 873, du 1er novembre 2006, Affaire Rafael Mungomba Ngwefu C/République démocratique du Congo, Bulletin des arrêts de la Cour Suprême de Justice de 204 à 2009, t. I, Ed. 2010, pp329 à 332. Cité par O. NSUMBU KABU, *in Cour suprême de Justice héritage de demi-siècle de jurisprudence,* op.cit. P.988

B. Les activités du Conseil d'Etat pendant la période de l'autonomie juridictionnelle

Nous allons analyser les activités en matière consultative (1) avant d'examiner les activités en matière contentieuse (2).

1. *Quelques cas pratiques des activités consultatives du Conseil d'Etat congolais*

Depuis l'installation du Conseil d'Etat congolais jusqu'au juin 2020, il s'observe un taux très faible des avis émis par cette institution, gros modo, on peut dire que le Conseil d'Etat n'a émis que trois avis parmi lesquels nous allons examiner deux avis.

Le premier avis pris en compte par l'étude a été donné par la chambre des avis, celui-là concerne la requête de la conformité à la loi des avis des membres du Conseil National du Suivie de l'Accord et du Processus Electoral « CNSA » en sigle.

Par sa requête du 21 juin 2019, déposée au greffe du Conseil d'Etat le 25 du même mois, Monsieur JOSEPH OLENGHANKOY MUKUYNDJI, Président du Conseil National de Suivi de l'accord et du processus électoral, CNSA en sigle, sollicite l'avis de la section consultative du Conseil d'Etat, sur la conformité à la loi de paiement des primes à ses membre ayant démissionnés en vue de leurs éligibilité aux élections législatives nationale et ou provinciales de décembre 2018[521]. Parmi les motivations du requérant, deux opinions s'opposent dans sa requête lesquelles nécessitait l'avis du Conseil d'Etat. En effet, la première soutient que les membres non élus ont droit à la prime à l'instar des ceux du Conseil Economique et Social qui, après leur échec aux élections, ont réintégré leur institution et continuent à percevoir leurs avantages sans interruption ainsi que les membres du gouvernement démissionnaire qui continuent à bénéficier leurs avantages pécuniaires ;

La deuxième est d'avis que les membres démissionnaire n'ont pas le droit à la prime, car ayant perdu leur qualité et que cette prime constitue un encouragement donné aux membres actifs conformément à la loi[522].

[521] C.E. §1er, AVIS RITE 009, S.C, Chambre des avis, de 19 décembre 2019 p.1.
[522] Idem., §6 et 7 p.2.

Après avoir examiné la condition de sa compétence ainsi que celle de la recevabilité de ladite requête ; mais aussi après avoir entendu le mandataire du requérant, assisté de son Conseil, sur le bien-fondé de la demande, le Conseil d'Etat a noté que la question soumise à son avis consultatif se rapporte au paiement ou non des primes des membres démissionnaires du CNSA en vue de leur éligibilité aux élections législatives et ou provinciales de décembre 2018[523].

Se fondant sur la loi et la doctrine à la matière, le Conseil d'Etat observe que, dès lors, en s'étant présenté comme candidats aux élections législatives et/ou provinciales de décembre 2018, le douze membres du CNSA déclarés définitivement éligibles par décision de la CENI sont, pour le moins, réputés avoir préalablement démissionné de leurs fonctions incompatibles et perdu conséquemment leur qualité de membres de cette institution d'appui à la démocratie, ainsi que tous les avantages y afférents notamment, le droit à percevoir lesdites primes. En conclusion, poursuit-il, le Conseil d'Etat, Section consultative, émet l'avis que les membres du Conseil National de Suivi de l'Accord et du Processus Electoral, CNSA en sigle, démissionnaires et candidats aux élections présidentielle, législatives et provinciales organisées en 2018 n'ont pas droit au primes payées par cette institution[524].

Par contre, le second avis a été donné par la chambre d'interprétation des textes juridiques en vigueur, sous R.I.T.E 015 du 23 juin 2020, portant interprétation des articles 70 et 72 de la loi organique n°13/011-B du 11 avril 2013 portant organisation, fonctionnement et compétence des juridictions de l'ordre judiciaire, et de l'article 15 de la loi organique n°06/020 du 10 Octobre 2006 portant statut des magistrats telle que modifiée et complétée par la loi organique n° 15/014 du 1er août 2015.70, 72 et 15 des lois organiques précités.

Le requérant poursuit que cela ressort, du reste, de l'ordonnance n°20/017 du 27 mars 2020 portant attributions des ministres, laquelle confère au ministre ayant la justice dans ses attributions, notamment l'administration de la Justice, le suivi de l'exécution de la politique judiciaire du gouvernement par les cours et tribunaux et les parquets y rattachés, le contrôle des activités judiciaires, ainsi que l'exercice des prérogatives conférées par la loi,

---

[523] Idem §13 p.3.
[524]C.E. §1er, AVIS RITE 009, S.C, Chambre des avis, de 19 décembre 2019, op.cit. p.1.

notamment la loi organique n°13-B du 11 avril 2013 portant organisation, fonctionnement et compétences des juridictions de l'ordre judiciaire.

En sommes, le requérant estime que ces textes sont clairs, mais que dans la pratique il s'observe dans le chef des Officiers du ministère public une certaine réticence, voire une résistance, quel que soit dans le passé qu'à présent, selon lui, les Officiers des ministères publics continuent à garder silence à l'injonction du ministre de la justice en ne donnant aucune suite à certaines injonctions en invoquant le cas récent dont il est personnellement concerné.

En effet, par sa requête datée du 15 avril 2020, déposée au greffe du Conseil d'Etat en date du 17 avril 2020 et adressé au Président du Conseil d'Etat, Monsieur TUNDA YA KASENDE, Vice premier Ministre, Ministre de justice et Garde des Sceaux, nommé suivant l'ordonnance n°19/077 du 26 août 2019 portant nomination de Vice-Premier Ministres, des Ministres d'Etat, des Ministres, des Ministres délégués et des Vice-Ministre de gouvernement de la République, sollicite l'interprétation des articles 70 et 72 de la loi organique n°13/011-B du 11 avril 2013 portant organisation, fonctionnement et compétence des juridictions de l'ordre judiciaire et de l'article 15 de la loi organique n°06/020 du 10 Octobre 2006 portant statut des magistrats telle que modifiée et complétée par la loi organique n° 15/014 du 1er août 2015.

Le requérant soutient à cet effet, qu'aux termes de l'article 149 de la Constitution en vigueur en R.D.C. l'indépendance accordée au pouvoir judiciaire ne concerne pas les officiers du ministère public, en ce que ceux-ci sont placés, dans l'exercice de leurs fonctions sous l'autorité du ministère Ministre ayant la justice dans ses attributions, lequel dispose même du droit d'injonction à leur égard en vertu des articles

Après avoir vérifié les conditions de forme le conseil d'Etat s'estime valablement saisit et renvoi la cause à la réunion plénière du 04 mai 2020. Au cours de cette deuxième séance, que le Conseil d'Etat examina le fond de la requête et les arguments des avocats requérant et estime que la réponse à tous les moyens soulevés sur la portée des articles 70, 72, et 15 des lois organiques précitées sera abordée en deux ponts à savoir :

- ✓ La nature juridique du parquet et le statut de l'officier du ministère public ;
- ✓ La portée de l'autorité du Ministre de la justice sur les Officiers du Ministère public.

A la séance de la Plénière mixte du 07 mai 2020, la section consultative après avoir éclairé chacune de ces dispositions, en se fondant sur l'arsenal juridique congolais et en droit comparé a émis l'avis ci-après :

1. Le parquet est un service judiciaire, créé par la loi. Il est attaché aux Cours et tribunaux. Il concourt à l'exercice du pouvoir judiciaire.
2. Le parquet exerce des missions ci-après, à savoir : surveiller l'exécution des lois et des décisions de justice, accomplir les actes d'instruction et saisir les cours et tribunaux.
3. Le parquet est placé sous l'autorité du Ministre de la justice, qui y exerce le pouvoir d'injonction, sans avoir interféré dans la conduite de l'action publique.
4. En cas de faute disciplinaire des magistrats du parquet, constatée par le Ministre de la justice, ce dernier saisit le Conseil Supérieur de la magistrature.
5. Le Ministre de justice ne peut se substituer aux Officiers du Ministère public et les sanctionner de peine disciplinaire, même à titre conservatoire, parce que régis par le statut des magistrats.

On note par ailleurs que le faible degré des activités consultatives du Conseil d'Etat résulte du caractère purement facultatif quant en sa consultation, contrairement aux législations des autres Etats concernés par l'étude.

2. *Quelques cas pratiques des activités contentieuses du Conseil d'Etat*

Le Conseil d'Etat congolais s'est déploie de manière accélérée dans l'exercice de ces fonctions contentieuses. En effet, plusieurs arrêts et ordonnances ont été rendus par la section de contentieux du Conseil d'Etat.

En effet, dans la pertinente œuvre effectuée par Claude ILUNGA WATUIL ayant pour thème : « Recueil des arrêts, ordonnances et avis consultatifs rendu par le Conseil d'Etat », nous pouvons dégager un bilan approximatif sur l'activité contentieuse du Conseil d'Etat durant les deux premières années de son installation.

Dans l'examen de ce recueil précité, on observe que, depuis son installation intervenue à la fin 2018 jusqu'en juillet 2020, le Conseil d'Etat a rendu plus de 110 arrêts en matière contentieuse dont plus de 97 affaires relèvent du contentieux électoral d'appel et au moins 12 affaires en premier et dernier ressort contre une affaire en appel en matière d'excès de pouvoir, sans oublier une décision de renvoi des juridiction qui donne acte[525].

Quant à ce qui concerne la procédure incidente autrement appelée les référés, le Conseil d'Etat s'est prononcé sur plus de 87 ordonnances, statuant en premier et dernier ressort qu'en appel[526].

Examinons à présent quelques cas de figure dans la suite du développement.

En matière d'annulation dans l'affaire OMARI MBIYA Contre la République démocratique du Congo et allié[527], le Conseil d'Etat a déclarée irrecevable la requête du requérant sollicitant l'annulation de la décision prolongeant sa suspension préventive contenue dans la lettre n°01/4234/DGI/DG/DRH/NK/2015 du 25 septembre 2015 de Monsieur le Directeur général de la Direction général des impôts, pour prématurité.

Le conseil d'Etat après avoir rappelé la teneur de l'article 151 de la loi organique N°16/027 du 15 octobre 2016 sur les juridictions de l'ordre administratif qui prévoit le délai au cours duquel l'administration doit donner suite à un recours préalable avant de saisir le juge de contentieux. Il ne constate que l'examen des pièces du dossier que le demandeur en annulation a introduit son recours juridictionnel le 11 décembre 2015 sans attendre l'expiration du délai de trois mois imparti à l'Administration pour donner suite à son recours préalable du 30 Octobre 2015.

---

525 C. ILUNGA WATUIL, *Recueil des arrêts, ordonnances et avis consultatifs rendus par le Conseil d'Etat*, Recueil de jurisprudence Volume 1(2019-2020), Ed. Blessing, 2020. pp5-415.

526 *Idem*. pp.417-630.

527 C.E. S.C. R.A 148/1494 du 18/11/2019, Affaire OMARI MBIYA Contre la République démocratique du Congo prise à la personne du Ministre de la justice et de garde Sceaux et droits humains ; ainsi que le Directeur général de la Direction Générale des Impôts, D.G.I, en sigle.

Dans le même ordre d'idées, le Conseil d'Etat n'a pas hésiter de se déclaré incompétent dans l'affaire EBOSIRI PINGA Jean-Constant contre la R.D.C[528], jugeant qu'en vertu de l'article 1er de l'ordonnance-loi n°89-031 du 07 août 1989 modifiant la loi de n°77-027 du 17 novembre 1977 portant mesures générales de rétrocession des biens zaïrianisés ou (sic) radicalisé, le contentieux , le contentieux relatif aux mesures de zaïrianisation et de rétrocession relève de la Compétence du département de finances qu'il examine avec le concours de l'Officier de la Gestion de la Dette Publique, OGEDEP en sigle, actuellement Direction Générale de la dette publique, DGDP en sigle, instituée par le Décret n°09/61 du 03 décembre 2009 portant création et organisation du service public, le Conseil d'Etat est incompétent.

Enfin, dans l'affaire WIYOMBO EKONONGO C/ la R.D.C. et la Direction générale des douanes et Accises, DGDA en sigle[529], le Conseil d'Etat a reçu la requête du requérant et la déclara fondée.

Pour rappeler le fait, le requérant a saisi le Conseil d'Etat pour obtenir l'annulation de la décision n° DGDA/DG/DRH/823/2016 du 22 décembre 2016 par laquelle la Direction Générale des Douanes et Assises, DGDA en sigle, deuxième défenderesse en annulation, l'a relevé de ses fonctions avec privation de toutes rémunération et de tout autre avantage dû à l'agent et transmis son dossier administratif au ministère de la fonction publique.

Le requérant avait introduit le recours gracieux et hiérarchique respectivement les 03 janvier auprès de la deuxième défenderesse et le 08 janvier 2017 auprès du ministre des finances en vue d'obtenir l'anéantissement de la décision sus évoquée. A la suite du rejet par la deuxième de son recours gracieux par la lettre n° DGDA/DG/DRH/DAGC/0775/2017 du 15 mars 2017 lui notifié le 22 mars 2017 et du silence du Ministre des Finances quant à son recours hiérarchique, il a comme relevé cxi-haut, déposé sa requête le 15 juin 2017.

528C.E. S.C. R.A 156/1563 du 06 mars 2020, l'affaire EBOSIRI PINGA Jean-Constant contre la R.D.C., (Ministres de justice et de finances).

529 C.E. S.C. R.A 113/1575 du 08/11/2019, affaire WIYOMBO EKONONGO C/ la R.D.C., pris à la personne du ministre de la justice et Garde Sceaux et la Direction générale des douanes et Accises, DGDA en sigle.

Dans une de ses considérations, le Conseil d'Etat opine que *« dès lors, il suit que depuis le 18 juin 2016, l'action disciplinaire était déjà frappée de caducité et qu'en relevant le demandeur de ces fonctions le 22 décembre 2016 la deuxième défenderesse a violé les dispositions légales susvisés et partant elle a commis l'excès de pouvoir »*.

Le Conseil d'Etat reçoit la requête du requérant et la dit fondée ; annule en conséquence la décision n° DGDA/DG/DRH/823/2016 du 22 décembre 2016 de la deuxième défenderesse ayant relevé le demandeur de ses fonctions pour excès de pouvoir.

En ce qui concerne la demande d'intervention volontaire, dans l'affaire les héritiers du défunt Solanga TSHATENDE TSHIKUDI contre la République démocratique du Congo et l'affaire John KELLER C/ les héritiers de feue Solanga TSHATENDE TSHIKUDI [530], le Conseil d'Etat ordonna la jonction de ces deux causes et déclara à cet effet irrecevable la requête en annulation et celle en intervention volontaire en vertu du principe général selon lequel, l'accessoire sui le principal.

Par contre, le Conseil d'Etat avait déclaré recevable et fondée la demande en intervention volontaire de Monsieur KAHATO KALIMUHIMA Claude contre les héritiers de Monsieur ASSASSE LOTONGO Victor et la R.D.C[531] dans la cause sous R.A. 1579. En effet, le requérant avait formulé quatre branches dont la première et la quatrième visent respectivement à l'incompétence du Conseil d'Etat, la deuxième branche concerne le défaut de qualité de la succession ASSASSE et de Madame ASSASSE BOLALI, liquidatrice de la succession, enfin la troisième branche : tiré du fait que la « parcelle lui cédée n'est plus une menuiserie, ni une entreprise.

Le Conseil d'Etat relève en conséquence, que le Conseil d'Etat est incompétent pour examiner la requête en annulation de l'arrêté n° CAB/MIN-FINANCES/206/039 du 30 Septembre 2013 du Ministre des Finances portant Cession de la propriété de la menuiserie Nouvelle ex-Papa

[530] C.E. Chambre de l'administration chargée de légalité et de la réparation du dommage exceptionnel, R.A. 119/1496, R.A., 120/1520 du 06/03/2020, affaire les héritiers de feue Solanga, C/ la R.D.C., prise en la personne du Ministre de la Justice, Garde sceaux et droit Humains et en celle de celui de l'aménagement du territoire, Urbanisme et Habitat ; C.E. R.A. 120/1570 de la même date, l'affaire John KELLER C/ les héritiers de feue Solanga TSHATENDE TSHIKUDI.

[531] C.E. S.C. R.A. 047/15499 du 13/11/20119

DOPOULOUS introduite sous RA 1579 par Madame ASSASSE BOBALI, liquidateur de la succession ASSASSE LOTONGO.

En matière d'urgence, nous allons analyser trois ordonnances examinées par le Conseil d'Etat. En effet, la première ordonnance est relative au référé-suspension, mettant en cause la Communauté Islamique en République démocratique du Congo, en sigle « COMICO » contre la R.D.C. en sigle[532], le Conseil d'Etat a déclaré la demande de référé-suspension irrecevable, faute pour l'avocat du requérant d'avoir produit la procuration spéciale émanant de la demanderesse en référé-suspension et de donner la preuve de l'existence d'une requête en annulation ou en reformation.

Dans le même ordre d'idées, le Conseil d'Etat a déclaré recevable mais non fondée la requête de monsieur Hyppolyte MASANI MATSHI contre la R.D. du Congo, en la personne du Vice-premier ministre et ministre de la justice et garde des sceaux, tendant à la suspension de l'arrêté ministériel n°030/CAB/VPM/MIN/J&GS/2020 du 25 février 2020 portant sa suspension de ses fonctions de directeur général de l'Institut National de Formation judiciaire, INAFORI en sigle[533].

Enfin, la Haute cour administrative avait déclaré recevable et fondé la requête de la Coopérative Minière des exploitants de BANGBA-BANALIA, en abrégé COMINEBAB contre la R.D. Congo, prise en la personne du ministre national des mines[534]. La partie requérante a sollicité du juge des référés la suspension de l'arrêté du ministre national des Mines n°0102/CAB.MIN/MINES/01/2019 du 22 février 2019 portant octroi à la Société Libela SARL du permis de recherche n°14392 et du certificat de recherche portant n° CAMI/CR/7948/19 du 22 avril 2019. Ainsi la Haute Cour administrative congolaise ordonna la suspension de l'arrêté, du permis des recherches et du certificat des recherches précitées du Ministre national des Mines, en attendant l'examen u fond de la requête en annulation enrôlée sous R.A. 256.

En somme, nous pouvons affirmer que le Conseil d'Etat congolais vient de décoller avec recrudescence au service de la nation dans le domaine administratif. Cependant, le champ reste à fouetter en vue de

---

[532] C.E. SC. ROR 125 du 02 juillet 2020.

[533] C.E. SC. ROR.110 du 06/07/2020.

[534] C.E. SC. ROR.100 du 02/07/2020.

renforcer l'efficacité et la légitimité de cette forme d'institution nouvellement créée.

§3. *Contraintes et perspectives dans l'exercice du juge administratif suprême congolais*

A. Les difficultés d'exercice des missions essentielles par le juge administratif suprême congolais

Les missions essentielles confiées au juge administratif suprême présentent des grands enjeux, il est important non seulement d'énumérer ces missions mais aussi d'étudier leur transposabilité ou leur congruence par le même juge.

Il faut reconnaitre que plusieurs réformes ont été opérées par le législateur congolais dans le but d'améliorer les conditions de travail du Juge administratif congolais, car à ce jour l'on peut déduire que l'image du Conseil d'Etat congolais ressemble de plus en plus au Conseil d'Etat français. Il a, par ailleurs, rencontré les désidératas de la doctrine qui recommandait incessamment de *lege ferenda* notamment en matière de la procédure d'urgence[535].

Car selon Jean-Marie. MBOKO, « *Ce pouvoir de suspension de l'exécution d'un acte administratif a pour finalité de préserver l'effet utile d'une annulation éventuelle et permet au juge administratif de prendre des mesures qui préservent les intérêts des parties, et principalement du requérant, de manière à ce que, après une annulation éventuelle, celui-ci puisse être replacé dans une situation semblable à celle qu'il aurait connue si cet acte n'avait pas été émis* »[536].

En outre, il faut relever que la garantie de l'indépendance des acteurs de la justice en général, notamment des magistrats et des avocats, n'est pas une question nouvelle, elle date depuis longtemps. Cependant, la pratique reste une autre chose, car selon certains auteurs[537] : « *Les violations répétitives*

---

[535]Lire à ce sujet, J-M. MBOKO DJ'ANDIMA, Le droit congolais de services publics op.cit. p.343 ; YUMA, Manuel de droit administratif, op.cit.

[536] J-M. MBOKO DJ'ANDIMA, *Le droit congolais de services publics*, op.cit. p.343.

[537] Kifwabala Tekilazaya ; D. Fataki Wa Luhindi ; M.Wetsh'okonda Koso, *République démocratique du Congo Le secteur de la justice et l'Etat de droit*, Open Society Foundations 2013, PDF p.33. Disponible sur www.afrimap.org (Consulté le 20 mai 2020).

de la loi par le gouvernement constituent, néanmoins, la forme la plus visible et la plus courante de violation des principes de l'Etat de droit ». Egalement, poursuivent-ils, *« notables sont les interférences tant du parlement que du gouvernement dans le processus d'exécution des décisions judiciaires et la faiblesse relative du contrôle de légalité des décisions des autorités administratives* ».

Une autre cause de l'impunité des décisions ou des actes illégaux des autorités administratives en R.D.C. est l'inaccessibilité par les victimes aux instances judiciaires. En effet, depuis l'ancien régime jusqu'à la période transitoire *« L'unanimité se dessine sur l'inaccessibilité de la justice administrative congolaise»*[538].

L'étude menée par Arnold. NYALUMA sur l'accessibilité de la justice administrative résume ce qui suit : « *Sur le plan quantitatif, les règles de procédure, les pratiques judiciaires et administratives expliquent la faiblesse du contentieux administratif congolais. La faible sollicitation du juge de l'administration résulte en partie de l'inaptitude des justiciables à se conformer aux exigences des procédures élémentaires. Certains s'éloignent de la justice administrative faute de formation ou d'information. Sur le plan qualitatif, le service rendu par la justice administrative congolaise s'éloigne de la figure d'un service public* »[539].

Plusieurs raisons ont plongé la justice congolaise dans une crise, parmi ces raisons, il faut s'atteler sur le comportement des magistrats qui conduit au manque de confiance de la justice par la population. Car « *lorsque l'Etat est partie au procès, par exemple, Le juge de l'administration, loin de représenter un bouclier contre l'arbitraire, apparaît comme une machine d'oppression que le citoyen moyen préfère éviter* »[540].

---

538 W. BUSANE RUHANA MIRINDI, *Le contrôle du pouvoir discrétionnaire...*, *op.cit.*, pp. 198 et s ; T. MUHINDO MALONGA, *Droit administratif...*, *op.cit.*, pp. 401 et s. ; YUMA BIABA, « Plaidoyer pour la réforme de la justice administrative en R.D.C. », *op.cit.*, pp. 87 et s. ; BIBOMBE MUAMBA, « La jurisprudence de la Cour suprême zaïroise en matière de contentieux administratif », *op.cit.*, pp. 340. Note de A. NYALUMA MULAGANO, *op.cit.* p.15.

539 *Ibidem.*

540 J.-M. BRETON, « Légalité et Etat de droit : statut et perception du juge de l'administration », *Revue électronique Afrilex,* n° 03/2003, p. 73. Cité par A. NYALUMA MULAGANO, thèse précitée, *op.cit.* p9.

La situation actuelle de la justice administrative ressemble selon un auteur, à celle du lendemain des indépendances africaines, il évoque l'observation faite par Alain Bockel à ce sujet : « *la fréquentation du prétoire est limitée à ceux qui ont peu à craindre de l'Etat et rien à en espérer, tout en disposant d'une culture juridique suffisante pour saisir le sens et l'intérêt d'un contrôle juridictionnel* »[541].

Dans le même ordre d'idées, l'ex-chef de l'Etat Joseph Kabila, encore Président de la République à l'époque, fait observer sur le comportement des magistrats qu'« *aujourd'hui la justice est elle-même au banc des accusés. Abusant de l'indépendance liée pourtant à la délicatesse et à la noblesse de sa charge, le Magistrat se rend lui aussi coupable de dol, de concussion, de corruption et voire même des infractions de droit commun, avec une facilité déconcertante [...]. Il est temps que les opérateurs judiciaires choisissent leur camp : celui de servir ou de martyriser davantage un peuple déjà meurtri et éprouvé par plusieurs années de conflits et de violences...*[542].

En outre, il existe également des contraintes sur le plan matériel. Un extrait de la mercuriale du procureur général de la République prononcée à la rentrée judiciaire de 2005 résume l'impact des contraintes matérielles : « *il est illusoire ou utopique d'attendre un rendement très satisfaisant d'une justice, dépourvue, à tout point, d'un minimum de moyens d'action tant matériels qu'en équipements indispensables à son bon fonctionnement* »[543].

Concernant le défaut de formation ou d'information, en matière de recours administratif, « *Pendant longtemps, du fait entre autres de l'ignorance de la loi et/ou de peur de provoquer le courroux des autorités administratives dans un contexte où les actes juridiques se confondent avec*

---

[541]A. BOCKEL, « Le contrôle juridictionnel de l'administration », in G. CONAC (dir.), *Les institutions administratives des Etats francophones d'Afrique noire,* Paris, Economica, 1979, p. 212.Cité A. NYALUMA MULAGANO, thèse précitée, *op.cit.* p.9.

[542] Discours du Chef de l'Etat à l'occasion du 49e anniversaire de l'indépendance de la R.D.C., in Barreau de Bukavu, *Quelle justice pour les populations vulnérables du Sud-Kivu : mémo à l'attention du Premier président de la Cour suprême de justice*, Bukavu, 22 août 2013, p. 1, inédit, cité par A. NYALUMA MULAGANO, in thèse précité, *op.cit.* p.9.

[543] THSIMANGA MUKEBA, « L'indépendance du pouvoir judiciaire. Mercuriale prononcée par le Procureur général de la République à la rentrée judiciaire de la Cour suprême de justice 2005 », Kinshasa, *B.A.*, 2010, p.387.

leurs auteurs, les congolais se sont abstenus de faire usage de cette voie de recours »[544]. C'est ce qui, aux yeux des juristes, ne pouvait qu'encourager l'impunité des actes réglementaires inconstitutionnels et/ou illégaux[545].

On peut également évoquer, enfin, la situation des actes dits de gouvernement, ceux-ci sont apparus à un certain moment comme un moyen qui favorisait les manœuvres des magistrats qui faisaient échapper les actions illégales des autorités politico-administratives à la censure du juge administratif. En effet, aux termes de la loi de 1982 portant la procédure devant la Cour Suprême de Justice : « *La Cour apprécie souverainement quels sont les actes du Pouvoir exécutif qui échappent à son contrôle*134 »[546]. Cette disposition dont la portée et l'étendue relevaient de l'appréciation du juge est devenue aux yeux des juristes un moyen qui favorisait l'impunité. Certains auteurs expliquent même qu'après les deux arrêts de principe en ayant annulé les ordonnances du chef de l'Etat, à l'occurrence l'arrêt Témoins des Jéhovah précité, ainsi que l'Arrêt n° RA 182, 186 et 191 du 1er janvier 1990 [547], les

[544]Kifwabala Tekilazaya ; D. Fataki Wa Luhindi ; M. Wetsh'okonda Koso, *République démocratique du Congo Le secteur de la justice et l'Etat de droit, op.cit.* p.39.

[545] BIBOMBE MUAMBA, « La protection du citoyen en cas de conflit avec l'Administration congolaise par le juge administratif »,G. Bakandeja wa Mpungu, A. Mbata Betukumeso Mangu et R. Kienge Intudi (dir.), *Participation et responsabilité des acteurs dans un contexte d'émergence démocratique en République démocratique du Congo*, Kinshasa, Presses universitaires de Kinshasa, 2007, p. 47 ; G. Balanda Mikuin Leliel, « L'impunité en République démocratique du Congo », *Rapport général du forum national des organisations non gouvernementales des droits de l'homme de la République démocratique du Congo*, Kinshasa, Editions Renadhoc, septembre 2002, pp. 155-156 ; Kengo-wa-Dondo, *L'évolution jurisprudentielle de la Cour suprême de justice au Zaïre (1968- 1979)*, Kinshasa, Cour suprême de justice, 1979, pp. 134-136(tous cités par Kifwabala Tekilazaya ; D. Fataki Wa Luhindi ; M.Wetsh'okonda Koso, in *République démocratique du Congo Le secteur de la justice et l'Etat de droit,* op.cit. p.40).

[546]Article 87 de l'ordonnance-loi n°82-017 du 31 mars 1982, *Journal officiel de la République démocratique du Congo*, 47ème année, numéro spécial, 20 juin 2006, p. 80

[547] Le 3 janvier 1986, le Président de la République a pris l'Ordonnance n°86/001 portant révocation d'un certain nombre de fonctionnaires de l'Etat, notamment les nommés Ngenzi Nzombi Mokoba et consorts accusés d'avoir participé à la fuite des questionnaires de l'examen d'Etat pour l'édition 1984. C'est cette ordonnance déférée devant elle par les victimes que la CSJ a annulée au motif qu' : « *qu'aucune action disciplinaire n'a été ouverte à charge des requérants et (...) ils n'ont reçu aucune notification préalable des faits articulés contre eux de sorte qu'ils n'ont pas été en mesure de faire valoir leur justification ou moyen de défense comme l'exigent*

juges qui ont prononcé cet arrêt ont été menacés dans leur intégrité physique par les agents des services spéciaux[548].

C'est qui a fait que les magistrats puissent user de la prudence, pour se servir de la disposition de l'article 87 de l'ordonnance-loi de 1982 précité, notamment dans l'affaire USORAL en 1996 et celle concernant 315 magistrats en 2001, est celle qui consiste à se déclarer incompétente, notamment au motif que les actes soumis à son contrôle constituent des « actes de gouvernement » échappant par leur nature au contrôle judiciaire[549].

Il existe par ailleurs, d'autres situations qui rendent l'accès de Justice impossible, l'étude faite en 2013 par certains auteurs a relevé quelques-unes. *« Il s'agit notamment, victime des exactions de toutes sortes de la part tant des détenteurs du pouvoir politique que du pouvoir économique pour ne citer que ceux-ci, la plupart des congolais ne peuvent malheureusement pas compter sur la justice officielle pour être rétablis dans leurs droits ; Le nombre insuffisant des institutions judiciaires, leur mauvaise répartition sur le territoire national et le dysfonctionnement des audiences foraines pour nous limiter à ces quelques facteurs font de cette justice un luxe réservé à quelques citadins ; Encore faut-il que ceux-ci non seulement aient une bonne connaissance du droit, qu'ils disposent des moyens conséquents pour satisfaire les appétits insatiables du personnel judiciaire et qu'ils n'aient pas à faire à des procédures complexes ou qui trainent indéfiniment en longueur ;*

---

*les dispositions visées de l'Ordonnance-loi précité(*Bibombe Mwamba et A. Bibombe Ilunga, *Recueil des principaux arrêts de la jurisprudence administrative congolaise et étrangère*, Kinshasa, unikin, Faculté de droit, 1998 (textes polycopiés), pp. 2-6, cité par Kifwabala Tekilazaya ; D. Fataki Wa Luhindi ; M.Wetsh'okonda Koso, in *République démocratique du Congo Le secteur de la justice et l'Etat de droit, op.cit.* p.41).

548 A. Kamukuny Mukinay, *Contribution à l'étude de la fraude en droit constitutionnel congolais*, Thèse pour le doctorat en droit, université de Kinshasa, Faculté de droit, 2007, p. 330 (inédit), cité par Kifwabala Tekilazaya ; D. Fataki Wa Luhindi ; M. Wetsh'okonda Koso, in *République démocratique du Congo Le secteur de la justice et l'Etat de droit, op.cit.* p.41).

549 CSJ, 21 août 1996, RA 320, USORAL c. République démocratique du Congo, *Bulletin des arrêts de la Cour suprême de justice, années 1990 à 1999*, Kinshasa, Editions du Bureau d'études et de documentation du Ministère de la justice, 2003, pp. 155-163 ; CSJ, 26 septembre 2001, RA 459 relatif à la révocation de 315 magistrats, *Les Analyses juridiques* n°5/2005 avec note de Laurent okitonembo Wetshogunda, pp. 13-27, tous cité par Kifwabala Tekilazaya ; D. Fataki Wa Luhindi ; M.Wetsh'okonda Koso, in *République démocratique du Congo Le secteur de la justice et l'Etat de droit, op.cit.* p.41).

Tout cela ne garantit pas cependant l'exécution des décisions judiciaires qui pourraient être prononcées en leur faveur. Il y a là autant de raisons à la base de la persistance des juridictions de droit coutumier et de l'exploration des modes alternatifs des règlements des confits »[550].

Concernant l'exécution des décisions judiciaires, au cours de l'année 2003, pendant la période allant du mois de janvier à celui de novembre, le Programme des Nations Unies pour le Développement avait évalué le taux d'exécution des décisions judiciaires à quatre pourcent[551]. En tenant compte de toutes ces difficultés que le législateur éprouve dans l'application de la loi organique de 2016, dans la mise en œuvre des mécanismes adéquats, à l'instar de la médiation, de la conciliation et de l'arbitrage pour favoriser un cadre de palabre qui est plus traditionnel et plus convenable aux congolais, à l'instar des tous les africains. Cette loi a mis fin à cette immunité accordée aux actes de gouvernement, ceux-ci ne peuvent être évoqués que par la pratique doctrinale à l'instar de la situation actuelle en France, leur portée est très limitée.

Cette loi a prévu des mécanismes de sanction contre la lenteur de la justice et pour assurer l'exécution des jugements. Enfin, tout l'espoir est tourné aujourd'hui vers la réforme actuelle de la justice administrative, nous espérons voir des changements s'opérer, pour reprendre les termes du Président du Conseil d'Etat après son investiture « *Désormais avec l'arrivée du Conseil d'Etat dans l'arène judiciaire en R.D. Congo, l'épée qu'il fallait pour la fin de l'impunité et le règne du régime de l'arbitraire est là, pour crédibiliser l'Etat, protéger ses intérêts mais aussi et surtout, recréer la confiance chez les citoyens, victimes d'actes règlementaires et décisions aux lois de la République* ».

Sans aller loin, dans *l'affaire Mukumadi contre la CENI* précitée, l'on constate un aurore florissant ouvrant ainsi une brèche avec activisme dans

[550]M.Wetsh'okonda Koso, in *République démocratique du Congo Le secteur de la justice et l'Etat de droit, op.cit* p.126.

[551] PNUD, *Rapport national sur le développement humain*, Kinshasa, Pnud, 2008, p. 51, cité par Kifwabala Tekilazaya ; D. Fataki Wa Luhindi ; M.Wetsh'okonda Koso, in *République démocratique du Congo Le secteur de la justice et l'Etat de droit, op.cit.* p.135.

la protection des droits et libertés garantis aux citoyens en se déliant des carcans politiques.

B. Les perspectives pour le bon fonctionnement de la justice administrative en R.D.C.

L'amélioration des conditions des de la justice en général et particulièrement de la justice administrative en République Démocratique du Congo doit être comprise comme étant une préoccupation de tous, tout acteur de l'Etat doit jeter sa pierre pour son édification. Parmi ces acteurs nous allons citer particulièrement, le gouvernement (1), les magistrats et les avocats (2) mais aussi les citoyens (3).

1. La responsabilité du gouvernement

Les autorités politico-administratives doivent cultiver leur propre dignité et l'intégrité au service de la nation, elles doivent accepter des châtiments du juge sans en faire quelques pressions que ce soit. Cette obligation est purement morale. Le gouvernement doit exécuter les tâches qui lui sont reconnues par les textes juridiques. Nous avons relevé ci-haut que l'ignorance du droit fait aussi partie des causes d'inaccessibilité par la population nationale aux instances judiciaires, et même s'elle l'accède, elle n'intervient souvent qu'en retard, ce qui conduit le rejet de sa requête par le juge.

En République Démocratique du Congo, le principe général « nul n'est censé ignorer la loi » s'est érigé à une disposition constitutionnelle depuis 2006[552], cependant l'ignorance de droit demeure une monnaie courante dans la pratique par la majorité des Congolais. Il existe certes plusieurs causes de cette ignorance, on peut citer notamment : l'analphabétisme, le manque de la documentation, mais aussi le défaut de la rediffusion des textes juridiques à quatre langues nationales qui est à la charge du gouvernement[553], en vue de transmettre autant que la bible, la connaissance des textes juridique à la population. A ce sujet, il a été démontré que « *Malheureusement, en dehors de la Constitution du 18 février 2006 et de la*

---

552 Art. 62 de la Constitution du 18 février 2006 dans sa version actuelle.
553 Art. 142 de la Constitution en vigueur en R.D.C.

loi électorale, à notre connaissance, peu d'autres textes juridiques ont bénéficié de l'opportunité d'être traduits en langues nationales »[554].

Le gouvernement doit non seulement rendre l'accès facile au journal officiel à tout le monde en réduisant le prix des textes juridiques, mais aussi, et surtout doit promouvoir des centres de formation de droit à toute la population. La connaissance des notions élémentaires de droit ne doit pas être du seul apanage des juristes, car la loi dispose des effets *erga omnes* lorsqu'elle est mise en vigueur. C'est ainsi que, dans le système éducationnel du pays, il faut insérer le programme d'enseignement de droit dès l'école primaire.

2. Les responsabilités des magistrats et des avocats

Les Magistrats et les Avocats sont les deux acteurs les plus connus dans le fonctionnement de la justice. Parler de la responsabilité du magistrat dans le cadre la présente étude qui a un objet limité revient à interpeler les Conseillers d'Etat et d'autres magistrats œuvrant au côté de cette institution. A l'heure actuelle, comme nous l'avions vu pour le cas de la France et la Belgique, le Conseil d'Etat n'est plus un simple juge de l'Administration et les Conseillers des pouvoirs publics, il se déploie de plus en plus dans l'amélioration de la qualité de droit.

Les membres du Conseil d'Etat congolais doivent se servir du modèle de ses homologues français et belges, en organisant des ateliers, des conférences-débats avec tous les acteurs nationaux pour requérir des informations utiles en vue de tropicaliser les règles juridiques relatives à la justice administrative congolaise. Le Conseil d'Etat doit faire des différentes études sur le fonctionnement de la justice et proposer des réformes au gouvernèrent, pour qu'à l'issue de son exercice réglementaire et en matière de l'élaboration des projets des lois, afin que celles-là soient traitées en priorité. Sur le plan de l'accessibilité à l'instance, le Conseil d'Etat doit ouvrir un site internet accessible à tous, par le truchement duquel la population doit saisir rapidement le Conseil d'Etat pour que leurs causes soient entendues.

L'uberisation de la justice administrative ou la procédure de télé recours vaut son pesant-d 'or en République Démocratique du Congo, en vue

---

[554] Kifwabala Tekilazaya ; D. Fataki Wa Luhindi ; M. Wetsh'okonda Koso, in *République démocratique du Congo Le secteur de la justice et l'Etat de droit, op.cit.* p.129.

de permettre l'accès à la justice à des milliers des congolais qui habitent à plus de 2000 Km, qui n'ont pas les moyens techniques et matériels d'arriver à temps à la capitale là où se trouve le siège du Conseil d'Etat.

Concernant le traitement des dossiers, les magistrats du Conseil d'Etat sont appelés à travailler avec célérité pour rendre des décisions dans le délai requis par la loi avec indépendance et impartialité. Pour y parvenir, il faut de l'abnégation et un esprit patriotique.

Quant aux avocats, une seule obligation est celle du respect des règles déontologiques, le serment qu'ils ont prêté ne soit pas seulement dans la bouche, il faut aussi aider le client à plaider coupable lorsque les faits qui sont à sa charge sont ostentatoires.

3. La responsabilité des citoyens

Les citoyens doivent s'approprier le pays, pour dire que la souveraineté appartient de l'Etat au peuple[555], ils doivent placer leur confiance à la justice pour dénoncer le comportement illégal et immoral des autorités administratives. Cela inféré en quelque sorte un contrôle populaire des pouvoirs publics. Les citoyens doivent jouer un rôle dans la mesure du possible, en portant volontiers leurs causes devant le juge administratif. Cette obligation, nécessite une connaissance plus au moins moyenne des règles juridiques, c'est ce qui vient à dire que le peuple doit avoir une culture de la lecture des textes juridiques.

---

[555] Ar. 5 de la Constitution en vigueur en R.D.C.

Conclusion du chapitre 2

A ce jour, la République Démocratique du Congo dispose d'une juridiction administrative suprême appelée le Conseil d'Etat. Ce dernier a reçu de la part du Constituant et du législateur des principales missions énumérées plus haut, ces missions résultent de deux fonctions traditionnelles assignées à toute juridiction administrative suprême.

L'analyse de ce dernier chapitre a démontré à quel point l'histoire de cette institution s'est déclinée à dent- de- scie, car longtemps demeurée un rouage de l'ordre judiciaire, comme le cas actuellement au Bénin, la justice administrative est régie aujourd'hui par un ordre des juridictions autonome duquel le Conseil d'Etat est à la sommité. L'image de l'actuel Conseil d'Etat congolais ressemble plus au Conseil d'Etat français et belge contrairement à la chambre administrative béninoise qui continue à œuvrer dans le cadre de l'unicité juridictionnelle.

Cependant, le Conseil d'Etat français et belge dispose de certaines particularités contrairement aux autres juridictions administratives suprêmes africaines étudiées. Car en effet, la loi reconnait expressément aux juges administratifs suprêmes français et belge la consultation obligatoire pour certaines normes en chantier comme cause d'illégalité avant leur naissance. Tandis que le Conseil d'Etat congolais, par contre ne dispose qu'une compétence facultative en matière d'avis. En sus, si Conseil d'Etat belge est incompétent pour connaitre, à titre principal, des demandes de réparation portées par devers lui, concernant les atteintes subies aux droits subjectifs de citoyens, le Conseil d'Etat congolais reconnait la possibilité au requérant de porter à titre principal la demande de dommages-intérêts devant lui.

Pour ne citer que ceux-là, le Conseil d'Etat actuel de la République Démocratique du Congo est un véritable gardien de l'Etat de droit, car il protège la légalité, et les droits et libertés de la population nationale et conseille les pouvoirs publics.

Conclusion partielle

Contrairement au droit béninois qui est régi par le monisme juridictionnel avec une répartition nominale des tâches à l'intérieur celui-ci, le droit congolais a, depuis 2006, abandonné ce régime pour un nouveau virage du dualisme juridictionnel utilisé, en Europe et, à un moment donné, par le Sénégal.

A l'instar du Bénin où la Chambre administrative de la Cour suprême de justice constitue la juridiction administrative suprême, la France et la République démocratique du Congo consacrent l'appellation Conseil d'Etat, pour rendre compte de la même réalité.

La juridiction administrative suprême ainsi créée dispose des compétences propres reconnues par le constituant et le législateur, lesquelles traduisent la lourde charge lui confiée dans le but de l'enracinement et la consolidation de l'État de droit. Considérée comme gage d'une réelle protection des droits et libertés de la personne humaine, cette donne est devenue à la fois un critère de qualification des régimes politiques et un indice de la fréquentabilité, voire de la contemporaineté de la quasi-totalité des États du monde, particulièrement ceux de l'Afrique postcoloniale.

Quoi que dotées des missions similaires en matière contentieuse, les juridictions administratives suprêmes congolaise et béninoise se démarquent, eu égard à leurs compétences, en matière consultative. Considérée comme entièrement facultative en droit congolais, la consultation recèle un doublet volet, à la fois obligatoire et facultatif, en droit béninois caractérisé par l'existence des matières à consultation obligatoire et de celles à consultation facultative.

Dans ces deux pays africains et comparativement aux droits français et belge, la mise en œuvre des missions essentielles de la juridiction administrative suprême se heurte à quelques pesanteurs, notamment le faible taux de saisine du juge administratif, l'inexécution des décisions de justice, dont celles du juge administratif, le déficit de numérisation des données de la justice administrative, portant ainsi atteinte à la nécessité du rapprochement des juridictions administratives des justiciables.

Conclusion générale

L'étude vient de décrire de manière générale les missions essentielles exercées par la juridiction administrative suprême, en commençant par les Conseils d'Etat français et belge, passant par la chambre administrative de la Cour Suprême béninoise jusqu'à l'actuel Conseil d'Etat congolais. L'analyse portant sur chacune de ces institutions a dégagé des traits communs qui confirment l'universalité du droit.

Cependant, il existe aussi des éléments de divergences entre ces différentes institutions, non seulement par le type de législation respective mais aussi par l'activisme de leurs animateurs dont certains d'entre eux sont influencés par leurs environnements. Grosso modo, nous constatons que la juridiction administrative suprême a existé en Europe plus longtemps qu'en Afrique, c'est qui prouve en conséquence des avancées significatives des juges français et belge par rapport aux juges béninois et congolais.

La juridiction administrative suprême exerce des missions essentielles ayant pour finalité de consolider la démocratie et promouvoir le développement économique de l'Etat ainsi que le progrès socio-culturel. Ces missions essentielles résultent à la fois de la fonction juridictionnelle, de la fonction du conseiller juridique des pouvoirs publics que de sa fonction du gestionnaire d'un service public.

En ce qui concerne la fonction juridictionnelle, la juridiction administrative, juge selon les compétences lui reconnues par la loi, à savoir : le contentieux de cassation des décisions des juges inférieurs, le contentieux d'annulation des actes administratifs illégaux, des pourvois en révision, des prises à parties, des règlements des juges ainsi que des demandes de réparation des préjudices. Cette mission se manifeste à travers « le contrôle de légalité ». Selon M. De Michel, « *la légalité signifie le respect à la règle de droit. Respecter la règle de droit, c'est, en effet pour l'administration, à la fois :*

fonder son action sur la règle de droit ; confirmer son action à la règle de droit ; assurer l'application de la règle de droit »[556].

C'est ainsi que YUMA BIABA précise que « *Le principe de légalité est étroitement lié à la conception libérale de l'Etat et c'est dans cet esprit que le respect de ce principe constitue l'un des critères de définition de l'État de droit »*[557].

En ce qui concerne la fonction consultative, elle est intimement liée à la notion de la bonne gouvernance, car selon un adage congolais, « c'est à cause des conseils qu'un bon forgeron travaille près de la route ». Les autorités politico-administratives, juridictionnelles, voire parlementaires profitent de l'expérience des praticiens des droits qui sont les conseillers d'Etat avant de donner naissance à une norme juridique.

Les membres de la juridiction administrative exercent un contrôle à priori en vue de la conformité hiérarchique des projets des normes juridiques par rapport à l'ordonnancement juridique de l'Etat.

Contrairement aux Conseils d'Etat français et belge qui ont inspiré le législateur congolais, le Conseil d'Etat congolais présente quelques particularités tant sur le plan du fond que sur le plan de la forme. En plus des éléments du droit classique, le Conseil d'Etat congolais prend en compte les réalités du pays en ce qui concerne les éléments de la coutume et de la culture ainsi que des aspects politiques et socio-économiques. Le juge administratif suprême congolais fait recours à tous ces éléments pour dire le droit, dans le contexte congolais, en vue de l'enracinement d'un Etat de droit et de la promotion de la démocratie en République Démocratique du Congo.

Enfin, la juridiction administrative suprême contribue efficacement à l'harmonisation et à l'amélioration de la qualité de droit par le moyen d'étude et des réformes qu'elle propose au gouvernement. La juridiction administrative suprême est à la fois la bouche de la loi, le miroir de l'administration et le thermomètre de l'Etat de droit.

---

[556] A. DEMICHEL, *Le droit administratif* ; Paris, L.G.D.J., 1978, pp. 92 et S., cité par L. YUMA BIABA, *in Manuel de droit administratif, op.cit*, p.196.

[557] YUMA BIABA, *Le manuel de droit administratif, op.cit.*, p.230.

Bibliographie

Documents officiels

Constitution française de 1958 telle que modifiée à ce jour

Constitution congolaise du 18 Févier 2006

Constitution béninoise du 26 Novembre 1960.

Constitution béninoise du 11 Novembre 1990

Constitution coordonnée de 17 février 1994 telle que révisé à ce jour, belge de

Loi n° 2019-222 du 23 mars 2019 (France).

Les lois coordonnées sur le Conseil d'Etat belge, PDF, www.raadvst-contestat.be. (Consulté le 25/04/2020).

Loi organique n° 06/020 du 10 octobre 2006 portant statut des magistrats de la R.D.C, 49è Année J.O., Kinshasa le 25 Octobre 2006

Loi n°2004-07 du 23 octobre 2007 portant composition, organisation, fonctionnement et attributions de la cour suprême, JORB, Https:// www.ahjucaf.org(consulté le 20/04 /2020).

Loi n° 2008-07 du 28 Févier 2011 portant code de procédure civile, commerciale. Sociale, administrative et des comptes, https://ssg.gouv.bj, PDF, p.105 (Consulté le 25 Avril 2020).

Loi n°2007-25 du 23 novembre 2007 portant règles générales pour les élections en République du Bénin.

Loi n° 2004-20 du 17 août 2007 fixant les règles de procédures applicables devant les formations juridictionnelles de la Cour suprême béninoise

Ordonnance-loi n°82-017 du 31 mars 1982, *Journal officiel de la République démocratique du Congo*, 47ème année, numéro spécial, 20 juin 2006.

Ordonnance-loi 82-020 du 31 mars 1982 portant code de l'organisation et de la compétence judiciaire, JOZ, n°7,
du 1er avril 1982, www.leganet.cd, (Consulté le 25/.05/2020).

Loi organique n°16/027 du 15 octobre 2016 portant organisation, compétence et fonctionnement des juridictions de l'ordre administratif, J.O de la R.D.C., n° spécial 18- octobre 2016, Kinshasa

Code de Justice Administrative

Autres documents

Bulletin des arrêts de la Cour Suprême de Justice de 1980 à 1984, Edition du service de documentation et d'Etude du Ministère de la Justice et Droits Humains, Kinshasa 2001

Bulletin des arrêts de la Cour Suprême de Justice de 2004 à 2009, t. II, Edition du service de documentation et d'Etude du Ministère de la Justice et Droits Humains, Kinshasa, 2010

Bulletin des arrêts de la Cour Suprême de Justice de 2010 à 2013, Edition du service de documentation et d'Etude du Ministère de la Justice et Droits Humains, Kinshasa, 2014

Bulletin des arrêts de la Cour Suprême de justice 1974, Ed. 1975

Bulletin des arrêts de la Cours Suprême De justice 1985 à 1989, Ed. 2002

Rapport public du Conseil d'Etat 2018

Rapport public du Conseil d'Etat sur l'activité juridictionnelle et consultative des juridictions administratives du 21 Mars 2013.

Rapport public sur le Conseil d'Etat 20012 www.viepublque.fr.

Ouvrages

BOTAKILE BATANGA, Précis du *Contentieux administratif congolais, T. I., Ed. Académia, Louvain-La-Neuve 2014.*

CRAWITZ M., *Méthodes des sciences sociales*, 10è éd. Paris, Dalloz 1996.

DEBBASCH CH.; COLIN F., *Droit administratif*, 10è éd. Economica, Paris 2011

DJOLI ESENG'EKELI J., *Principes fondamentaux du droit constitutionnel*, Tome I, Djess, Kinshasa, 2015.

FAVOREU L. et al. *Droit constitutionnel*, 21è éd. Dalloz, Paris, 2019.

FAVORI L. et alli. Droit constitutionnel, 17è éd. Dalloz, Paris 2001.

FOILLARD PH., *Droit administratif*, Centre de Publications Universitaires, Paris Cedex 1998-1999.

FRIER P-L et PETIT J., *Droit administratif*, 12è éd. DOMAT, Paris, 2018-2019.

ILUNGA WATUIL, *Recueil des arrêts, ordonnances et avis consultatifs rendus par le Conseil d'Etat*, Recueil de jurisprudence Volume 1(2019-2020), Ed. Blessing, 2020.

VANHOVE J. — *Histoire du Ministère des Colonies.* — Bxl., ARSOM, 1968, 168 p., 4 photos, br. (Mém. 1ère Cl., coll. in 8°, n. série, t. 35.3).PDF, p. 11, disponible sur http://www.kaowarsom.be/documents/MEMOIRES_VERHANDELINGEN/

Sciences_morales_politique/Hum.Sc.(NS)_T.XXXV,3_VANHOVE%20J._ Histoire%20du%20minist%C3%A8re%20des%20colonies_1968.pdf.

JACQUÉ J.P, Droit *constitutionnel et institutions politiques*, 7è éd. DALLOZ, Paris 2008.

KIFWABALA TEKILAZAYA ; FATAKI WA LUHINDI D. ; WETSH'OKONDA KOSO M., *République démocratique du Congo Le secteur de la justice et l'Etat de droit*, Open Society Foundations 2013, PDF p.33. Disponible sur *www.afrimap.org* (Consulté le 20 mai 2020).

KWETE MBUL D-D, *Histoire du droit : des origines au Vème siècle*, Ière éd. CEEBA, Kinshasa 2019.

MBOKO DJ'ANDIMA J-M, *Droit congolais des services publics,* Academia-L'Harmattan, Paris, 2015.

MBOKO DJANIMA J-M, *Principes et usages en matière de rédaction d'un travail universitaire*, Ed. CADICEC, Kinshasa 2004

NSUMBU KABU O., *Cour suprême de Justice héritage de demi-siècle de jurisprudence*, les Anales Juridiques, Kinshasa, 2015.

ODIMULA LUFUNGUSO L., *Manuel de sciences politiques : un outil au service de la gouvernance démocratique dans l'espace politique africain*, l'Harmattan, Paris 2016.

PEISER G, Contentieux administratif, 14è éd. DALLOZ, Paris, 2006

PEISER G., *Contentieux administratif*, 14è éd. Dalloz, Paris.

SAILLANT E., *L'exorbitance en droit public,* Dalloz, 2011.

STUDIES V, L'ordre *juridique colonial belge en Afrique centrale, éléments d'histoire,* Recueil d'études, Eds : E. Lamy & L. De Clerck, Bruxelles, 2004, P.11. Disponible en version PDF www.

VELGE H., *L'institution d'un Conseil d'État ou d'une Cour du contentieux administratif, Le progrès social*, 1933.

VUNDUAWE te PEMAKO F., *Traité de droit administratif*, Bruxelles, Larcher-Afrique Editions, 2007.

WALINE J. *Droit administratif*, 27ème édition, Dalloz, Paris 2018.

YUMA BIABA L., *Le manuel de droit administratif général*, Ed. CEDI, Kinshasa 2012

YUMA BIABU L., *Manuel de droit administratif*, CEDI, Kinshasa.

CHAPUS R., *Droit administratif général*, T.1, 15è éd. Montchrestien, Paris, 2001.

ARTICLES

AÏVO J.(Dir.), *La Constitution béninoise du 11 décembre 1990. Un modèle pour l'Afrique ? Mélanges en l'honneur de Maurice Ahanhanzo-Glèlè*, Paris, L'Harmattan, 2014

Andersen R, (2006). *La nomination des juges en Belgique. Revue générale de droit, 36* (4), 689–708, p.705. https://doi.org/10.7202/1027166ar, (Consulté le 20/03/2020).

ANDERSEN R., (2006). La nomination des juges en Belgique. *Revue générale de droit, 36* (4), 689–708.

BOUVIER J., Eléments fondamentaux du droit administratif, ERAP, Bruxelles 2011, p.71. Disponible sur google,https://docplayer.fr/19281995-Elements-fondamentaux-de-droit-administratif-jacques-bouvier

CHAMPEEIL- DESPLATS V., « Méthodologie du droit et des sciences du droit », Paris, Dalloz, 1996, coll. « *Méthode de droit* », 2014 n°16 p.9.

COULYBALEY D., in *le juge administratif, rempart de protection des citoyens contre l'administration en Afrique noire francophone,*

D'HAEM V-R., « La procédure de règlement de la réforme des questions de compétence à l'intérieur de la juridiction administrative », *RFDA,* 2003, 497.

DARGENT M.F., « *Les échec du mimétisme constitutionnel en Afrique francophone noire*, atelier n°4. PDF, www.droit constitutionnel.org, Consulté le 19/08/2019.

DASSI ADOSOU V., *Histoire de La Cour suprême du Bénin*, AHJUCAF, Https:// www.ahjucaf.org(consulté le 20 /2020).

DEGBOE D., in « *Les vicissitudes de la protection des droits et libertés par la Cour constitutionnelle du Bénin », Les Annales de droit* [En ligne], *https://www.ahjucaf.org, PDF* 10 | 2016, *p. 1*, mis en ligne le 08 janvier 2018, consulté le 25 Avril 2020

FOMBAD Ch. et MURRAY Chr., Dir., Fostering Constitutionalism » *in Africa,* Pretoria, Pretoria University Law Press, 2010.

LAUREOTE Xavier, *Le procès équitable devant le juge administratif français, in Procès équitable et enchevêtrement des espaces normatifs : Travaux de l'atelier de droit international de l'UMR de droit comparé de Paris, Hélène* RUIZ FABRI (dir.) Société de législation comparé, 1er mai 2003, p.12.

MBATA B. MANGU A., *La Suprématie de la Constitution, l'indépendance du pouvoir judiciaire et la bonne gouvernance en République Démocratique du Congo*, https:// idgpa.org, IDGPA…PDF, p.1. (Consulté le 20/11/2017).

MELEDJE D.F., « *Instabilité chronique », in un exemple d'instabilité chronique* Charles *Fombad et Christina Murray, dir, Fostering Constitutionalism in Africa,* Pretoria, Pretoria University Law Press, 2010.

Poulet L., *Cassation ici et ailleurs. L'exemple du Bénin, Revue Justice et Cassation* (2017, pp.327-352).

STICHELE A-V., (1973). Le contrôle de l'administration et le contentieux administratif en droit belge. *Revue générale de droit, 4* (1), 46–65. https://doi.org/10.7202/1059776ar, PDF, Consulté le 20/03/2020.

THSIMANGA MUKEBA, L'indépendance *du pouvoir judiciaire*. Mercuriale prononcée par le Procureur général de la République à la rentrée judiciaire de la Cour suprême de justice, 2005 », Kinshasa, *B.A.*, 2010.

THESES, DEA/DES, Mémoires, TFC

DJOLI ESENG'EKELI J., *le constitutionnalisme africain entre la gestion des héritages et l'invention du futur. L'exemple congolais,* Thèse de doctorat d'Etat en droit publique, Université de Paris I Sorbonne, 2003

ESAMBO KANGASHE J.L, *La République démocratique du Congo à l'épreuve de l'alternance au pouvoir,* Mémoire d'Etudes Supérieures en droit public Université de Kinshasa 2005.

MANDIN M., *Le recours en cassation devant le conseil d'Eta*t, Thèse de doctorat en droit, Université de Lorraine, 2004.

NGONDANKOY-ea-LOOGYA P-G, « Les contrôle en république démocratique du Congo : étude critiques d'un système de justice constitutionnelle dans un pays à force tradition autocratique », Thèse de doctorat en droit, Université catholique de Louvain, 2007-2008.

NYALUMA MULAGANO A., *Les modes alternatifs de règlement des conflits : à la recherche d'une clé d'accès à la justice administrative congolaise,* Dissertation présentée en vue de l'obtention du titre de Docteur en Sciences juridiques, Université catholique de Louvain, 2014.

Notes de cours

G. BASUE BABU KAZADI G., Note de l'introduction à l'étude de droit : partie I Droit public, dispensée en première année de graduat, Université de Kinshasa 2014-2015.

Webographies

. DAUMONT O., *Le Conseil d'Etat, frein à l'efficacité administrative* ?(2000), Revue du Centre d'Etudes et de Recherches en Administration publique, pp.67-84, disponible sur https://journal.openédition.org, (Consulté le 25 Mars 2020).

Andersen R, (2006). *La nomination des juges en Belgique. Revue générale de droit*, *36* (4), 689–708, p.705. https://doi.org/10.7202/1027166ar, (Consulté le 20/03/2020).

ANONYME, *Introduction général sur les Contentieux administratifs*, http://www.raadvst-consetat.be/?action=doc&doc=814, PDF, pp74 à 127. P.84. Consulté le 15/03/2020

Avis CE 29 avril 1994, www.Conseild'etat.fr (Consulté le 25 Février 2020).

BOUVIER J, Eléments fondamentaux du droit administratif, ERAP, Bruxelles 2011, p.71. Disponible sur google,https://docplayer.fr/19281995-Elements-fondamentaux-de-droit-administratif-jacques-bouvier secretaire-communal-avril-2011-schaerbeek.html, PDF. Consulté le 20/02/2020

C.J.A., Institution française d'information juridique, PDF p.7. www.droit.org

DONNAY L., Les recours en annulation devant le Conseil d'Etat : évolution législative et jurisprudentielle récentes, htt/orbi.ulg.ac.be. PDF, p.1 in fine (consulté le 20/03/2020).

ENON Eboh T., *Le délai dans le contentieux de l'excès de pouvoir au Bénin*, 2004, www.memoireoneline.com.

Le Conseil d'Etat et la justice administrative, bilan activité 2018, www. conseil-etat.fr PDF p. 29. Consulté le 15 Janvier 2020.

Le contrôle des actes administratifs par les Cours et tribunaux administratifs 10ème congrès de l'association internationale des hautes juridictions administratives (aihja), Sydney – Mars 2010 PDF, p.3. Disponible sur www.ahjucaf.org(consulté le 20 /2020).

MULLER F., *Henri Velge, l'artisan du Conseil d'État belge* (1911-1946), BTNG / RBHC, XXXVII, 2007, 1-2, pp. 143-174.

MULLER F., *Le pouvoir judiciaire à l'offensive: l'arrêt Flandria* (2/2)", *Journal des Tribunaux*, 2006, no. 6245, p. 749.

Rapport annuel du Conseil d'Etat de 2013, www.viepubic.com

Stichele A-V., (1973). Le contrôle de l'administration et le contentieux administratif en droit belge. *Revue générale de droit*, *4* (1), 46–65. https://doi.org/10.7202/1059776ar, PDF, Consulté le 20/03/2020.

www.ahjucaf.org

www.assembléenationale.fr.

www.conseildetat.be.

Table des matières

Structures éditoriales du groupe L'Harmattan

L'Harmattan Italie
Via degli Artisti, 15
10124 Torino
harmattan.italia@gmail.com

L'Harmattan Hongrie
Kossuth l. u. 14-16.
1053 Budapest
harmattan@harmattan.hu

L'Harmattan Sénégal
10 VDN en face Mermoz
BP 45034 Dakar-Fann
senharmattan@gmail.com

L'Harmattan Cameroun
TSINGA/FECAFOOT
BP 11486 Yaoundé
inkoukam@gmail.com

L'Harmattan Burkina Faso
Achille Somé – tengnule@hotmail.fr

L'Harmattan Guinée
Almamya, rue KA 028 OKB Agency
BP 3470 Conakry
harmattanguinee@yahoo.fr

L'Harmattan RDC
185, avenue Nyangwe
Commune de Lingwala – Kinshasa
matangilamusadila@yahoo.fr

L'Harmattan Congo
67, boulevard Denis-Sassou-N'Guesso
BP 2874 Brazzaville
harmattan.congo@yahoo.fr

L'Harmattan Mali
ACI 2000 - Immeuble Mgr Jean Marie Cisse
Bureau 10
BP 145 Bamako-Mali
mali@harmattan.fr

L'Harmattan Togo
Djidjole – Lomé
Maison Amela
face EPP BATOME
ddamela@aol.com

L'Harmattan Côte d'Ivoire
Résidence Karl – Cité des Arts
Abidjan-Cocody
03 BP 1588 Abidjan
espace_harmattan.ci@hotmail.fr

Nos librairies en France

Librairie internationale
16, rue des Écoles
75005 Paris
librairie.internationale@harmattan.fr
01 40 46 79 11
www.librairieharmattan.com

Librairie des savoirs
21, rue des Écoles
75005 Paris
librairie.sh@harmattan.fr
01 46 34 13 71
www.librairieharmattansh.com

Librairie Le Lucernaire
53, rue Notre-Dame-des-Champs
75006 Paris
librairie@lucernaire.fr
01 42 22 67 13

www.ingramcontent.com/pod-product-compliance
Lightning Source LLC
LaVergne TN
LVHW010104061026
849532LV00002BA/434
* 9 7 8 2 3 4 3 2 4 6 0 5 5 *